粮食流通与市场整合

——以乾隆时期长江中游为中心的考察

The Grain Network and Market Integration:
A Study Centered in Middle Reach of Yangzi River in Qianlong Period

赵伟洪 著

经济管理出版社
ECONOMY & MANAGEMENT PUBLISHING HOUSE

图书在版编目（CIP）数据

粮食流通与市场整合——以乾隆时期长江中游为中心的考察 / 赵伟洪著. —北京：经济管理出版社，2017.12

ISBN 978-7-5096-5137-7

Ⅰ.①粮… Ⅱ.①赵… Ⅲ.①粮食市场—商业史—研究—中国—清代 Ⅳ.①F729.49

中国版本图书馆 CIP 数据核字（2017）第 099345 号

组稿编辑：宋　娜
责任编辑：范美琴
责任印制：司东翔
责任校对：雨　千

出版发行：经济管理出版社
　　　　　（北京市海淀区北蜂窝 8 号中雅大厦 A 座 11 层　100038）
网　　址：www. E-mp. com. cn
电　　话：(010) 51915602
印　　刷：玉田县昊达印刷有限公司
经　　销：新华书店
开　　本：720mm×1000mm/16
印　　张：17.25
字　　数：282 千字
版　　次：2018 年 1 月第 1 版　2018 年 1 月第 1 次印刷
书　　号：ISBN 978-7-5096-5137-7
定　　价：88.00 元

第六批《中国社会科学博士后文库》
编委会及编辑部成员名单

序 言

　　博士后制度在我国落地生根已逾30年，已经成为国家人才体系建设中的重要一环。30多年来，博士后制度对推动我国人事人才体制机制改革、促进科技创新和经济社会发展发挥了重要的作用，也培养了一批国家急需的高层次创新型人才。

　　自1986年1月开始招收第一名博士后研究人员起，截至目前，国家已累计招收14万余名博士后研究人员，已经出站的博士后大多成为各领域的科研骨干和学术带头人。其中，已有50余位博士后当选两院院士；众多博士后入选各类人才计划，其中，国家百千万人才工程年入选率达34.36%，国家杰出青年科学基金入选率平均达21.04%，教育部"长江学者"入选率平均达10%左右。

　　2015年底，国务院办公厅出台《关于改革完善博士后制度的意见》，要求各地各部门各设站单位按照党中央、国务院决策部署，牢固树立并切实贯彻创新、协调、绿色、开放、共享的发展理念，深入实施创新驱动发展战略和人才优先发展战略，完善体制机制，健全服务体系，推动博士后事业科学发展。这为我国博士后事业的进一步发展指明了方向，也为哲学社会科学领域博士后工作提出了新的研究方向。

　　习近平总书记在2016年5月17日全国哲学社会科学工作座谈会上发表重要讲话指出：一个国家的发展水平，既取决于自然科学发展水平，也取决于哲学社会科学发展水平。一个没有发达的自然科学的国家不可能走在世界前列，一个没有繁荣的哲学社会科学的国家也不可能走在世界前列。坚持和发展中国特色社会主义，需要不断在实践中和理论上进行探索、用发展着的理论指导发展着的实践。在这个过程中，哲学社会科学具有不可替代的重要地位，哲学社会科学工作者具有不可替代的重要作用。这是党和国家领导人对包括哲学社会科学博士后在内的所有哲学社会科学领域的研究者、工作者提出的殷切希望！

中国社会科学院是中央直属的国家哲学社会科学研究机构，在哲学社会科学博士后工作领域处于领军地位。为充分调动哲学社会科学博士后研究人员科研创新的积极性，展示哲学社会科学领域博士后的优秀成果，提高我国哲学社会科学发展的整体水平，中国社会科学院和全国博士后管理委员会于 2012 年联合推出了《中国社会科学博士后文库》（以下简称《文库》），每年在全国范围内择优出版博士后成果。经过多年的发展，《文库》已经成为集中、系统、全面反映我国哲学社会科学博士后优秀成果的高端学术平台，学术影响力和社会影响力逐年提高。

下一步，做好哲学社会科学博士后工作，做好《文库》工作，要认真学习领会习近平总书记系列重要讲话精神，自觉肩负起新的时代使命，锐意创新、发奋进取。为此，需做到：

第一，始终坚持马克思主义的指导地位。哲学社会科学研究离不开正确的世界观、方法论的指导。习近平总书记深刻指出：坚持以马克思主义为指导，是当代中国哲学社会科学区别于其他哲学社会科学的根本标志，必须旗帜鲜明加以坚持。马克思主义揭示了事物的本质、内在联系及发展规律，是"伟大的认识工具"，是人们观察世界、分析问题的有力思想武器。马克思主义尽管诞生在一个半多世纪之前，但在当今时代，马克思主义与新的时代实践结合起来，越来越显示出更加强大的生命力。哲学社会科学博士后研究人员应该更加自觉地坚持马克思主义在科研工作中的指导地位，继续推进马克思主义中国化、时代化、大众化，继续发展 21 世纪马克思主义、当代中国马克思主义。要继续把《文库》建设成为马克思主义中国化最新理论成果宣传、展示、交流的平台，为中国特色社会主义建设提供强有力的理论支撑。

第二，逐步树立智库意识和品牌意识。哲学社会科学肩负着回答时代命题、规划未来道路的使命。当前中央对哲学社会科学愈加重视，尤其是提出要发挥哲学社会科学在治国理政、提高改革决策水平、推进国家治理体系和治理能力现代化中的作用。从 2015 年开始，中央已启动了国家高端智库的建设，这对哲学社会科学博士后工作提出了更高的针对性要求，也为哲学社会科学博士后研究提供了更为广阔的应用空间。《文库》依托中国社会科学院，面向全国哲学社会科学领域博士后科研流动站、工作站的博士后征集优秀成果，入选出版的著作也代表了哲学社会科学博士后最高的学术研究水平。因此，要善于把中国社会科学院服务党和国家决策的大智库功能与《文库》的小智库功能结合起来，进而以智库意识推动品牌意识建设，最终树立《文库》的智库意识和品牌意识。

第三，积极推动中国特色哲学社会科学学术体系和话语体系建设。改革开放 30 多年来，我国在经济建设、政治建设、文化建设、社会建设、生态文明建设和党的建设各个领域都取得了举世瞩目的成就，比历史上任何时期都更接近中华民族伟大复兴的目标。但正如习近平总书记所指出的那样：在解读中国实践、构建中国理论上，我们应该最有发言权，但实际上我国哲学社会科学在国际上的声音还比较小，还处于"有理说不出、说了传不开"的境地。这里问题的实质，就是中国特色、中国特质的哲学社会科学学术体系和话语体系的缺失和建设问题。具有中国特色、中国特质的学术体系和话语体系必然是由具有中国特色、中国特质的概念、范畴和学科等组成。这一切不是凭空想象得来的，而是在中国化的马克思主义指导下，在参考我们民族特质、历史智慧的基础上再创造出来的。在这一过程中，积极吸纳儒、释、道、墨、名、法、农、杂、兵等各家学说的精髓，无疑是保持中国特色、中国特质的重要保证。换言之，不能站在历史、文化虚无主义立场搞研究。要通过《文库》积极引导哲学社会科学博士后研究人员：一方面，要积极吸收古今中外各种学术资源，坚持古为今用、洋为中用。另一方面，要以中国自己的实践为研究定位，围绕中国自己的问题，坚持问题导向，努力探索具备中国特色、中国特质的概念、范畴与理论体系，在体现继承性和民族性、体现原创性和时代性、体现系统性和专业性方面，不断加强和深化中国特色学术体系和话语体系建设。

新形势下，我国哲学社会科学地位更加重要、任务更加繁重。衷心希望广大哲学社会科学博士后工作者和博士后们，以《文库》系列著作的出版为契机，以习近平总书记在全国哲学社会科学座谈会上的讲话为根本遵循，将自身的研究工作与时代的需求结合起来，将自身的研究工作与国家和人民的召唤结合起来，以深厚的学识修养赢得尊重，以高尚的人格魅力引领风气，在为祖国、为人民立德立功立言中，在实现中华民族伟大复兴中国梦的征程中，成就自我、实现价值。

是为序。

王京清

中国社会科学院副院长

中国社会科学院博士后管理委员会主任

2016 年 12 月 1 日

摘　要

　　清代长江中游的湖南、湖北、江西三省是全国最重要的粮食输出区，考察其粮价与市场对认识该区域具有重要意义。但迄今为止，学界尚未有对该区域粮食市场的整体研究。本书尝试以文献考察与计量分析相结合，以乾隆时期长江中游地区为中心考察粮食流通与市场整合。

　　本书的研究主要从以下四个方面进行考察：

　　第一，长江中游地区的米价变动。从时间维度来看，乾隆时期江广三省米价呈阶段性上涨趋势，米价变动有三个明显的阶段，乾隆前期米价上涨幅度最大，中期价格相对平稳，后期价格波动幅度最大。从空间维度来看，米谷输出区米价变动幅度大于非输出区，主要输出区变动幅度大于次要输出区。文献分析表明，除气候、灾荒等因素外，米价变动与外部省份的米粮需求有极大关系。

　　第二，长江中游地区粮食流通的运道与市场。中游三省以长江为主干，连接湘江、汉江、赣江等内河，构成了粮食流通的主要运道。除主要运道外，还存在两条次要运道：其一，澧州、常德米谷通过荆江的支流运往荆州，再经过江、汉之间的分水道进入襄阳等地；其二，湘江中游米谷从醴陵由渌水进入江西袁州府，再经过袁江汇入赣江水系。这两条运道以往并未被学者注意到。

　　第三，长江流域粮食流通量的变化。通过对长江中、下游米价差与税关档案的结合考察显示，米价差的变动较为明显地反映了长江中、下游米谷流通量的盈缩，中游地区米谷外运有显著的市场导向性。从乾隆末期粮食流通量的衰减背后可观察到长江中游内部的粮食供应也发生了变化，湖北省开始由粮食输出省转变为需求省。

第四，长江中游的市场整合。研究发现长江中游主要产米区通过粮食流通运道的延伸，已打破省级行政区划之束缚，构成了整合的区域市场。然而，并非简单的以汉口、九江为中心构成整合市场。两条次要运道与长江主干道一起构建了清代长江中游的米市场总体格局。

本书的研究为认识中国传统社会经济发展提供了一个区域实证案例。研究表明：长江中游地区通过粮食生产与贸易融入了全国粮食市场体系，呼应了"十八世纪全国市场"的论断。对粮食产销、米价变动、商路与市场整合等问题的综合考察，反映出市场机制对该区域粮食生产、贸易，以及农业结构产生了深远影响，从而形成了独特的市场格局。

关键词：乾隆时期；长江中游；米价；流通运道；市场整合；市场格局

Abstract

The middle reach of Yangtze River, including Hunan, Hubei and Jiangxi provinces, was the most important grain output area in Qing Dynasty. It is significant to study the rice price and market of this area. However, there has not been holistic research so far. This book tempts to combine literature review with quantitative analysis to explore the grain circulation and market integration in Qianlong period.

The study mainly focuses on following four aspects:

The first aspect is the rice price movement. From the time dimension, the rice price of middle reach showed a rising trend, and three obvious cycles in the price movement can be observed: in the early Qianlong period, rice price emerged a biggest increase; in the middle period, rice price fluctuations performed relatively stable; in the late period, rice price suffered maximum fluctuation. From spatial dimension, price of grain output area fluctuated more wildly than that of none-output area, price of major output area fluctuated more wildly than that of minor output area. Historical documents shows, apart from weather variation and famine, demands from outside province causes great influence in the apparent price cycles.

The second aspect is the grain trade routes in the middle reach. Through exploring the literature materials, it has been seen that in the three provinces of the middle reach, through export to the lower reach, the Yangtze River linked with Xiang River, Han River and Gan River, had formed the trunk of grain network. Study shows that, there were other two trade routes across this area: through the one route, grain of Li–zhou & Chang–de was moved to Jing–zhou along the branches of Jing River, and moved to Xiang–yang through the branches of Han River & Yangtze River then; through another route, grain of middle Xiang River was transported from Li–ling to Yuan–zhou in Jiangxi province by Lu River, and was transported through Yuan River into Gan River then.

The third aspect is the variation of the grain flow along Yangtze River. Through custom files review and the price variance analysis between middle and lower reaches of Yangtze River, it can be obviously seen that the ups and downs of rice price variance reflected the increase and decrease of grain trade flow along the middle and lower reaches of Yangtze River; it is convinced that grain export in the middle reach was market–oriented. In the same time, it has been seen that changes of the food supply capacity in the middle reach in late Qianlong period had emerged, Hubei gradually lose the priority in grain export, and had to purchase grain from Jiangxi, Hunan and Sichuan in bad years.

The last aspect is the market integration in the middle reach of Yangtze River. Studies have shown that a co–integrated grain market had formed through the grain export routes extension in middle Yangtze River in Qianlong period, which means a breakthrough of administrative boundaries. However, not just taking Hankou, Jiujiang as the center, the two newly discovered routes together with the trunk line of Yangtze River built the price market structure of Middle Yangtze River.

This book provides an empirical case to reveal the traditional socio–economic development of China. The study shows that, the middle reach of Yangzi River had been integrated into the national grain market system by grain producing and trading, which echo the judgment "national markets in the eighteenth century". Through an integrated research of the grain producing and trading, rice price movement, the commercial routes and the markets integration, this book finds that the market mechanism produced a profound influence on the production, the trade, agricultural constitution of this area, thus formed such a unique market pattern.

Key Words: Qianlong Period; The Middle Reach of Yangtze River; Rice Price; Grain Circulation Routes; Market Integration; Market Structure

目　录

Contents

第一章 绪 论

第一节 选题缘起

本书是以乾隆时期长江中游为中心的区域粮食市场的整体研究。

清代中期（18世纪中期~19世纪中期）是中国传统社会经济的重要变革时期，出现了"乾隆盛世"向"嘉道萧条"的转变。与此同时，西欧自18世纪中期开启了工业革命的大门。因此，对以18世纪为中心的前近代社会市场经济发展的考察构成了中国经济史研究中"传统经济近代化"问题的重要内容之一。

20世纪70年代以来，由全汉昇、王业键所开拓的以清代粮价的量化分析为基础的市场整合研究，为前近代社会市场发育程度提供了量的评估，经过多年的发展，取得了丰硕的研究成果。特别是乾隆时期的区域粮价与市场整合研究，构成了"十八世纪全国市场"这一命题的重要砖石。近年的市场整合研究进一步关注对区域整合程度的测度与比较，如Shiue和Keller利用协整分析考察了18世纪南方十省的市场整合程度，颜色、刘丛则比较了18世纪南、北方粮食市场的整合程度。[①]

考察其发展脉络，基本与量化分析工具的发展推进相伴随。故而，目前的相关研究多侧重于从优化粮价的量化分析工具角度来提高对市场整合解释的有效性，而在与历史文献结合方面有所不足。另外，从考察的问题

[①] C. Shiue, W. Keller, "Markets in China and Europe on the Eve of the Industrial Revolution", *American Economic Review*, 2007, 97 (4), pp. 1189–1216. 颜色、刘丛:《18世纪中国南北方市场整合程度的比较——利用清代粮价数据的研究》,《经济研究》2011年第12期。

来看，现有研究较注重对区域市场整合程度的测度与比较，而对整合市场内部的运行实态、市场空间分布等具体的问题研究有所不足。

本书所考察的长江中游地区，在行政区域上包含了湖南、湖北、江西三省，清人常以"江广"称之。江广三省是清代经济发展最快的区域，也是全国最重要的粮食输出区。而在清代中期，粮食贸易经历了由鼎盛至衰减的转变过程。结合粮食流通与粮价变动考察长江中游粮食市场，有助于揭示这一变化过程。

关于清代江广地区的粮食贸易与市场，自 20 世纪 50 年代始，日本学者做了开拓性研究。20 世纪 80 年代以来，随着区域研究的不断推进，长江中游地区就江广三省的农村集市、农业开发与商品化、米谷流通、商镇以及山区商品经济发展等问题已经取得了一系列成果。然而，对该区域粮食市场的整体研究仍然十分欠缺。

基于对学术界现有成果的系统整理，本人选定研究课题为《粮食流通与市场整合——以乾隆时期长江中游为中心的考察》。该书采用文献分析与量化分析方法相结合的研究方法，将粮食流通运道与粮价的量化研究结合考察，为市场整合研究提供一些新的思考路径；并在考察区域市场整合度的基础上，进一步构建江广三省粮食市场的空间格局，以推进区域市场的具象化认识。

第二节　学术史回顾

一、清代粮价研究

自 20 世纪 20 年代至今，清代粮价史研究已有近百年历史。总体来看，研究呈现出两个鲜明的特征：一是研究材料的丰富与问题的拓展，二是研究方法由单一的史学方法或以量化分析方法为主向多元方法的交叉融合。本书以研究方法为经，以材料与问题的拓展为纬，对学界现有的主要研究成果做出整理归纳。

采用量化方法考察清代市场整合问题是 20 世纪 80 年代以来清代粮价

研究的热点问题之一。这类研究的突出特点是将经济学的统计与量化分析方法引入市场研究中来，因而研究的推进也主要体现在卓有成效的粮价数据整理工作以及量化分析方法的不断丰富与更新。20 世纪 80 年代的市场整合研究采用的量化分析方法由价格差分析发展到以相关分析为主；21 世纪初始，又发展到协整分析。

与此同时，以传统经济史学方法所做的粮价研究也取得了长足的进展，但其贡献并未得到足够的重视。传统经济史研究的特点是以文献分析为主，重视资料的搜罗考证，除粮价资料外，还充分利用各类档案、地方史料；同时，对历史背景下的政治经济政策、社会结构等的密切关注与确切把握，也突出表现于这类研究的问题意识之中。下文分别就清代粮价资料的整理与利用、以文献分析为主的清代粮价研究与计量方法主导下的清代粮价研究三大类，对清代粮价的主要研究成果进行整理。

（一）清代粮价资料的整理与利用

1. 清代粮价资料的整理

清代粮价资料的整理最早始于清末民初，主要从官方文书、报刊、文集、族谱、账簿等资料中辑录出零散的粮价资料。如《实业来复报》刊登了海关统计的 1862~1921 年的年度米价表，并以 10 年为一期计算了平均价格。[①] 上海市社会局利用《申报》《新闻报》的日常米价资料，整理出了 1872~1878 年、1896~1927 年的月度、年度各种米、麦品种的价格序列。[②] 全汉昇、王业键从《雍正朝朱批谕旨》整理出苏州、浙江、广东等十二省府的米价。[③] 严中平等据宁津县统泰昇记商店的账簿，整理出由大米和花生价格构成的 1800~1850 年农产品零售物价指数。[④] 田仲一成从浙江萧山县来氏家谱中辑录出 1684~1802 年的年度米价。[⑤] 阮明道从芜湖吴氏经商账簿中发现了 1742~1785 年较完整的米价资料。[⑥] 李文治利用粮价清单和

① 《中国六十年来米价比较表》，《实业来复报》1922 年第 1 卷第 23 期。

② 上海市社会局：《上海最近五十六年米价统计》，《社会月刊》1929 年第 1 卷第 2 期。

③ 全汉昇、王业键：《清雍正年间（1723~1735）的米价》，《史语所集刊》1959 年第 30 本，第 157-185 页。

④ 严中平等：《中国近代经济史统计资料选辑》，科学出版社 1955 年版，第 38 页。

⑤ ［日］田仲一成「清代浙東宗族の組織形成における宗祠演劇の機能について」『東洋史研究』第 44 卷第 4 號，1986 年。

⑥ 阮明道：《吴氏经商账簿研究》，《四川师范学院学报》（哲学社科版）1996 年第 6 期。

刑科档案中的粮价资料，整理了全国各省、府粮价。[①] 其他如寄萍、应奎、盛俊、吴麟、黄冕堂等学者也为粮价资料整理做出了贡献。[②] 此外，研究区域市场的学者们也分别从档案、粮价清单、地方志等材料中整理出辽宁、直隶、湖南、湖北、台湾、山东、山西等地米价表。

大宗的粮价资料主要来自官方资料。20 世纪 30 年代，学界开始对故宫博物院及中国第一历史档案馆所藏的清代朱批奏折、粮价清单等大批官方粮价资料进行整理、出版工作。以北平社会调查所汤象龙等学者为首，组织抄录了故宫所藏道光至宣统年间的粮价清单，并整理成粮价表。这一成果跨越了数十年，终于于 2009 年出版。[③] 20 世纪 70 年代起，王业键开始展开对粮价清单的搜集工作，集合了台北"故宫博物院"与中国第一历史档案馆所藏全部粮价清单，制作出清代乾隆至宣统年间中国各省府州的月度粮价序列。80 年代，王道瑞整理了中国第一历史档案馆所藏的 3 万多件不同年号、地区的粮价清单件数表，这些粮价清单均已经电子化，供研究者使用。[④]

除粮价清单外，清代粮价奏报制度衍生的另一类官方粮价资料——粮价细册的价值也日渐被人们所认识和发掘。最早柳诒徵整理了光绪时江宁、苏州两处粮价细册。继而威尔金森利用了日本东京大学东洋文库所藏的陕西省的粮价细册，岸本美绪介绍了日本所藏的四川、河南地区的粮价细册。近年来，余开亮整理出国家图书馆及地方档案馆所藏的云南、甘肃省粮价细册。[⑤]

这些资料的整理完成为学者的研究提供了极大便利，也促使以统计方法为主的清代粮价研究得以大步推进。《统计学在历史研究上的应用：以清

① 李文治：《明清时代封建土地关系的松懈》，中国社会科学出版社 1993 年版。
② 寄萍：《古今米价史略》，《江苏省立第二农业学校》（月刊）1921 年第 1 卷第 1 期；应奎：《近六十年之中国米价》，《钱业月报》1922 年第 2 卷第 3 期；盛俊：《清乾隆朝江苏省物价统计》，《学林》1940 年第 2 期；吴麟：《清代米价》，《中央日报》1948 年 1 月 21 日；黄冕堂：《清代粮食价格问题探轨》，载《清史论丛》，辽宁古籍出版社 1994 年版。
③ 中国社会科学院经济研究所：《清代道光至宣统年间粮价表》，广西师范大学出版社 2009 年版。
④ 罗畅：《乾隆朝长江流域粮价研究》，南开大学博士学位论文，2012 年。
⑤ 柳诒徵：《江苏各地千六百年间之米价》，《史学杂志》1930 年第 2 卷第 3-4 期；Endymion P. Wilkinson, *Studies in Chinese Price History*, New York: Garland Publishing, Inc., 1980；[日] 岸本美绪：《关于（日本）国立国会图书馆藏〈河南钱粮册〉》，收入氏著，刘迪瑞译，《清代中国的物价与经济波动》，第 465-481 页；余开亮：《粮价细册制度与清代粮价研究》，《清史研究》2014 年第 4 期。

代粮价为例》一文，综合介绍了王业键在粮价资料整理与数理统计方法方面取得的卓越成果。具体来说，这篇文章介绍了清代粮价资料库的内容和特点，粮价资料的可靠性检验、遗漏值的填补方法，以及时间序列模型、频谱、相关系数矩阵等方法在粮价相关问题研究中的运用。[①]

2. 粮价陈报制度研究

在进行宫中档案粮价清单的整理工作的同时，关于粮价陈报制度的研究也在持续推进。威尔金森最早撰文讨论了清代的粮价陈报制度。[②] 此后，王业键在进行清代粮价清单的整理和电子化的同时，对粮价陈报制度展开了深入的考察。王业键以粮价清单为对象，对粮价清单的格式、内容、所记粮食种类、粮价资讯的获得、粮价的统计单位、价格的真实性等问题进行了细致深入的考察。[③] 王业键指出，总体而言，清代粮价陈报制度是测度地区间粮食供需的最显著指标，也是清代进行粮政决策和运作不可或缺的根据；但在使用粮价清单时，有必要对粮价的可靠性进行检测。此外，全汉昇、陈金陵、王道瑞、刘鬼等学者对粮价陈报制度也皆有论述。[④]

最近，余开亮利用江苏、甘肃等地档案馆所藏粮价细册，对清代粮价细册制度的形成过程进行了考察。通过对比粮价细册的数据与粮价单的价格数据，指出清代府一级的粮价代表了该府辖区范围内高、低价格区间。此外，作者利用循化厅粮价细册，进一步考察了清代地方对粮价奏报制度的执行情况，其研究进一步细化了现有对清代粮价奏报制度以及清代后期粮价奏报情况的了解。[⑤] 穆崟臣利用清代山东雨雪粮价单考察了清代的雨雪粮价折奏制度。[⑥] 这些研究进一步细化了人们对粮价奏报制度的执行情况及粮价数据真实性的认识。

---

① 陈仁义、王业键：《统计学在历史研究上的应用：以清代粮价为例》，《兴大历史学报》2004 年第15 期。

② Willkinson，"The Nature of Chinese Grain Price Quotations，1600–1900"，Transaction of the International Conference of Orientalists in Japan 14，1969.

③ 王业键：《清代的粮价陈报制度》，《故宫季刊》1978 年第 13 卷第 1 期；王业键：《清代的粮价陈报制度及其评价》，载《清代经济史论文集》第二册，稻香出版社 2003 年版，第 7 页。

④ 陈金陵：《清朝的粮价奏报与其盛衰》，《中国社会经济史研究》1985 年第 3 期；王道瑞：《清代粮价奏报制度的确立及其作用》，《历史档案》1987 年第 4 期；刘鬼：《清代粮价奏折制度浅议》，《清史研究通讯》1984 年第 3 期。

⑤ 余开亮：《粮价细册制度与清代粮价研究》，《清史研究》2014 年第 4 期；《清代晚期地方粮价报告研究——以循化厅档案为中心》，《中国经济史研究》2014 年第 4 期。

⑥ 穆崟臣：《制度、粮价与决策：清代山东"雨雪粮价"研究》，吉林大学出版社 2012 年版。

3. 官方粮价资料的检验与利用

检测粮价可靠与否，有两种方法。一种方法是通过其他官私文献与粮价清单核对。如黄冕堂通过比对刑科题本中的各类物价与官方报告的粮价，发现有多处不完全吻合。[1] 王业键研究苏州米价时，综合了《阅世编》、《历年记》、《李旭奏折》、《来氏家谱》、宫中档案、海关报告、《社会月刊》资料，制作出 1638~1935 年长江三角洲米价长期序列。通过比较 1684~1788 年官方报告与萧山来氏家谱的记载，发现两种米价资料极为接近，可信度较高；而 1789~1800 年的官方奏报与来氏记载迥异，因而怀疑苏州府粮价单可能不实；19 世纪，苏州府报告与清人文集所记载的常熟米价、海关所记载的上海市价基本相符，可信度较好。[2]

另一种方法是将粮价整理成时间序列后，通过计算机程序来实现对粮价资料的可靠性检测以及遗漏值的填补。在清代粮价资料库建成以后，王业键、陈仁义设立了一套检验方法。检验基准为：以粮价连续不变 3 个月以下在有值月数中所占比率（WC）、粮价重复性群组在有值月数中所占比率（CW）二项为基准；正常情况下，WC 值达到七成或 CW 值达到五成，且遗漏率较低时，即可确认数据质量的可靠性。

王业键等取 1738~1790 年江、浙、闽、粤四省府的中米价格，赣、皖、湘、鄂四省府的中米、小麦价格为例，进行可靠性检定。结果显示：苏州米价的可靠性较好；浙江八府除杭州和嘉兴外，米价资料可靠性不是很高；赣、皖、湘、鄂四省米麦价格资料遗漏率较低，其米价资料均达到较高的可靠水平，小麦价格资料可靠性稍差些。[3] 其后，谢美娥对 19 世纪后半期的台湾与 18 世纪湖北的米价资料进行了可靠性检验。其检验标准为：以每段分期内，价格连续不变月数小于等于三个月、大于等于十三个月两个指标来评估数据可靠性。[4] 此外，20 世纪 90 年代末至 21 世纪初，

① 黄冕堂：《清代粮食价格问题探轨》，载《清史论丛》，辽宁古籍出版社 1994 年版。
② Yeh-chien Wang, "Secular Trends of Rice Prices in the Yangtzi Delta: 1638-1935", Thomas G. Rawski, Lillian M. Lieds, *Chinese History in Economic Perspective*, Berkeley: University of California Press, 1992, pp.35-68.
③ 王业键、陈仁义、温丽萍、欧昌豪：《清代粮价资料之可靠性检定》，载《清代经济史论文集》第二册，稻香出版社 2003 年版。
④ 谢美娥：《十九世纪后半期台湾米价的可靠性评估——以清代粮价资料库所辑米价数据为主》，《纪念梁方仲教授诞辰 100 周年中国社会经济史研究国际学术讨论会》2008 年 11 月 20 日（21）；谢美娥：《十八世纪湖北的粮价与粮食市场（1738~1797）》，明文书局 2012 年版。

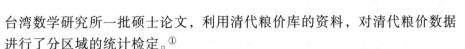

台湾数学研究所一批硕士论文，利用清代粮价库的资料，对清代粮价数据进行了分区域的统计检定。[①]

王玉茹、罗畅对乾隆宣统年间长江流域成都、重庆、汉阳、长沙、安庆、南昌、苏州、杭州、江宁 9 府米价数据进行了分时段的统计分析，发现苏州、汉阳两府乾嘉道三朝数据质量较好；其余 7 个府的米价数据以乾隆朝最好，其次为嘉庆道光朝，再次为咸同光宣时期。[②] 朱琳对 1736~1911年淮河流域代表性府州小麦价格数据的检验，也显示乾隆时期的麦价具有较高可靠性，嘉道以后的数据遗漏率有所增加，但重复率并未明显增加。[③]余开亮博士对清代南方 10 省和北方 5 省的米、麦价格数据进行了分阶段的统计分析，也显示乾隆时期的数据可信度最高。该研究也提醒粮价使用者注意制度因素对粮价数据可靠性的影响。[④] 胡鹏等利用协整分析考察了清代中后期直隶小麦农历、公历两种形式价格数据，发现数据形式的不同造成数理分析结果出现明显差异。[⑤] 这些研究说明清代粮价的整理、分析方法没有统一有效的方法，需要因时因地分别对待。

（二）以文献分析为主的清代粮价研究

总体来说，以文献分析为主的清代粮价研究大致经历了三个发展阶段：20 世纪 50 年代以前的研究，主要是对记录米价的文献资料的爬梳，并结合社会经济宏观背景作初步的探讨；50~80 年代前期的研究，主要依赖于对记叙性史料的分析，并佐以价格资料为旁证，集中对农村定期集市的发展与传统商人的经济行为展开研究；80 年代后期至今的研究，在对原有的长距离粮食贸易、粮食市场的研究进一步深化的同时，产生了两类新的研究问题：一类集中关注了粮食贸易与区域经济发展；另一类研究侧

---

① 胡翠华：《清代粮价之时间序列模型》，台湾中正大学硕士学位论文，1997 年；刘俊杰：《清代粮价水平及粮食供需之统计检定》，台湾中正大学硕士学位论文，2001 年；曾馨仪：《十八世纪清代粮价之统计分析——长江流域》，台湾中正大学硕士学位论文，2002 年；吴盈美：《十八世纪清代粮价之统计分析——长江以南地区》，台湾中正大学硕士学位论文，2002 年；杨嘉莉：《两湖地区清代粮价之统计分析》，台湾中正大学硕士学位论文，2002 年。
② 王玉茹、罗畅：《清代粮价数据质量研究——以长江流域为中心》，《清史研究》2013 年第 1 期。
③ 朱琳：《清代淮河流域的粮价、市场与地方社会》，经济科学出版社 2016 年版。
④ 余开亮：《清代的粮价与市场空间结构》，复旦大学博士学位论文，2015 年。
⑤ 胡鹏、李军：《农历抑或公历？数据形式对数理分析结果的影响》，《中国经济史研究》2016 年第 4 期；胡鹏、李军：《两套清代粮价数据资料综合使用之可行性论证与方法探讨》，《中国社会经济史研究》2016 年第 2 期。

重于探讨粮食贸易与国家政策、社会秩序的关系。

1. 粮价资料的发现与早期粮价问题的提出

清代粮价资料的整理，可追溯至 20 世纪 20 年代。当时统计的概念已经普及，个人、研究机构以及政府单位纷纷对当时的粮价展开统计。与此同时，时人有感于清末民初民食问题之艰难，逐渐开始历史米价资料的搜集工作。寄萍从历史文献中搜集了有米价记录的材料，时段为春秋至明清时期。① 应奎根据海关报告整理了 1862~1911 年的米价。② 随后，又陆续有人发现和使用官方文书、刑科题本、私人账簿等文献中的粮价资料。

柳诒徵是最早利用米价资料进行研究的学者。柳诒徵的《江苏各地千六百年间之米价》一文，从正史、政书、文集、档案朱批等文献中辑录了由东晋至民国初年的江苏省米价，粗略勾勒出一条跨越一千六百年间的米价变动曲线。该文对米价上涨趋势、价格极端值的波动以及人口、土地、货币、消费、交通、气候灾荒等影响米价变动因素的讨论，大体涵盖了目前粮价研究关注的大部分问题。③ 继该文以后，慢慢呈现出一些真正意义上的粮价研究。④

20 世纪二三十年代尚属粮价史研究之发端，其时故宫所藏的档案尚未被开掘，人们对清代粮价的了解主要来自正史、文集、方志等材料中零散的记录，且多为极端价格。魏建猷分析了明清两代的极端米价与田价，指出米价变动与田价变动皆与国家治乱密切相关，而米价变动受到农业生产的影响，呈现出供求的自然规律，田价变动则深受地主的操控，因而两者呈现出不同的特点。⑤ 稍后，冯汉镛《清代的米价与地主操控》探讨了地主对米价变动的作用。⑥ 魏文对田价、米价的考察，代表了最早的相对物价的研究。

自 20 世纪 30 年代始，由北平社会调查所学者汤象龙先生主持下开始清代宫中档案中的粮价单的整理工作，其最终成果至 2009 年方出版，其

① 寄萍：《古今米价史略》，《江苏省立第二农业学校》（月刊）1921 年第 1 卷第 1 期，第 1-9 页。
② 应奎：《近六十年之中国米价》，《钱业月报》1922 年第 2 卷第 3 期，第 12-20 页。
③ 柳诒徵：《江苏各地千六百年间之米价》，《史学杂志》1930 年第 2 卷第 3-4 期。
④ 张履鸾：《江苏武进之物价研究》，金陵大学农学院印行，1933 年；张培刚：《广西粮食问题》，商务印书馆 1938 年版；钱健大：《中国物价发展史》，名山书局 1949 年版，等等。
⑤ 魏建猷：《明清两代的田价与米价》，《东南日报》1946 年 7 月 11 日。
⑥ 冯汉镛：《清代的米价与地主操控》，《成都工商导报》（增刊）学林，1951 年 10 月 7 日。

中艰辛可知一二。① 中华人民共和国成立以前的粮价研究虽受资料与统计知识的局限，但在文献搜集、问题拓展方面所做出的探索是意义深远的。

2. 对粮价长期变动的考察

对清代粮价变动的考察，是粮价研究中备受研究者关注的重要问题之一，以文献考察为主的相关研究主要围绕政治环境、农业生产、人口变动、气候、货币等因素展开讨论，而人口增长被视为清代前期粮价上涨的根本因素。

20 世纪 50 年代的主要研究成果集中于台湾地区。王世庆、周省人从地方史料中搜集了清代台湾米价资料，结合文献资料对米价变动进行简单论述，认为收成、台运、战乱治平是影响清代台湾米价涨跌的主要因素。②

此后研究成果逐渐增多，以文献考证为主的清代粮价变动研究，岸本美绪的研究成果分量较重。岸本美绪整理了清代前期 150 年间的米价资料，追踪了万历至乾隆末年的米价动向。③ 她又从生产与供需关系角度分析了同时期江南的棉花、棉布、生丝、田产、工资等价格变动，认为与米价呈同样趋势。她以清人汪辉祖的记述为出发点对物价变动展开分析，认为乾隆前期米价贵是由于人口的增加，乾隆后期物价涨是由于货币流通量增大所致。④

同时期，中国大陆地区的研究者也多认为人口增加是乾隆时期米价上涨的根本原因。崔宪涛探讨了乾隆前期围绕国内米价上涨时皇帝与地方督抚的讨论，发现督抚们无一例外地认为人口增加是导致粮价持续上涨的根本原因。⑤ 蒋建平从宏观上考察了清代全国的米谷流通与米价增长，指出自雍正朝开始，全国范围内的米价呈现普遍上涨趋势，乾隆时期表现尤为突出，人口增长是导致米价上涨的重要因素。⑥ 龚胜生从宫中档案、文集、地方志材料中整理出一张清代两湖地区米价十年平均价格表，指出清代两湖米价经历了由高到低、再由低到高的长期变动趋势；而米价的变动反映

① 王砚峰：《清代道光至宣统间粮价资料概述——以中国社科院经济所图书馆馆藏为中心》，《中国经济史研究》2007 年第 2 期。
② 王世庆：《清代台湾的米价》，《台湾文献》1958 年第 19 卷第 4 期；周省人：《清代台湾米价志》，《台湾银行》（季刊）1964 年第 5 卷第 4 期。
③ ［日］岸本美绪「清代前期江南の米價動向」『史學雜誌』第 87 卷第 9 號，1978 年。
④ ［日］岸本美绪「清代前期江南の物價動向」『東洋史研究』第 37 卷第 4 號，1979 年。
⑤ 崔宪涛：《清代中期粮食价格发展趋势之分析》，《史学月刊》1987 年第 6 期。
⑥ 蒋建平：《清代前期米谷贸易研究》，北京大学出版社 1992 年版。

了两湖人地关系的演变。① 孙百亮、孙静琴也从人地关系角度解释了清代山东粮价的上涨。② 近年来，谢美娥利用王业键清代粮价资料库的数据对18世纪湖北的米、麦价格长期变动趋势更为细致的考察纠正了龚胜生的一些观点，该研究同时表明，除人口因素外，农作物结构、气候、收成对于粮价的长期趋势与短期波动也发挥了重要作用。

侧重从气候角度分析粮价变动的研究中，谢天佑分析了《李煦奏折》中关于气候、收成、粮价与民情的奏折，指出康熙后期，气候是影响粮价变动的根本因素。③ 曾学优利用《康熙朱批奏折》中的米价与气候资料，横向探讨康熙后期南方十省米价变动，指出米价主要受到气候变化、粮食运输的影响，以气候因素为主；各省米价平均值存在差异，其高低分布与各省农业布局、交通条件密切相关。④

从农业地理角度解释粮价的变动，是20世纪90年代以来的新趋势。龚胜生探讨了18世纪两湖粮价变化的时空特征。从时间维度来看，两湖米价变动较为一致，总体来说呈上涨态势。从空间维度来看，则有较大的不同：湖北米价略高于湖南，而湖南麦价略高于湖北，各府州之间也存在价格差异；这些差异主要由耕地结构、农作种植结构、粮食商品化程度及交通状况所决定。⑤ 邓玉娜对1821~1911年河南省粮价的时空变动的考察显示，灾荒频发与政府调控能力的减弱是造成道光以后河南省粮价长期增长、波动增加的主要原因。作者通过对精粗粮价格差的变动以及区域间的价格差的讨论，认为区域价格形成与粮产丰歉、农民经济行为、地理优势有着紧密联系。⑥

一些学者强调了包含农业生产在内的多元因素对粮价的影响。谭天星对比湖广、江南米价波动，指出嘉庆以后湖广米谷商品化程度仍比江南地区高，但随着人口增长，商品粮额呈下降趋势。⑦ 田炯权利用民国《汝城

① 龚胜生：《从米价长期变化看清代两湖农业经济的发展》，《中国经济史研究》1996年第2期。
② 孙百亮、孙静琴：《清代山东地区的人口、耕地与粮价变迁》，《南京农业大学学报》（社会科学版）2006年第4期。
③ 谢天佑：《气候、收成、粮价、民情——读〈李煦奏折〉》，《中国社会经济史研究》1984年第4期。
④ 曾学优：《从康熙朱批奏折看南方米价》，《南昌大学学报》（社会科学版）1994年第3期。
⑤ 龚胜生：《18世纪两湖粮价时空特征研究》，《中国农史》1995年第2期。
⑥ 邓玉娜：《清代中后期河南省粮价变化的历史地理学解释》，《陕西师范大学学报》（哲学社会科学版）2012年第6期。
⑦ 谭天星：《简论清前期两湖地区的粮食商品化》，《中国农史》1988年第4期。

县志》记载的物价表，分析了清末民国时期汝城县的米价、田价、工资等物价变动。研究认为，当地物价上涨的主要原因是农业生产力的发展、购买力的发展、经济规模的扩大。①

3. 粮食贸易与市场

20 世纪 50 年代初，中村治兵衛等日本学者对清代湖南省的米谷贸易展开研究。中村治兵衛利用南京一个主要码头的湖南米行关于船坞修理的碑刻资料，判断 18 世纪米谷贸易到 19 世纪初已衰落，但随后的贸易复兴使湖南商人发挥了更大的作用。②北村敬直认为，由于人口增长，以及乾隆以来以棉业为副业的商品生产的加强，使湖南省内需求增加，导致湖南米输出减少。③重田德考察了湖南米谷市场以及各市场的商业组织类型，指出湖南米市场是由地主支配的米谷市场，"米价具有明显的投机性"，同时米价还受制于客商活动。④

安部健夫《米穀需給の研究——〈雍正史〉の一章としてみた》是这一时期最为重要的研究。安部健夫考察了雍正时期长江流域各省份的供需关系，他指出，产米地米市场容易受到外省仓储采买、商人购买的影响而引起价格暴涨；而伴随着跨区域的米谷流通，长江流域米价存在某种"平均化"的趋势；清前期大规模的向湖广、四川的移民运动导致的人地关系的变动与这种对价格"平均化"的追逐恰相呼应。⑤而罗友枝比较了 16 世纪福建省与 18 世纪湖南省的农业经济，指出粮食贸易的发展、市场扩大对区域农业经济发展产生了促进作用。⑥

20 世纪 80 年代以来，研究成果逐渐丰富。则松彰文考察了米谷流通对米价上涨的影响。⑦方行认为，在湖南与江南的粮食贸易中，粮食市场以销地价格为基础，按流通环节层层压低价格，而形成地区差价。《清代前

① [韩] 田烔权：《清末至民国时期湖南汝城县的商品流通和物价流动》，《清史研究》2004 年第 1 期。

② [日] 中村治兵衛「清代湖広米流通の一面：南京の湖南会館よりみた」『社會經濟史學』第 8 卷第 3 期，1952 年。

③ [日] 北村敬直「清代の商品市場について」『經濟學雜誌』第 28 卷，第 3、4 號合併號，1953 年。

④ [日] 重田德「清初における湖南米市場の一考察」『東洋文化研究所紀要』第 10 册，1956 年。

⑤ [日] 安部健夫「米穀需給の研究——『雍正史』の一章としてみた」『東洋史研究』第 15 卷第 4 號，1957 年。

⑥ Rawski Evelyn Sakakida, Agricultural Change and the Peasant Economy of South China, Klarvard University Press, Cambridge, Massachusetts, 1972.

⑦ [日] 则松彰文「雍正朝における米穀流通と米価変動—蘇州と福建の連關を中心として」『九州大学東洋史論集』第 14 號，1985 年，第 157–188 頁。

期湖南农民卖粮所得释例》一文，考察了康熙至道光时期湖南与江南两地的米价差，发现两地价格差呈缩小趋势；流通费用的减少、流通环节的缩减、湖南人口的增长、外省的集中采买等诸多因素导致米价差缩减。①

一些学者通过对非正常米价的探讨，考察清代米谷市场的运作。岸本美绪教授探讨了康熙朝的米价低落，将其描述为"经济不景气"。她分析了康熙萧条时期人们的经济思想，发现时人多从货币角度进行尝试，试图增加货币流通量，以摆脱经济萧条的困境。岸本美绪认为，康熙时期人们追求的货币所代表的并不是"购买力"，而是"有效需求"；这种观念反映出当时的市场不同于古典经济学所论述的基于内部分工建立的市场，而是依赖于白银流动的、强开放的市场。②

而陈支平在分析康熙初年东南地区的熟荒时指出，康熙初年的米价是社会环境混乱、商业衰败情况下不正常的米价：康熙初年的战争对于长江流域商路的破坏导致米谷流通受阻，致使米价大跌；沉重的赋税征收政策迫使农民将更多粮食出售以缴纳赋税；而战争又导致货币来源断绝。③ 此后，陈支平又考察了清前期福建的非正常米价，指出清前期福建省米价经历了顺治时期战乱、灾荒下的米价高昂，康熙五年以后农业恢复、米价低贱，康熙三十年至乾隆六十年间的米价上涨三个变动过程；而康熙初至乾隆末期福建省灾荒年景米价与平时米价的季节波动幅度都很大，这反映出清代前期福建省的粮食供应已十分紧张。④

20世纪90年代以来的研究侧重于考察米谷贸易中的商人行为及影响。张丽芬考察了清初至民国近三百年间湖南省米粮产销的长时段变化，认为商人获利的减少是乾隆末年湖南米谷贸易萎缩的重要原因。⑤ 陈东有从《康熙朝汉文朱批奏折汇编》中辑录出康熙后期湖广江西与下游苏州、扬州等地的米价，探讨了分时、分地的米谷差价与商人行为；同时段差价中的商人行为是现买现卖，异时段差价中的商人行为是囤积待价；同地段

① 方行：《清代前期湖南农民卖粮所得释例》，《中国经济史研究》1989年第4期。

② ［日］岸本美绪「康熙年間の穀賤について——清初経済思想一側面」『東洋文化研究所紀要』第89册，1982年9月，中译版载［日］岸本美绪：《清代中国的物价与经济波动》，刘迪瑞译，社会科学文献出版社2010年版，第220~262页。

③ 陈支平：《康熙初年东南诸省的"熟荒"问题》，《中国社会经济史研究》1982年第2期。

④ 陈支平：《清前期福建的非正常米价》，《中国社会经济史研究》1988年第3期。

⑤ 张丽芬：《湖南省米粮市场产销研究（1644~1937）》，台湾大学历史学研究所硕士学位论文，1992年。

差价中的商人行为是短途贩卖，异地段差价中的商人行为是长途运销；商人通过时段与地段的整合追逐价格差的过程，促使全国粮食流通在这种整合了的市场经营方式中实现。① 钟永宁认为，18 世纪湘米输出对省内供求带来重要影响，表现为米价上涨与地区米价的不平衡性。② 邓永飞认为，湖南米价上涨带来了积极、消极两方面效应：积极影响是促进了水稻生产技术的提高以及农村、工商业、市镇经济的发展；消极影响是导致过度开垦、经济结构单一化与社会分化加剧。③

4. 国家与地域社会

20 世纪 80 年代以来，受到日本社会经济史的影响，国家、地方社会与粮价变动的探讨成为清代粮价研究的重点之一。

松田吉郎从地方志中关于明景泰元年至清咸丰七年广州府的米价变动，分析了官府、士绅、商人三方面为保证米粮供应所发挥的作用。④ 山本進着重探讨了清代前期政府平粜政策。⑤ 陈金陵的《清代京师粮价及其他》指出，康熙至嘉庆以前，由于中央集权的强大，政府通过漕运、仓储、平粜赈济、从外省调运粮食等行政手段，维持了清代前期京师米价的稳定；道光以后，随着社会动乱、中央集权的衰落，政府无力稳定物价，京师粮价猛烈上涨。⑥ 邓亦兵通过对清代前期京城市场的考察，指出清代前期北京住房与粮食供应受政府与市场共同作用，呈现"双轨制"，这是清代政治体制的必然要求，但在运行中存在明显缺陷。政府在实践中不断调整。⑦ 袁熹探讨了道光以后京师粮食由漕运向商运的转变过程，指出自漕运结束以后，北京的粮食供应实现了由封建征调关系向近代市场经济的转变；作者分别考察了粮食行业的发展、粮食供应来源以及粮价变动。⑧

岸本美绪的《清代中期经济政策的基调》指出，乾隆前期粮价骤涨时各地爆发的"抢粮""遏粜"等社会事件反映了兼具开放性与不稳定性的谷

① 陈东有：《康熙朝米价中的商人行为》，《中国社会经济史研究》1995 年第 3 期。
② 钟永宁：《十八世纪湖南粮食输出与省内供求效应》，《求索》1991 年第 2 期。
③ 邓永飞：《米谷贸易、水稻生产与清代湖南社会经济》，《中国社会经济史研究》2006 年第 2 期。
④ ［日］松田吉郎「広東広州府の米価動向と米穀需給調整——明末より清中期を中心に」『中國史研究』第 8 號，大阪市立大学，1984 年。
⑤ ［日］山本進「清代前期の平糶政策——採貿・倉儲政策の推移」『史林』第 71 卷第 5 號，1988 年。
⑥ 陈金陵：《清代京师粮价及其他》，《清史研究》第六辑，光明日报出版社 1988 年版。
⑦ 邓亦兵：《清代前期京城市场上的双轨制》，《中国经济史研究》2017 年第 1 期。
⑧ 袁熹：《近代北京的粮食供应》，《中国经济史研究》2005 年第 4 期。

物流通市场面临粮食供求紧张的情况下展现出的脆弱一面。政府通过限制流通、仓储平粜、税粮蠲免与减租等方式来调节米价，表明清代国家的经济政策在"自由放任"与"国家干预"之间的抉择。①

江太新、则松彰文、常建华等都倾向于主张清政府高额的常平仓储政策造成乾隆朝物价高涨。他们围绕乾隆十三年米贵大讨论事件，探讨了国家的各种政策调整及其成效，指出乾隆早期国家应对市场变化表现出了强大的控制力。②高王凌探讨了18世纪清政府的经济发展和政府政策，指出清代前期经济政策基调是从轻赋策到谋求积极的经济发展，也是政府职能不断强化的过程；乾隆十三年米贵大讨论是乾隆初期针对粮价上涨而调整经济政策的一个重要环节。其新作《乾隆十三年》从政治史的角度对乾隆前期的社会经济问题与政府政策进行了系统的讨论。③邓海伦（Helen Dunstan）围绕清代常平仓制度与运作，考察了国家对市场的干预。又在其另一篇文章中，邓海伦指出乾隆十三年缩减常平仓储与金川战役导致的财政紧张不无关系。④

吴慧、葛贤惠、陈桦等着重考察了清代前期国家为促进粮食交流所实施的粮食政策。吴慧、葛贤惠的考察指出，清代前期粮食调剂政策大致包括漕粮调剂、仓储平粜、鼓励商人贩运三种，体现出发挥政府职能与鼓励自由流通的结合。⑤陈桦分析了康雍乾时期政府为促进地区间粮食交流、协调地区间粮食供应的不平衡，采取保护和鼓励粮食流通的各种措施，主要有减免粮税、禁止遏籴、严禁米商囤积居奇、禁米出洋、打击欺诈、开放东北米禁、进口外国粮食、漕运等。⑥

---

① ［日］岸本美绪「清朝中期経済政策の基調——一七四〇年代食糧問題を中心に」『近きに在りて』第11号，1987年5月，中译版载［日］岸本美绪：《清代中国的物价与经济波动》，刘迪瑞译，社会科学文献出版社2010年版，第263~294页。

② 江太新：《清代粮价变动及清政府的平抑粮价》，《平准学刊》第5辑下册，1989年；［日］则松彰文「清代中期の経済政策に関する一試論——乾隆十三年（一七四八）の米貴問題を中心に」『九州大学東洋史論集』第17号，1989年；常建华：《乾隆早期廷议粮价腾贵问题探略》，《南开大学学报》1991年第6期。

③ 高王凌：《活着的传统——十八世纪中国的经济发展和政府政策》，北京大学出版社2005年版；《乾隆十三年》，科学出版社2012年。

④ Dunstan, Helen. State or Merchant? Political Economy and Political Process in 1740s China, Cambridge: Harvard University Asia Center, 2006. ［澳］邓海伦：《乾隆十三年再检讨——常平仓政策改革和国家利益权衡》，《清史研究》2007年第2期。

⑤ 吴慧、葛贤惠：《清前期的粮食调剂》，《历史研究》1988年第4期。

⑥ 陈桦：《论清康雍乾时期的粮食流通政策》，《中国社会科学院研究生院学报》1988年第6期。

关于清末粮食市场的研究更侧重于与国家体制建构相结合。黄永豪的研究指出，清末湖南商业中心已经建立起官府货币与地方商号票币共存的二元货币体系。在西方白银下跌的冲击下，米谷市场扩张，米价上涨。地方政府通过发行货币、禁止地方商号票币、禁止米谷出口等手段企图增加财政收入，最终导致米价进一步升高、米谷市场萎缩、地方财政破产。[①]

最近，陈春声、刘志伟从赋役制度切入，为探讨清代粮价研究提供了一种新的视角。其研究指出，自 16 世纪初至 18 世纪上半期止，中国完成了以"一条鞭法"为主的赋役改革，导致明清财政体制对白银的越发依赖；美洲白银以贡赋形式进入库藏，从而避免了通货膨胀，据此修正了"十八世纪中国物价革命"等观点。对于康熙时期的经济萧条与乾隆十三年的米贵问题，他们指出这是国家体系从维持财政体系的运转以及国家秩序的稳定角度出发而产生的问题，从国家层面来讲，这更属于行政问题而非市场问题。[②]

另一类研究更倾向于从"自下而上"的角度分析粮价变动、粮食贸易与地域社会的互动关系。以重田德对湖南的研究起首，[③] 相关研究主要围绕米谷生产、流通、储存等各个环节，考察了米谷贸易对湖南米商、市民、农民、地主等各社会阶层利益的影响及其社会应对，凸显了社会经济组织对市场机制的反作用。[④] 陈瑶关于湘潭的粮食贸易与地方社会相互作用的个案研究，[⑤] 进一步提醒我们不能仅从市场机制的角度来认识清代的粮食市场。

综合上述整理，以文献分析为主的粮价研究，突出的特点是与人口、农业、市场、国家制度、地域社会等多种因素相结合，对粮价变动的解释呈现出多层次的研究视角。总体来说，上述研究属于定性分析的范畴。由下文可见，以计量方法所作的粮价研究，主要侧重于对影响粮价变动的各种因素的定量分析。

---

① 黄永豪：《米谷贸易与货币体制：20 世纪初年湖南的经济衰颓》，广西师范大学出版社 2012 年版。
② 陈春声、刘志伟：《贡赋、市场与物质生活——试论十八世纪美洲白银输入与中国社会变迁之关系》，《清华大学学报》（哲学社会科学版）2010 年第 5 期。
③ ［日］重田德「清初における湖南米市場の一考察」『東洋文化研究所紀要』第 10 册，1956 年。
④ 蔡志祥：《二十世纪初期米粮贸易对农村经济的影响：湖南省个案研究》，《食货月刊》1987 年第 16 卷第 9、10 期合刊，第 11、12 期合刊。黄永豪：《米谷贸易与货币体制——20 世纪初年湖南的经济衰颓》，广西师范大学出版社 2012 年版。
⑤ 陈瑶：《清前期湘江下游地区的米谷流动与社会竞争》，《厦门大学学报》2012 年第 4 期；陈瑶：《粜籴之局：清代湘潭的米谷贸易与地方社会》，厦门大学出版社 2017 年版。

（三）计量方法主导下的清代粮价研究

以计量方法为主的清代粮价研究也大体经历了三个阶段：20 世纪 50 年代至 70 年代，全汉昇引入数理统计方法考察了粮价变动与市场；20 世纪 80 年代至 20 世纪末，随着计算机的普及，以王业键等海外学者为主，大量引入计量方法进行粮价研究，而以粮价分析探讨市场整合问题成为粮价研究关注的焦点；21 世纪以来，协整分析成为市场整合的主流方法，伴随粮价数据库逐步完成，量化研究成果显著增加。下文就量化方法在各个领域的应用作分别整理。[①]

1. 粮价的长期变动与周期波动

早在 20 世纪 50 年代，全汉昇、王业键在引入数理统计方法考察粮价变动方面做出了开创性的工作。《清雍正年间（1723~1735）的米价》一文，利用时序分析法提取出长期趋势与季节变动和不规则变动因子，发现雍正时期长江流域、东南、西南地区米价存在季节变动与不规则变动，而没有长期趋势。[②]《清中叶以前江浙米价的变动趋势》一文，也采用了时序分析法，研究表明顺治初年至康熙初叶米价陡落，自康熙中叶至乾隆末年米价呈逐步上升趋势。[③]陈秋坤利用《雍正朝朱批谕旨》辑出的米价资料，分析了台湾米价的长期变动与季节变动。[④]

20 世纪 80 年代以来，清代粮价研究开始大量引入数理统计分析方法。王业键考察了 18 世纪福建 10 府 2 州粮食供需，并利用时间序列分析探讨了 1745~1746 年各区域的米价。[⑤]此后，王业键对 1738~1789 年苏州米、麦价格做时间序列分析，观察到米价存在 4 年的短周期和二三十年的长周期。[⑥]后来，通过对苏州米价月度数据的进一步分析，得到最显著的

① 朱琳对粮价研究的发展现状及研究中运用的主要量化分析方法进行了详细介绍，参见朱琳：《回顾与思考：清代粮价问题研究综述》，《农业考古》2013 年第 4 期；朱琳：《数理统计方法在清代粮价研究中的应用与发展》，《中国经济史研究》2015 年第 1 期。

② 全汉昇、王业键：《清雍正年间（1723~1735）的米价》，《史语所集刊》1959 年第 30 期，第 157-185 页。

③ 全汉昇、王业键：《清中叶以前江浙米价的变动趋势》，《史语所集刊外编》1960 年第 4 期，第 351-357 页。

④ 陈秋坤：《清初台湾地区的开发（1700~1756）——由米价的变动趋势作若干观察》，《食货月刊》1978 年第 5 期。

⑤ 王业键：《十八世纪福建的粮食供需与粮价分析》，《中国社会经济史研究》1987 年第 2 期。

⑥ Yeh-chien Wang, "Food Supply and Grain Prices in the Yangtze Delta in the Eighteenth Century", Second Conference on Modern Chinese Economic History, Taipei: Institute of Economics, Academia Sinica, 1989, pp.423-465.

周期为 26 年及 4 年，而 4 年周期的峰值均出现在灾歉当年或次年。[①]

关于粮价长期变动的解释，20 世纪 50 年代主流的解释是货币说。彭信威从货币购买力角度分析，指出白银流入是乾隆朝米价上涨的主要原因。[②] 不久，全汉昇《美洲白银与十八世纪中国物价革命的关系》的研究表明：18 世纪粮食与其他物价都呈现长期上升的趋势。他利用费雪的货币数量说，论证 18 世纪中国白银大量流入导致国内货币流通数量和速度都大大增加，从而导致物价高涨，由此提出"十八世纪物价革命说"。[③] 此后，全汉昇在对清代前期的两次米价变动的探讨中又强化了这一观点。清代前期米价经历了两次明显的波动，第一次是康熙朝的谷贱问题，由于社会稳定，供给增加超过需求增加；而禁海政策使国内货币数量减少。[④] 第二次米价波动是乾隆朝的米价上涨，焦点是乾隆十三年的米贵大讨论，全汉昇结合人口问题与货币数量说进行了解释。[⑤]

20 世纪 60 年代，国内的研究曾强调阶级斗争的作用。邹大凡、吴志伟、徐雯惠利用《银行周报》价格数据，并结合彭信威的米价序列，制作了 1841~1949 年上海米价序列，发现粮价呈现长期上涨趋势，并伴随阶段性与剧烈的波动性；研究认为粮价变动主要是政治原因，强调了阶级斗争的破坏作用。[⑥]

70 年代以来，随着更多粮价资料的发现，原有的解释体系开始动摇。1972 年，王业键利用 17 世纪后半期上海米价、18 世纪广东丝价、19 世纪前半期河北农作物价格、19 世纪后半期海关报告及其他资料，整理了 1644~1911 年价格序列，发现从较长时段来看，乾隆十三年的米价变动并无特别之处。[⑦] 据此，王业键修正了全汉昇提出的"十八世纪物价革命说"。

此后，阮明道从芜湖吴氏经商账簿中发现了 1742~1785 年较完整的米

[①] 王业键：《十八世纪苏州米价的时间数列分析》，《经济论文》1999 年第 3 期。

[②] 彭信威：《中国货币史》下册，群联出版社 1954 年版。

[③] 全汉昇：《美洲白银与十八世纪中国物价革命的关系》，《中央研究院历史语言所集刊》1957 年第 28 期，第 517–550 页。

[④] 全汉昇、王业键：《清中叶以前江浙米价的变动趋势》，《史语所集刊外编》1960 年第 4 期，第 351–357 页。

[⑤] 全汉昇：《乾隆十三年的米贵问题》，《中央研究院历史语言研究所集刊》1965 年第 28 期。

[⑥] 邹大凡、吴志伟、徐雯惠：《近百年来旧中国粮食价格的变动趋势》，《学术月刊》1965 年第 9 期。

[⑦] 王业键：The Secular Trend of Price During the Ch'ing Period（1644~1911），《香港中文大学中国文化研究所学报》1972 年第 2 期。

价资料，发现价格呈现温和的上涨。[1] 21 世纪初，卢峰、彭凯翔的研究再次论证了乾隆时期的价格上涨趋势并不明显。卢峰、彭凯翔根据不同时段货币兑换关系，将清代、民国、当代中国大米价格换算成实际米价，发现清代前二百余年价格波动频繁，但上升趋势并不明显；从 19 世纪后期至清末，米价出现了罕见的长期攀升；中华人民共和国成立以后的实际米价并没有显著的趋势变动，但存在明显的周期性的升降波动。[2]

以上研究表明，单纯在近代经济学或货币学体系下解释 18 世纪的价格变动并不足够。20 世纪 80 年代以后的研究显示，经济学界对清代粮价长期变动的解释变得多元化。林满红主张从人口、农产、物价与货币、贸易等多方面资料，探讨乾隆时期国民收入"由贫转富"的变化。她以来氏家谱中的萧山米价为例，认为乾隆四十年（1775 年）以前的"米独贵"反映国民收入的紧缩，以后普遍的物价上涨反映了国民收入水平的增加。[3]

王业键通过对 1638~1935 年江南米价的长期变动与货币量、人口增长率以及气候冷暖的关联分析，指出货币、人口、气候变迁是米价长期变动的主要因素。[4] 王业键、黄莹珏进一步考察了气候与粮价变动的关系；指出长期气候变迁与粮价并无明显关系；但短期价格上涨主要与自然灾害密切相关，粮价峰值通常出现于当年或一二年前有重大灾害或者连续的自然灾害之时。[5]

彭凯翔对学界关于 18 世纪物价上涨的不同解释进行了整理，指出单纯的任何一种因素为主的解释都难以在逻辑上令人信服。他利用新的结构时间序列模型（STM）分离出价格趋势中的多种影响因素，结果表明在人口、气候等因素影响下货币因素对物价变动发挥主导作用；模型也证实了清代米价存在 4~5 年的短周期及二三十年的长周期，但波动幅度与

① 阮明道：《吴氏经商账簿研究》，《四川师范学院学报》（哲学社会科学版）1996 年第 6 期。

② 卢峰、彭凯翔：《我国长期米价研究（1644~2000）》，《经济学》（季刊）2005 年第 1 期。

③ 林满红：《世界经济与近代中国农业——清人汪辉祖一段乾隆粮价记述之解释》，载中国台北"中央研究院"近代史研究所：《近代中国农村经济史研讨会论文集》1989 年；林满红：《与岸本教授论清乾隆年间的经济》，《中央研究院近代史研究所集刊》1997 年第 28 期。

④ Yeh-chien Wang："Secular Trends of Rice Prices in the Yangtze Delta：1638-1935"，in Thomas G. Rawski，Lillian MLi. Eds.，*Chinese History in Economic Perspective*，Berkeley：University of California Press，1992，pp. 35-68.

⑤ 王业键、黄莹珏：《清代中国气候变迁、自然灾害与粮价的初步考察》，载《清代经济史论文集》第一册，稻香出版社 2003 年版。

通货膨胀有关。[1]

对不同区域性粮价变动的解释也各自强调了货币、市场、制度等影响因素。李明珠利用回归分析法，考察了乾隆时期至清末直隶的粮价，发现长期趋势、季节变动对于粮价的影响有限；相对来说，灾荒对于粮价的影响较为明显，然而，清代发展的多元化耕作制度以及政府的仓储政策缓解了灾荒带来的影响。[2] 马立博的研究指出，18 世纪上半期广东的收成率与粮价变动密切相关，但这种关系在 18 世纪后期开始减弱；他认为是规模巨大、有着充足仓储的一体化米市的形成，削弱了气候变化对米价的影响。[3] 而李军、李志芳、石涛在考察清代山西自然灾害与粮价变动时指出，自然灾害只是影响粮价的一个次要因素，粮价变动受到货币、人口增长、政府救灾的制度保障及晋商对平抑粮价发挥的积极作用等多种因素的综合影响。[4] 马国英、陈永福、李军利用相关系数探讨 1875~1908 年山西粮价变动，指出粮价受市场供求、流通渠道及商业资本的影响逐步增强，而常平仓对粮价的调控作用日渐式微。[5] 穆崟臣通过对山东粮价的时空分析指出，清代山东并未形成一个完整的市场体系，但省内形成了各具特色的区域市场；而清政府把粮价奏报制度纳入农政决策之中，体现国家在社会经济生活中较强的调控能力。[6]

谢美娥对 1738~1850 年台湾地区米价资料进行了长期趋势与季节变动分析，对米价异常值进行了解释，并探讨了人口、耕地、粮食输出、货币等因素与米价变动的关系。[7] 关于自然灾害、收成与台湾粮价变动的考察，也证实了长期气候变迁对台湾米价影响并不显著；而收成分数与米

[1] 彭凯翔：《清代以来的粮价：历史学的解释与再解释》，上海人民出版社 2006 年版。

[2] Lillian M. Li, "Grain Price in Zhili Province, 1736–1911: a Preliminary Study", in Thomas G. Rawski, Lillian M. Lieds, *Chinese History in Economic Perspective*, Berkeley: University of California Press, 1992, pp.69–99.

[3] Robert Marks, Tigers, Rice, Silk, and Silt, *Environment and Economy in Late Imperial South China*, Cambridge University Press, 1998, pp.226–276.

[4] 李军、李志芳、石涛：《自然灾害与区域粮食价格——以清代山西为例》，《中国农村观察》2008 年第 2 期。

[5] 马国英、陈永福、李军：《晚清山西粮食价格波动、市场成因与政府行为（1875~1908）》，《中国经济史研究》2012 年第 3 期。

[6] 穆崟臣：《制度、粮价与决策：清代山东"雨雪粮价"研究》，吉林大学出版社 2012 年版。

[7] 谢美娥：《清代台湾米价研究》，稻香出版社 2008 年版。

价变动的关联分析表明，年成好坏不是影响米价变动的最主要因素。①

2. 市场整合研究

随着 20 世纪 80 年代国内经济史学界转向对市场化的研究，市场整合研究开始成为清代粮价研究的热点问题。"市场整合"这一概念较早由吴承明先生提出："'市场整合'或者'一体化'，是指一个区域乃至一国的市场由贸易网络连接，形成供求比较平衡的状况，一般利用区域内各地价格变动的同步性来检测市场整合程度。"②依照这一概念，区域价格的同步性成为早期市场整合研究通用的衡量指标。

市场整合研究主要以近代经济学理论与计量方法的运用为主要特征。早期的市场整合研究主要使用季节变动、价格差分析评价市场整合程度；20 世纪 80 年代以后，逐渐过渡到对相关分析、回归分析等方法的运用；90 年代末以后，协整分析成为普遍采用的分析方法。

价格相关分析主要包括价格相关分析、价格差相关分析、价格方差相关分析、离散差分析等方法；价格相关分析、价格差相关分析、价格方差相关分析主要利用米价的同步性分析来确定市场整合趋势；离散差分析通过测定各地价格离开平均值的程度，离散度越小，市场越趋向整合。回归分析是一种更为精密的方法，该方法通过公式抽离出米价的长期变动、季节波动、灾荒、社会动乱、平粜等非市场因素，从而得到粮食贸易对于粮价变动的影响。

相关分析在 20 世纪 90 年代被广泛应用于市场整合研究，但由于价格序列本身的非平稳性，这种方法易导致伪相关。协整分析在剔除伪相关，并从长期、短期两方面考察动态相关关系的计量方法，较相关分析更具有优越性。③

市场整合研究始于 20 世纪 70 年代，全汉昇与克劳斯合著的《清中叶的米粮市场和贸易》，被认为是最早的探讨清代市场整合的作品。④全汉昇

① 谢美娥：《自然灾害、生产收成与清代粮价的变动（1738~1850）》，《中国经济史研究》2010 年第 4 期。

② 吴承明：《利用粮价变动研究清代的市场整合》，《中国经济史研究》1996 年第 2 期。

③ 彭凯翔：《评 Sui-wai Cheung, The Price of Rice: Market Integration in Eighteenth-Century China》，《新史学》2010 年第 21 卷第 1 期。

④ Han-shêng Chuan, Richard A. Kraus, *Mid-Ch'ing Rice Markets and Trade: An Essay in Price History*. Cambridge, Mass: East Asian Research Center, Harvard University, Distributed by Harvard University Press, 1975.

与克劳斯以雍正朝苏州为中心，考察了长江流域重要米市的米价，指出米粮长距离运输对于平稳米价、完善区域市场的重要性。作者通过比较1713~1719 年苏州米价与 1913~1919 年上海米价两个价格序列的季节波动，发现相差不多。据此，作者认为 18 世纪早期苏州的米粮市场已经比较完善。

20 世纪 80 年代以来，王业键围绕 18 世纪全国粮食市场进行了一系列卓越的研究。早在《中国米谷价格的时空分析》一文，王业键从若干城市粮价变动趋势中看到全国粮价的同步化。[①] 其后，王业键等通过测算苏州、杭州、泉州、广东、汉阳、淮安等府米价相关系数，得出 18 世纪大部分地区的米市场已具备相当高度的整合性。[②]

在王业键的代表作《清代江南地区米价的长期趋势》一文中，王业键选取 15 个城市 1738~1740 年的米价，发现长江流域从产地到销地呈现价格逐渐升高的趋势；作者又对比了 1909 年这些城市的米价，发现价格差缩小了，作者认为这是运输改进、市场扩大与人口密度的变迁产生的结果。据此他得出结论：在 17 世纪大部分时间里，中国的市场整合程度高于欧洲；但是到 18 世纪中叶，欧洲经济的一体化已超过中国了。[③] 此后，Shuie 和 Keller 利用协整分析，比较了工业革命前的欧洲市场与中国南方的市场整合，发现两者的发育程度具有相似性。[④] 从而间接证明了王业键关于 18 世纪市场整合的观点。

王业键的研究着重从区域间的商品流通与价格同步性来论证全国市场的形成，从而修正施坚雅关于大区域"准独立"的性质。围绕这一论辩，海外学者中，Brand、Sands、Myers 等也对清代全国市场整合展开了研究。Brand 从清末各地米价的相互关联性分析着手，论证了农产品在产地、城市、对外开放港口的价格及国家价格的联动性，指出 19 世纪 90 年代之

① Yeh-chien Wang, "Spatial and Temporal Patterns of Grain Prices in China, 1740-1910", Conference on Chinese Economic History, Bellagio, Italy, 1984.

② 王业键、黄国枢：《十八世纪中国粮食供需的考察》，载"中研院"近史所：《近代中国农村经济史论文集》，台北，1989 年。

③ Yeh-chien Wang, "Secular Trends of Rice Prices in the Yangtze Delta, 1638-1935", in Thomas G. Rawski, Lillian M Li eds., *Chinese History in Economic Perspective*, Berkeley: University of California Press, 1992, pp.35-68.

④ Carol H. Shuie, Keller Wolfgang, "Markets in China and Europe on the Eve of the Industrial Revolution", Working Paper, 2004.

前，中国农业已经被国际经济、国际市场所整合，地域性经济周期已经失去独立性。[①] Sands 和 Myers 的研究也同样从清代大规模地区间交易的发展及地区间米价的联动性出发，对施坚雅的理论进行了反驳。[②] 这些讨论无疑都为认识清代市场整合做出了有益的贡献。

由 18 世纪全国市场命题延伸出的议题之一，是关于清代区域市场整合强度的比较。《清中叶东南沿海粮食作物分布、粮食供需及粮价分析》一文，王业键等取 1741~1760 年苏州、杭州、泉州、广州的米价，考察东南沿海米市场的整合；通过分析价格变动同步性与相关性，得出如下结论：以长江三角洲为中心，地理上与交通运输上越接近的地区，市场整合度越高。[③]《十八世纪中国粮食市场》一文，指出 18 世纪长江中、下游间米粮市场整合度最高。[④] 颜色、刘丛《18 世纪中国南北方市场整合程度的比较——利用清代粮价数据的研究》，利用 1742~1795 年 15 省主要粮食品种的月度价格数据，运用回归分析与协整分析方法，比较了 18 世纪中国南方、北方市场整合度，发现南方整合度高于北方，这缘于南方畅通的水运网络发挥了重要作用。[⑤]

余开亮对乾嘉时期全国主要省份的粮价进行时间、空间两个维度的比较，对各省内相邻府州进行两两组对，计算其相对价格指数，发现南北方粮食相对价格变异曲线在 1738~1820 年都呈现前期平稳、后期上升的趋势，认为在 1800 年左右市场整合程度开始逐渐减弱并且波动幅度变大。在长江上、中、下游，东南沿海、华北、西北、岭南、云贵八大区域，价格随时间变动，其整合程度趋势也有明显差异：长江下游、东南沿海整合度保持较高水平，长江中游与西北地区市场在 18 世纪基本保持稳定，进入 19 世纪后，内陆各区域的整合程度皆有不同程度下降。[⑥]

---

① Brand, Loren, "Chinese Agriculture and the International Economy 1870–1930s: A Reassessment Explorations", *Economic History*, 1985（22），pp.168–193.

② Sands Barbara, Ramon Myers, "The Spatial Approach to Chinese History: A Test", *Journal of Asian Studies*, 1986, 45（4），pp.721–743.

③ 王业键、黄莹珏:《清中叶东南沿海粮食作物分布、粮食供需及粮价分析》,《中央研究院历史语言研究所集刊》1999 年第 70 号第 2 期。

④ Yeh-chien Wang, *Grain Market in Eighteenth-century China*, *Collected Essays in the Economic History of Qing China*, Volume Three, pp.397–416.

⑤ 颜色、刘丛:《18 世纪中国南北方市场整合程度的比较——利用清代粮价数据的研究》,《经济研究》2011 年第 12 期。

⑥ 余开亮:《清代的粮价与市场空间结构》,复旦大学博士学位论文，2015 年。

上述量化研究主要立足于宏观层面。最近 20 年来，随着量化分析方法的多元化，着眼于省局部区域的市场整合研究成果迭出，为我们重新检视大区域的市场整合奠定了较好的研究基础。

威尔金森利用 20 世纪最初 10 年陕西省的粮价细册，考察了银钱比价和米、麦、粟、豆的价格变动，通过考察地区价格差测定市场整合度。[①]李中清利用价格相关分析、价格差相关分析与方差相关分析，分析了 1748~1802 年云贵地区的米价，得出乾隆朝西南市场整合度逐步提高。[②]陈春声利用米价相关、米价差相关、价格方差相关、离散差相关等方法分析了 1750~1769 年广东全省与广西东部 5 府的米价，验证了 18 世纪华南地区已经存在一个以广州、佛山为中心，连接粤桂两省和湘、赣、闽三省部分地区的区域性市场。[③]濮德培分析了 1741~1850 年甘肃省小米价格的标准差，该数值也呈逐步下降趋势，反映了甘肃逐渐趋于市场整合。[④]马立博对 1738~1769 年两广 25 府州米价的方差相关性进行分析，得出两广市场已经高度整合。[⑤]张丽芬计算了 1870~1908 年湖南省 18 个府州厅米价的价格差相关系数，153 对中有 69 对相关系数在 0.8 以上，据此认为同光时期湖南形成了"完整、结构紧密、运作能力强、运作范围广"的省内市场体系。光绪末期以后，市场开始萎缩，米价差相关系数在 0.6 以上的仅 27 对，0.8 以上的仅 3 对。[⑥]李明珠利用 1738~1911 年月度粮价资料，分析了麦、粟、高粱的价格变动，以价格的离散程度来反映市场整合水平。她的研究发现，河北省内粮食市场的整合度越来越低，而河北与奉天、长江三角洲粮食市场的整合度越来越高。[⑦]

在相关分析、回归分析等方法被当时粮价研究者普遍采用的同时，这

① Endymion P.Wilkinson, *Studies in Chinese Price History*, New York: Garland Publishing, Inc., 1980.

② ［美］李中清：《中国西南边疆的社会经济（1250~1850）》，人民出版社 2012 年版。

③ 陈春声：《市场机制与社会变迁——18 世纪广东米价分析》，中国人民大学出版社 2010 年版。

④ Peter C. Perdue, "The Qing State and the Gansu Grain Market, 1739~1864", in Thomas G. Rawski, Lillian M. Li eds, *Chinese History in Economic Perspective*, Berkeley: University of California Press, 1992.

⑤ 马立博：《清代前期两广的市场整合》，载叶显恩：《清代区域社会经济研究》，中华书局 1992 年版。

⑥ 张丽芬：《湖南省米粮市场产销研究（1644~1937）》，台湾大学历史学研究所硕士学位论文，1992 年。

⑦ Lillian M. Li, "Integration and Disintegration in North China's Grain Markets, 1738–1911", *The Journal of Economic History*, Vol.60, No.3, Sep. 2000, pp.665–699.

些量化分析方法的有效性也受到探讨。[①] 价格相关分析是直接对两个地区的米价序列作相关系数检测，无法排除价格长期趋势的影响，容易导致伪相关。利用价格差相关分析，可以去除长期趋势。李中清对西南的研究，利用价格相关分析得到 35 府州之间 85 对强相关（0.75 以上为强相关）；但使用价格差相关去掉长期趋势后，保留下来的强相关对数明显减少，只有 19 对。因此，价格差相关分析法相对优于价格相关分析法。同时仍需要注意的是，灾年容易导致伪相关的产生。李中清对西南的研究，当抽掉灾年时，利用价格差相关分析，发现原有的 19 对强相关关系全部消失了。

价格方差相关分析的核心内容，是将区域内 n 个地区平均价格变动的方差与 n 个地区价格变动方差的平均数做除法；当区域内 n 个地方价格变动同步性越高，该值越趋近于 1。李中清、陈春声、马立博利用价格方差相关分析得到的相关系数，明显高于这一方法的最初使用者韦尔对 18~19 世纪法国市场测定的价格方差相关系数值。但是，此法将区域内 n 个地方价格取平均以及将 n 个地方价格方差取平均，模糊了区域内部各自价格变动可能存在的特殊性，因而精确度明显不足。

离散差是将区域内 n 个地区平均价的标准差与平均价作除法，得到标准差系数。陈春声对 1707~1800 年广东米价按照 20 年分期计算了离散差系数，发现该系数呈降低趋势，说明市场趋于整合。但是，在平均米价离散程度逐渐减小的同时，区域内部米价差逐渐增大，并不符合整合市场的特征。

对量化分析技术有效性的反思也推进了量化分析方法的进一步发展。此外，研究者们一方面积极搜集粮价以外的其他数据资料纳入回归分析，另一方面也逐渐开始重视利用文献资料进行结合论证。

王国斌与濮德培对清代湖南米市场的研究展示出一种多元化研究方法，以定性分析结合定量分析考察市场整合。作者首先利用文献资料确定了省内粮食的运输线路，然后利用米价差相关系数分析，发现湖南省米谷输出地带米价呈现极高相关性；非输出地带米价相关性极低，然而省内产米区与非产米区的联系较人们设想的更为紧密。该研究也发现各水上游存在的小规模米谷流动无法在相关系数中显示。他们解释为小规模的米粮贸易不能断定市场整合，而出口地带没有直接贸易也可产生价

---

① 吴承明：《利用粮价变动研究清代的市场整合》，《中国经济史研究》1996 年第 2 期。

格的强相关性。[①]

21 世纪以来，协整分析方法被较为广泛地应用于市场整合研究中。谢美娥利用协整分析测度了乾隆朝湖北粮食市场整合度，发现湖北存在不止一个市场区：汉水与长江构成的"Y"形动线上，汉阳、武昌等 6 府形成了极高的价格相关，在这个市场圈内存在汉阳、武昌两个核心市场；西部襄阳、郧阳与宜昌府之间形成了次要市场区；施南府独立于两个市场圈之外。[②]朱琳则探讨了清代中期淮河流域的市场整合。[③]赵伟洪利用协整分析方法考察了乾隆时期湖南、江西的米粮市场整合。[④]近年来出现了一批对河南、山东、山西、赣南以及长江流域等区域粮食市场研究的学位论文，也填补了相应地区粮价研究的不足。[⑤]

上述区域市场研究基本上支持了 18 世纪全国市场的观点。另外一些研究则对 18 世纪市场机制对区域市场整合发挥的效用提出了一些疑问。张瑞威计算了 18 世纪山东临清、济宁与苏州米价的相关系数，发现苏州米市场与济宁构成了整合而与临清并不整合。张瑞威认为，沿运河的市场整合无法脱离政府政策的影响。根据文献资料分析，山东北部并不从苏州进口稻米，山东南部与长江下游也仅有少量的米谷交流。至于直隶市场上的粮食主要是运自江南的漕粮，因不考虑运费成本而保持价格的低廉，因而直隶与江南没有建立大米贸易的关系；据此，他对王业键提出的 18 世纪全国性稻米市场的形成进行了修正。[⑥]李明珠利用了直隶小米、小麦对江南米价作回归分析，也说明运河漕运未能导致南北两地的粮食市场整

① 王国斌、濮德培：《18 世纪湖南的粮食市场与粮食供给》，《求索》1990 年第 3 期；R. Bin Wong, Peter C. Perdue, "Grain Markets and Food Supplies in Eighteenth-Century Hunan", in Thomas G Rawski, Lillian M. Li, eds., *Chinese History in Economic Perspective*, Berkeley: University of California Press, 1992, pp.126-144.

② 谢美娥：《贩运者多：十八世纪湖北的粮价与粮食市场（1738~1797）》，明文书局 2012 年版。

③ 朱琳：《清代淮河流域的粮价、市场与地方社会》，经济科学出版社 2016 年版。

④ 赵伟洪：《清乾隆朝湖南省米谷流通与市场整合》，《中国经济史研究》2015 年第 1 期；赵伟洪：《乾隆时期江西省米谷流通与市场整合》，《中国社会经济史研究》2016 第 4 期。

⑤ 邓玉娜：《"禁曲六疏"的启示——论清代河南粮食贸易发展的影响因素》，中国人民大学博士学位论文，2006 年；兰雪花：《清代福建粮食市场论述》，福建师范大学硕士学位论文，2006 年；罗畅：《乾隆朝长江流域粮价研究》，南开大学博士学位论文，2012 年；穆崟臣：《制度、粮价与决策：清代山东"雨雪粮价"研究》，吉林大学出版社 2012 年版；马国英：《1736~1911 年间山西粮价变动研究》，中国农业大学博士学位论文，2013 年；郑生芬：《十八世纪赣南地区的粮食市场整合研究》，台湾成功大学硕士学位论文，2011 年。

⑥ Cheung Sui-wai, *The Price of Rice：Market Integration in Eighteenth-Century China*, Center for Asian Studies, Western Washington University, 2008.

合；而当漕粮改走海运以后，两地经济联系日趋紧密，自 1860 年天津开埠以后这一趋势更加明显。①

对粮价分析方法的越来越多的探讨与研究表明，虽然市场有效性最具代表性的特征是价格机制的形成，然而由价格的同步性或协整所测度的整合并不一定代表市场机制发挥效率。对影响市场整合的因素的考察构成了这部分研究的主体。

目前研究观察到的对区域市场整合造成显著影响的因素大致有人口因素、交通运输成本、仓储、灾赈等制度因素以及影响社会经济活动的其他因素等。不同经济区域粮食市场受到的各种因素作用的强弱也有所不同。如李中清对云贵地区粮食市场的考察显示，该地区的价格同步性主要来自战争与天气等因素的影响。濮德培所考察的甘肃粮食市场，军事行为、仓储制度对地区市场整合发挥了积极作用，也非市场机制本身。②方行考察了康熙至道光时期湖南与江南的米价差，发现其呈现缩小趋势，但发挥主要作用的是产米区人口的增长。③张瑞威探讨了 18 世纪末长江中游与下游长途米谷贸易的萎缩，将之归结为气候的改善、长江下游自给能力提高，并以此认为 18 世纪的市场整合只是偶发的。④

一些学者着重考察地理分割对市场整合的影响，其基本观点是认为距离越远的市场之间运输费用上升、制度差异更大，因此套利更加困难。Carol H. Shuie 利用面板模型，处理了中国南方 10 省米价，发现 18 世纪中国不同地区根据其地理环境、水运条件的差异，分别通过跨区贸易和仓储储备实现了市场整合，而地方仓储政策也受到市场因素的影响。⑤颜色、刘丛对中国南、北方粮食市场整合强度的考察也说明便利的水运条件是造

① Lillian M. Li, "Integration and Disintegration in North China's Grain Markets, 1738–1911", *The Journal of Economic History*, Vol.60, No.3, Sep. 2000, pp.665–699.

② Peter C. Perdue, "The Qing State and the Gansu Grain Market, 1739–1864", in Thomas G. Rawski, Lillian M. Li, eds. *Chinese History in Economic Perspective*, Berkeley: University of California Press, 1992, pp.126–4. [美] 李中清：《中国西南边疆的社会经济：1250~1850》，人民出版社 2012 年版。

③ 方行：《清代前期湖南农民卖粮所得释例》，《中国经济史研究》1989 年第 4 期。

④ Cheung Sui-wai, *The Price of Rice: Market Integration in Eighteenth-Century China*, Center for Asian Studies, Western Washington University, 2008.

⑤ Carol H. Shuie, "Transport Costs and the Gerography of Arbitrage in Eighteenth-Century China", *The American Economic Review*, Vol.92, No. 5（Dec. 2002）. Carol H. Shuie, "Local Granaries and Central Government Disaster Relief: Moral Hazard and Intergovernmental Finance in Eighteenth and Nineteenth-Century China", *The Journal of Economic History*, Vol.64, No.1（March 2004）.

成南方整合度较高的主要原因。①

彭凯翔利用清代粮价资料库数据绘制了 18 世纪中期全国粮食等价格线图，显示南方粮食市场整合度高于北方，从而验证了颜色、刘丛的结论；而华北地区顺天府的价格低谷，也验证了张瑞威的观点；而以松潘厅为中心的川西地区、以霍州为中心的山陕地区的价格高地，则表明市场整合受到军事等人为因素的显著影响，削弱了其市场整合程度。②

也有研究指出省界对于市场整合存在阻碍。彭凯翔对 18 世纪中期以苏州、武昌、广州、开封等中心市镇为基准，利用空间状态模型考察了中心与周边地区的价格相关性，也显示省内价格整合远高于省外价格。因此，省内的价格整合也难以归结为市场机制发挥的效率了。③ Jianan Li 等利用面板模型比较了南方稻米市场、北方小麦市场整合，指出不论南方、北方，省级边界构成阻碍市场整合的最重要因素。④

协整分析的概念最早由 Engle 和 Granger 提出，其核心思想是，如果两个非平稳的时间序列的协积是平稳的，说明两个变量间存在长期均衡关系，短期的不均衡可以通过误差修正模型来纠正。⑤ 协整分析因其对非平稳的时间序列上的分析优势，成为目前市场整合分析的主流方法。但另一方面，协整分析方法未考虑交易成本的作用，导致检验结果出现偏差，因此也存在一定缺陷。因而近年来关于市场整合的另一个新动向，是对交易成本、价格信息传递对市场整合的作用的考察。

Barrett 和 Li 的研究尝试建立一种新的空间分析模型，将价格、交易成本、交易信息流动等要素纳入整合分析中来。⑥ 彭凯翔提醒，如果把交易信息的传递纳入市场整合的考察，也许会发现价格的整合可能并不反映市场实际的供求，甚而是"过度整合"。但他考察的长江中下游苏州—安

---

① 颜色、刘丛：《18 世纪中国南北方市场整合程度的比较——利用清代粮价数据的研究》，《经济研究》2011 年第 12 期。

②③ 彭凯翔：《从交易到市场：传统中国民间经济脉络试探》，浙江大学出版社 2015 年版，第 131–134 页。

④ Jianan Li, Daniel M. Bernhofen, Markus Eberhardt et al., "Market Integration and Disintegration in Qing Dynasty China: Evidence from Time-Series and Panel Time-Series Methods", Working Paper Draft, ETSG No.060, 2013.

⑤ Robert F. Engle, C. W. J. Granger, "Co-Integration and Error Correction: Representation, Estimationand Testing", *Econometrica*, 1987 (2): 251–276.

⑥ Christopher B. Barrett, Jau Rong Li, "Distinguishing between Equilibrium and Integration in Spatial Price Analysis", *American Journal of Agricultural Economics*, 2002, 84 (2): 292–307.

庆—武昌的粮食市场整合，发现信息传递对整合的作用远次于流通。① 因此，基于长途贸易角度考察的区域市场整合的可信度仍然是较高的。

陈春声等提出，传统社会变迁过程中有众多非经济因素对于市场产生影响，因此仅以市场关系考察社会变革的可能性是不完全的。关于18世纪全国市场的论证，他们以18世纪贵州清水江与江南的长距离木材贸易为例，清水江地区输出木材而获取的白银，除了缴纳贡赋之外，大部分白银未能通过市场交换而留在了山里。因此，18世纪全国形成了统一市场这一论断值得怀疑。作者提出，由于不同区域间的"非同质性"，对区域市场史的研究需要在整体的历史背景（特别是制度背景）下理解。② 陈春声对18世纪广东的研究体现了文献资料与统计分析手段的有机结合，启发我们进行更深层次的思考。③

彭凯翔的新著《从交易到市场：传统中国民间经济脉络试探》，从零散的交易到市场经济的形成过程，对中国传统经济的约束条件、运行机制及其形态、功能等做出了生动的历史描述与全面系统的经济学分析，也在方法论上为传统社会市场经济研究提供了新的研究路径。④

二、清代长江中游区域研究

关于清代长江中游的区域研究成果较多，笔者选取与本书相关的主要论著分别论述。

（一）清代中游地区人口流动与区域开发

就开发时间与程度而言，江西远早于湖广二省。宋元时期，江西已是重要的全国性粮食供应地。明代以来，江西省人地压力日益突出，适逢两湖历元明兵燹，土旷人稀。"荆湖之地，田多而人少，江右之地，田少而人多。"⑤ 经济刺激下的大规模人口迁移"江西填湖广"便由此拉开序幕。

① 彭凯翔：《从交易到市场：传统中国民间经济脉络试探》，浙江大学出版社2015年版，第152–163页。
② 陈春声、刘志伟：《贡赋、市场与物质生活——试论十八世纪美洲白银输入与中国社会变迁之关系》，《清华大学学报》（哲学社会科学版）2010年第5期。
③ 陈春声：《市场机制与社会变迁——18世纪广东米价分析》，中国人民大学出版社2010年版。
④ 彭凯翔：《从交易到市场：传统中国民间经济脉络试探》，浙江大学出版社2015年版。
⑤ （明）邱濬：《江右民迁荆湖议》，载（明）陈子龙等：《明经世文编》卷72，中华书局1962年版。

相关研究最早者当推谭其骧对湖南人由来之考证。①他利用湖南省地方志氏族志表，考证得出：湖南之外省移民，以省别划分，则江西省为最多；以区域划分，则长江流域最多；以时段划分，则五代前以北方移民为主，南宋前以江西为主，南宋以至明清则移民来源始广；以社会结构划分，则江西移民多为农业移民，其他诸省多为官宦商贾。曹树基对此概括为"湖南人主要来自江西，江西人主要移自元末明初"。②谭文开创了以氏族志研究人口史的新方法。

曹树基在谭其骧前述研究的基础上，以覆盖面更广的氏族志材料，对元末明初湖南省人口迁移做了分区域考察。曹树基以年平均增长率与年均人口数做回归，考察人口流动的时间规律及地理分布。认为洪武年间的湖南移民，湘中区属"人口重建式"移民，湘北、湘西、湘南均属"人口补充式"移民。移民主要来自江西、苏浙、皖豫等省，江西居首。江西籍移民以湘赣边界吉安、袁州、南昌三府为主，表现为南昌移民湘北、吉安移民湘南，湘中则南昌、吉安两府皆有。③其他如胡昭曦、何业恒、李世平、何炳棣、葛剑雄、曹树基、吴松弟等所著的人口通史，李世平等对四川人口的研究，对这一问题也皆有论及。④

20世纪90年代以来，张家炎⑤、张国雄⑥、彭先国⑦等在该地区人口史领域做出了贡献。尤其值得注意的是张国雄所著的《明清时期的两湖移民》，该书利用400多部族谱以及正史、方志、碑传、民间传说等材料，对明清时期两湖移民迁入、迁出的动态过程进行了缜密的考察。⑧从时间

① 谭其骧：《中国内地移民史——湖南篇》，《史学年报》1932年第4期。

②③ 曹树基：《湖南人由来新考》，《历史地理》第九辑，上海人民出版社1990年版。

④ 胡昭曦：《张献忠屠蜀考——兼析"湖广填四川"》，四川人民出版社1980年版；何业恒：《沅江县人口演变的历史过程》，《益阳师专学报》（哲学社会科学版）1984年第3期；李世平：《四川人口史》，四川人民出版社1987年版；［美］何炳棣：《1368~1953年中国人口研究》，中译本，上海古籍出版社1989年版，第144–145页；葛剑雄：《中国人口发展史》，福建人民出版社1991年版；曹树基：《中国移民史（明时期）》第五卷，福建人民出版社1997年版；曹树基：《明代初年长江流域的人口迁移》，《中华文史论丛》第47辑；曹树基：《明代时期移民氏族的人口增长——长江中下游地区族谱资料分析之一》，《中国经济史研究》1991年第4期；吴松弟：《中国人口史》，复旦大学出版社2001年版。

⑤ 张家炎：《明清江汉平原的移民迁入与阶段性的人口增长》，《中国社会经济史研究》1992年第1期。

⑥ 张国雄：《明清时期的两湖移民》，人民教育出版社1995年版。

⑦ 彭先国：《清代湖南人口流向研究》，《求索》1999年第3期。

⑧ 关于湖北移民的研究，较早见李懋军：《明代湖北人口迁移》，复旦大学研究生毕业论文，1992年，惜笔者未得获阅。

变动看，"江西填湖广"在元明之际达到高峰、"湖广填四川"在清前期达到高峰；两湖移民迁入、迁出的过程一方面表现得前后相继，另一方面存在着长达五百年的时间跨度的重叠。从空间分布来看，该迁移过程呈现自东向西的分布趋势，移民多自河谷、盆地、丘陵、平原等经济开发水平较高区域，向后开发区域迁移。两湖移民带来的最直接效应是刺激了江汉—洞庭湖平原的垸田开发以及湘鄂西山区经济开发。此外，龚胜生、于颖利用《湘阴县图志》对湘阴县移民迁移过程与空间分布展开研究。[①]

关于清代流动的江西人的身份界定，谭其骧前文已做出初步的考释，江西人迁湖广"乃纯为自动的经济发展"，其社会构成以务农为主。其后，傅衣凌对江西外流人口身份进行考察，指出江西工商业人口流动为江西人口流动的重要特点。[②]方志远的研究指出，明代江右商帮的兴起，是江西流民运动的产物，反映出江西流民运动的特征。[③]方志远着重分析了江右商帮的社会构成，指出江西人口流动发生的社会结构变化，一部分自人口密集处向稀少处流动，继续务农，另一部分进入城市或在城乡间流动，即从事手工业或商业活动。[④]

关于明清人口的估计，梁方仲编著的《中国历代户口、田地、田赋统计》对湖广、江西分省分府的人口、土地、田赋数据进行了整理，是最早的资料集与研究成果。[⑤]此后，曹树基对洪武年间及清中期江西人口做出了修正。[⑥]龚胜生对清代两湖地区的人口数字进行了修正。[⑦]

在明清持续的移民热潮刺激下，两湖与江西南部地区进入大规模农业开发期。农业开发呈现两个主要特点：第一，移民为开发主体；第二，开发首先集中在盆地、丘陵、河谷平原地带，其后向山区推进。[⑧]关于湖区垸田开发，韩国学者吴金成最早考察了明末洞庭湖周边垸堤的发展水

① 龚胜生、于颖：《湘阴县氏族移民地理研究（1121~1735）》，《地理研究》2006 年第 6 期。

② 傅衣凌：《明代江西的工商业人口及其移动》，载《明清社会经济史论文集》，商务印书馆 2010 年版。

③ 张海鹏、张海瀛主编：《中国十大商帮》，黄山书社 1993 年版，第 365~421 页。

④ 方志远：《明清湘鄂赣地区的人口流动与城乡商品经济》，人民出版社 2001 年版，第 78~80 页。

⑤ 梁方仲：《中国历代户口、田地、田赋统计》，上海人民出版社 1985 年版。

⑥ 曹树基：《中国人口史》第 4、5 卷，复旦大学出版社 2000、2001 年版；曹树基：《清代中期的江西人口》，《南昌大学学报》2001 年第 3 期。

⑦ 龚胜生：《清代两湖人口发展的时空差异研究》，《中国历史地理论丛》1993 年第 4 期。

⑧ 张国雄：《明清时期的两湖移民》，人民教育出版社 1995 年版，第 166~187 页。

平。① 石泉、张国雄的研究指出，江汉平原垸田最迟在 13 世纪中期南宋端平、嘉熙年间已经出现。② 卞鸿翔、龚循礼从地理学角度指出，洞庭湖区围垦经历了唐宋、明清两次高峰，由滨湖向腹地逐步扩大。③ 张建民考察了清代江汉—洞庭湖平原堤垸的扩张，经历了明代堤垸初兴、清初的恢复发展、乾隆至清末湖区围垸的大发展等过程，江汉—洞庭湖平原堤垸农田的发展带来两湖粮食商品化的大发展。④ 梅莉认为，清代洞庭湖平原大规模的垸田开发与稻谷种植使湖区粮食生产逐渐超越湘中、湘南地区，成为主要粮食输出区。⑤ 鲁西奇论及了湖北省内汉水沿线地区的农业开发形式。⑥ 鄱阳湖地区为江西省最早开发地带，自宋元以前已有发达的农业经济。⑦ 明清时期，鄱阳湖经济开发最突出的特点是"普遍修筑圩堤，围湖垦田"。许怀林探讨了鄱阳湖区圩堤的分布、修筑和管理以及功效。⑧

20 世纪 90 年代，产生了几本有关的重要著作：《两湖平原开发探源》⑨、《清代两湖农业地理》⑩、《鄱阳湖流域开发探源》⑪ 等，代表了这一时期华中地区农业开发研究的集成。其他，钟兴永探讨了洞庭湖区堤垸垦殖的发展变迁及其历史作用。⑫ 谭作刚、宋平安等考察了垸田围垦与环境变迁的关系。⑬

关于山区开发，早在新中国成立前夕，傅衣凌先生首先对明清时期山

① ［韩］吴金成：《明末洞庭湖周边垸堤的发达》，《历史教育》1977 年第 21 期。日文译版，《明末洞庭湖周边垸堤的发达及其历史意义》，《史朋》1979 年第 10 期。
② 石泉、张国雄：《江汉平原的垸田兴起于何时》，《中国历史地理论丛》1988 年第 1 期。
③ 卞鸿翔、龚循礼：《洞庭湖围垦问题的初步研究》，《地理学报》1985 年第 40 卷第 2 期。
④ 张建民：《清代江汉—洞庭湖平原堤垸农业的发展及其综合考察》，《中国农史》1987 年第 2 期；张建民：《对围湖造田的历史考察》，《农业考古》1987 年第 1 期。
⑤ 梅莉：《洞庭湖垸田经济的历史地理分析》，《湖北大学学报》1990 年第 2 期；梅莉：《洞庭湖区垸田的兴盛与湖南粮食的输出》，《中国农史》1991 年第 2 期。
⑥ 鲁西奇：《明清时期汉水流域农业经济的区域差异》，《中国社会经济史研究》2000 年第 1 期。
⑦ 许怀林：《宋元以前鄱阳湖地区经济发展优势的探讨》，《江西师范大学学报》（哲学社会科学版）1986 年第 3 期。
⑧ 许怀林：《明清鄱阳湖区的圩堤围垦事业》，《农业考古》1990 年第 1 期。
⑨ 梅莉、张国雄、晏昌贵：《两湖平原开发探源》，江西教育出版社 1995 年版。
⑩ 龚胜生：《清代两湖农业地理》，华中师范大学出版社 1996 年版。
⑪ 魏嵩山、肖华忠：《鄱阳湖流域开发探源》，江西教育出版社 1995 年版。
⑫ 钟兴永：《洞庭湖区堤垸的兴废及其历史作用》，《云梦学刊》2006 年第 6 期。
⑬ 谭作刚：《清代湖广垸田的滥行围垦及清政府的对策》，《中国农史》1985 年第 4 期；宋平安、曾桃香：《清代江汉地区灾荒经济简论》，《武汉教育学院学报》（哲学社会科学版）1989 年第 3 期。

区发展与社会变迁展开研究。[①] 20 世纪七八十年代以来，对山区经济开发的关注逐渐加强。江西地区，曹树基考察了流民与江西山区的经济作物与手工业发展，指出清代闽粤的客家移民进入赣南，带来了烟草、甘蔗、花生等经济作物的广泛种植，在赣北地区，则导致了陶瓷、土纸等手工业的发展。[②] 饶伟新指出，清代赣南经济作物的种植，基本上是由江南、西北等外部市场的需求带动引起的，未能引起本地以稻作为主的农业结构发生根本变化，并且导致赣南粮食供应不稳定。[③] 黄志繁、廖声丰的研究指出，清代赣南开发的主要形式是以市场为主导的商品生产；人口的增加、经济作物的大面积种植造成赣南地区粮食供应的压力，导致对赣南山区过度开发。[④] 两湖地区，龚胜生考察了清代两湖的杂粮种植状况，指出两湖地区的玉米种植主要分布于湘鄂西地区，甘薯主要分布于湘南山区。粮食作物之外，山区经济作物以茶叶、苎麻、烟草、蓝靛、桐油、茶油等为主。[⑤]张建民对明清时期山区资源开发做出了总体概述，指出明清时期山区资源开发有以下几个主要特征：其一，由刀耕火种发展至梯田种植；其二，推广杂粮、重视山林特产等经济作物种植与开发；其三，水利建设逐渐推进；其四，经济开发程度增加与环境问题日益凸显。[⑥]

（二）粮食商品化

"湖广熟、天下足"之谚，代表了清代人们对两湖谷仓地位的深刻印象，对这一谚语的考察，是早期关注长江中游地区经济史学者们的兴趣之一。1947 年，日本学者加藤繁据明末刊行的《地图综要》的记载，认定在

① 傅衣凌：《清代中叶川陕湖三省边区手工业形态及其历史意义》，《厦门星光日报：历史双周刊》1946 年；傅衣凌：《明末清初闽赣毗邻地区的社会经济与佃农抗租风潮》，《社会科学》1947 年第 3 号第 3-4 期，载傅衣凌：《明清社会经济史论文集》，人民出版社 1982 年版。

② 曹树基：《明清时期的流民和赣南山区的开发》，《中国农史》1985 年第 4 期；曹树基：《明清时期的流民和赣北山区的开发》，《中国农史》1986 年第 2 期。

③ 饶伟新：《经济作物的种植与清代赣南农村经济困境》，《赣文化研究》第 10 期，文化中国出版社 2003 年版。

④ 黄志繁、廖声丰：《清代赣南商品经济研究——山区经济典型个案》，学苑出版社 2005 年版，第 184 页。

⑤ 龚胜生：《清代两湖地区的玉米、甘薯》，《中国农史》1993 年第 3 期；龚胜生：《清代两湖地区茶、烟的种植与分布》，《古今农业》1993 年第 3 期；龚胜生：《清晚期两湖地区纤维作物的种植与分布》，《古今农业》1995 年第 2 期；龚胜生：《清代两湖地区农业地理》，华中师范大学出版社 1996 年版，第 127-148、162-202 页。

⑥ 张建民：《明清长江流域山区资源开发与环境演变——以秦岭—大巴山区为中心》，武汉大学出版社 2007 年版，第 1-28 页。

明末已经出现了"湖广熟、天下足"一说。① 这一说法被加藤繁的学生藤井宏所继承。② 此后，岩见宏、安野省三、寺田隆信等均对此问题进行了考察。岩见宏据《余冬序录》的记载，认为该谚语最迟在正德年间（16 世纪初）已经出现了。③ 寺田隆信利用《南吴伯旧话录》的记载，将谚语形成时间前推至 15 世纪中期。④ 安野省三的研究则认为，"一岁再获"是产生"湖广熟、天下足"结果的主要原因。⑤ 20 世纪 80 年代，在日本研究未能引入的情况下，张建民、梅莉、张国雄、谭天星、龚胜生等国内学者也对"湖广熟、天下足"进行过研究。⑥

　　还有一些学者侧重于对该谚语内涵之考察，结论也颇有分歧。蒋建平、柳思维、李华等认为"湖广"一词系指湖南。⑦ 但李华在对清代湖北农村经济作物种植情况进行探讨之后，修正了这一看法。⑧ 徐凯希认为，"湖广熟"在乾隆中期指湖南、湖北二省，此后湖北省逐渐由米谷供应省转为米谷输入省，鸦片战争以后情况更为严重。⑨ 谭天星认为，清初湖北粮食生产高于湖南，至乾隆时期，湖南已赶上并超过了湖北。但湖北省仍旧具有极大的粮食生产潜力，平常年份可以自给，丰年有余粮可供输出。⑩

① ［日］加藤繁「支那に於ける稲作：特にその品種の発達に就いて」『東洋學報』第 31 卷第 1 號，第 53–68 頁，1947 年 4 月，收入氏著：《中国经济史考证》，吴杰译，商务印书馆 1973 年版，第 167–182 页。

② ［日］藤井宏「新安商人の研究」『東洋學報：東洋文庫和文紀要』第 36 卷第 1、2、3、4 號，1953~1954 年，载江淮论坛编辑部：《徽商研究论文集》，傅衣凌、黄焕宗译，安徽人民出版社 1985 年版，第 131–271 页。

③ ［日］岩见宏「湖廣熟天下足」『東洋史研究』第 20 卷第 4 號，1962 年。

④ ［日］寺田隆信「湖廣熟天下足」『文化』第 43 卷第 1、2 號，1979 年。中译本载《徽商研究论文集》，安徽人民出版社 1985 年版，第 270–271 页。

⑤ ［日］安野省三「『湖広熟すれば天下足る』考」『木村正雄先生退官記念東洋史論集』汲古書院，1976 年。

⑥ 张建民：《"湖广熟、天下足"述论——兼及明清时期长江沿岸的米粮流通》，《中国农史》1987 年第 4 期；张国雄：《"湖广熟、天下足"的内外条件分析》，《中国农史》1994 年第 3 期；龚胜生：《论"湖广熟、天下足"》，《农业考古》1995 年第 1 期；梅莉、张国雄：《"湖广熟、天下足"补证》，《中国历史地理论丛》1996 年第 1 期；龚胜生：《论"湖广熟、天下足"》，《农业考古》1995 年第 1 期。

⑦ 蒋建平、柳思维：《清代湖南形成米谷贸易货源地问题的浅探》，《求索》1983 年第 4 期；李华：《清代湖南稻谷生产的商品化及其原因》，《中国历史博物馆馆刊》1989 年第 13–14 期。

⑧ 李华：《清代湖北农村经济作物的种植和地方商人的活跃——清代地方商人研究之五》，《中国社会经济史研究》1987 年第 2 期。

⑨ 徐凯希：《关于建国前湖北农业发展水平的探讨——从"湖广熟、天下足"说起》，《湖北社会科学》1987 年第 3 期。

⑩ 谭天星：《清前期两湖地区粮食产量问题探讨》，《中国农史》1987 年第 3 期。

此外，张建民考察了该谚语的经济意义。[①]龚胜生考察了"湖广熟、天下足"向"湖南熟、天下足"的转变。[②]

20世纪末，谢美娥从清代湖北农作制度的变迁切入，探讨了清代湖北省经济格局的变化。研究认为，清代湖北省的经济发展以18世纪中期为"分水岭"，经济格局出现显著变化：在这之前主要由人口增加导致的粮食作物生产的扩张，并以稻麦轮作制为特征，此时粮食尚属有余；18世纪中期以后，以棉花为主的经济作物扩张导致湖南省棉布市场出现新格局，同时粮食不足问题突出，山地杂粮广泛推广。[③]

20世纪80年代以来，学术界分别从粮食亩产量、总产量、外运量几项指数来评估长江中游地区粮食商品化程度。

珀金斯、赵冈等采用不同方法对清代长江中游地区粮食亩产量进行了估计。珀金斯通过人口数、耕地数、人均消费量等数字计算得到，乾隆四十一年（1776年）分省混合粮食亩产量为江西255~306斤，湖南186~225斤，湖北208~247斤；而据方志亩产数字及学田、地租折算的清代稻谷亩产量，江西省亩产423斤，湖南长沙一带321斤，湖北省267斤。[④]赵冈等利用县一级亩产数字，以20世纪30年代各省粮食播种面积进行加权计算亩产量，得到清代江西省稻谷亩产3.44石、湖南省3.65石、湖北省2.9石。[⑤]

国内学者中，吴慧估计清前期南方单季稻亩产在2~3石，双季稻亩产3石。[⑥]郭松义辑录了各省地方亩产数字，并结合学田地租额折算数字，估计清前期江西稻谷亩产量一般在2~3石，上等好田一年两熟，每亩可收5~6石；乾嘉时期湖南稻谷亩产常产在2~4石，高者可达5~7石；湖北省平均亩产1~2石，沿江平原2~3石。[⑦]其他相关研究，张家炎利用地租、学田租额折半估算稻谷亩产量，得到江汉平原稻谷亩产为2.09石；

---

① 张建民：《"湖广熟、天下足"述论——兼及明清时期长江沿岸的米粮流通》，《中国农史》1987年第4期。
② 龚胜生：《论"湖广熟、天下足"》，《农业考古》1995年第1期。
③ 谢美娥：《清代前期湖北的人口、商业化与农业经济变迁》，台湾中正大学历史研究所，1998年，第13页。
④ ［美］珀金斯：《中国农业的发展》，上海译文出版社1984年版，第20、23页。
⑤ 赵冈、刘永成、吴慧等：《清代粮食亩产量研究》，中国农业出版社1995年版，第15页。
⑥ 吴慧：《中国历代粮食亩产研究》，农业出版社1985年版，第177–179页。
⑦ 郭松义：《清前期南方稻作区的粮食生产》，《中国经济史研究》1994年第1期。

又据其最新的研究，以汉川等 12 县学田租折算得到稻谷亩产为 0.6~1.52
石。^①谭天星估计两湖稻谷亩产为 3~4 石。^②邓永飞估计湖南省在 18 世纪
前期亩产为 2.83 石，18 世纪后期亩产为 3.72 石。^③龚胜生对各县亩产作
平均，得到清前期湖南亩产 2.21 石，湖北亩产 1.88 石。^④以上估算多采用
学田租额估算亩产值，但因学田的质量并不一定能代表一般耕地水平，故
对此类估值在使用时亦需谨慎。

　　关于粮食总产量，谭天星估计了清顺治至嘉庆朝两湖粮食总产量与余
粮量，发现清代前期两湖余粮量一直是相当可观的。^⑤由雍正至嘉庆朝，
粮食商品化程度提高，而商品粮数额呈下降趋势。作者对比了两湖、江南
地区米价的波动后发现，乾隆以后两湖价格上涨超过江南地区波动水平，
由此认为乾嘉以后两湖地区商品粮比重仍大大超过江浙地区商品粮比重。^⑥
而张家炎对清代江汉平原稻谷流通量的估计结果则没有那么乐观。张氏估
计雍正时期江汉平原有近 23 亿斤稻谷可进入流通领域，至嘉庆初年
（1796 年）以后，江汉平原粮食的内部需求量已经超过了总产量，无力再
向外供应商品粮。又据其对 1936 年江汉平原主要粮食作物产量的估计显
示，江汉平原作物种类较多，水稻总产量占民国时期江汉平原粮食总产量
的约 2/3，故以往研究可能低估了江汉平原的余粮水平。^⑦钟永宁估算 18
世纪湘米余粮量达七八千万石。^⑧

　　关于两湖米粮外运量的估计，从数百万到千万石不等。全汉昇据雍正
时期湖广总督迈柱奏折，估计湖广米运往江苏年达 1000 万石，其中湖南
米谷占主要部分。^⑨吴承明认为四川米也当包含在内。^⑩邓亦兵采纳吴承明
的观点，认为长江流域 1000 万石米运量之中，湖南米占 800 万石，湖北

① 张家炎：《清代江汉平原水稻生产详析》，《中国农史》1991 年第 2 期；张家炎：《克服灾难：华中地
　区的环境变迁与农民反应：1736~1949》，法律出版社 2016 年版，第 212–216 页。
②⑤ 谭天星：《清前期两湖地区粮食产量问题探讨》，《中国农史》1987 年第 3 期。
③ 邓永飞：《清代湖南米谷外运量考察》，《古今农业》2006 年第 2 期。
④ 龚胜生：《清代两湖农业地理》，华中师范大学出版社 1996 年版，第 116 页。
⑥ 谭天星：《简论清前期两湖地区的粮食商品化》，《中国农史》1988 年第 4 期。
⑦ 张家炎：《清代江汉平原水稻生产详析》，《中国农史》1991 年第 2 期；张家炎：《克服灾难：华中地
　区的环境变迁与农民反应：1736~1949》，法律出版社 2016 年版，第 100 页。
⑧ 钟永宁：《十八世纪湘米输出的可行性问题》，《中国社会经济史研究》1990 年第 3 期。
⑨ 全汉昇：《清朝中叶苏州的米粮贸易》，《中国经济史论丛》第二册，中华书局 2012 年版，第 679 页。
⑩ 许涤新、吴承明主编：《中国资本主义的萌芽》，人民出版社 1985 年版，第 273–275 页。

米 50 万石，四川米 150 万石。① 龚胜生同样依据康雍时期奏折估计清代两湖米商贩外运量为 300 万~1000 万石，平均在 600 万石。② 以上估计大致出于同一史料来源，估值亦较为接近。

另一种估计方法是利用税关档案关于过关粮食量的记录来估计长江水系粮食运销量。吴建雍根据九江关档案记载，估计乾隆三、四年八个月间经九江关运往江浙米额约 1200 万石，全年估计有 1500 万~1800 万石。③ 郭松义认为这一估值包含四川、两湖、江西等省沿长江水系的运量，其中两湖年运量当在 1200 万~1500 万石。④ 张丽芬据乾隆四十二年（1777 年）浒墅关奏报过关客米数的统计分析，四川米数十万石、江西米百数十万石、湖南米 450 万石。⑤ 这两种估计的差异极为明显。邓亦兵认为这是由于清代税制不全，税关、商人偷漏税所致。九江关因其主要对竹、木、盐以及船料征税，而并不对粮食直接征税，其所报过关米额相对接近实际，偷漏程度小。而浒墅关则主要对米豆杂粮征税，其偷漏程度达到 150% 的比例。⑥

关于江西米外运量的估计也略有差异。全汉昇与克劳斯估计江西每年输出量在 500 万~750 万石，吴承明则估计江西、安徽米运量合计 500 万石。陈支平据冯桂芬所称"闻往岁以楚米接济江浙实数不过三四千万石"⑦，估计可达八九百万石。⑧ 邓亦兵认为陈支平的估计量谷米不分，折算成米大致在 450 万石左右。郭松义据两任江西巡抚迈柱、穆克登的奏折，估计江西沿长江运量在 400 万~600 万石。

（三）粮食流通与市场

20 世纪 50 年代起，安部健夫等日本学者做出了开拓性研究。20 世纪七八十年代以来，全汉昇、吴承明、王业键、郭松义、邓亦兵、蒋建平、许檀、吴建雍、山本进等前辈学者不断爬梳史料，考察清代全国米粮流通与供需等重要问题，确立了清代区域市场格局的基本认识。他们或立足于

---

①⑥ 邓亦兵：《清代前期内陆粮食运输量及变化趋势——关于清代粮食运输研究之二》，《中国经济史研究》1994 年第 3 期。

② 龚胜生：《清代两湖农业地理》，华中师范大学出版社 1996 年版，第 259 页。

③ 吴建雍：《清前期榷关及其管理制度》，《中国史研究》1984 年第 1 期。

④ 郭松义：《清代粮食市场和商品粮数量的估测》，《中国史研究》1994 年第 4 期。

⑤ 张丽芬：《湖南省米粮市场产销研究（1644~1937）》，台湾大学硕士学位论文，1990 年。

⑦ ［清］冯桂芬：《显志堂稿》卷十，《通道大江运米盐议》。

⑧ 陈支平：《清代江西的粮食运销》，《江西社会科学》1983 年第 3 期。

全国角度，或以流域为主，或选择重要税关、商镇，分别考察了清代大区域的粮食流动、粮食供需与市场发育，为进一步探索清代粮食市场整合做出重要贡献。日本学者安部健夫最早考察了雍正时期的米谷流通，指出华中地区在长江流域米谷长途贩运中作为粮食供应区的重要地位。[①] 全汉昇利用定量分析，指出长江流域一线的米谷贸易存在合理的价格差。[②] 稍后，王业键、黄国枢的《十八世纪中国粮食供需的考察》一文，以长江、运河、沿海三条主要水道为经络，梳理了国内各省份的粮食供需情况。[③] 蒋建平在《清代前期米谷贸易研究》一书中，从空间上探讨了区域之间米谷输出、集散以及销售的规模以及条件，宏观考察了清代国家内部的米谷流通。[④] 郭松义从宏观层面探讨了以长江、运河为主要载体的粮食集散体系。[⑤]

邓亦兵对清代前期粮食运销路线的整理比较全面。她的研究指出：粮食运销有水运、陆运两种路线，但以水运为主；长江流域以长江干道为粮食运销的主渠道，长江中游地区以汉水、湘江、赣江为各省内部粮食外运的主渠道。粮食运销包含两种形式：一种是由产地→集散市场→需求地；另一种是由城市与周围乡村间的粮食互通。[⑥]

专题研究部分：李华探讨了湖南米谷的主产地与米谷流向，并指出湖南米谷对外贸易形成了汉口—湘潭、衡阳、郴州—基层米市场的三层体系。[⑦] 张国雄通过分析两湖常平仓储额，发现湖广主要的米谷输出区集中在江汉—洞庭湖平原、鄂东沿江平原以及湘中丘陵盆地。又根据《清实录》记载的两湖粮食外运情况，指出两湖米谷输出地涉及长江下游、贵州、两广、福建、河南等共十四个省区。[⑧] 吴琦分析了湖广粮食外运的流

---

① ［日］安部健夫「米穀需給の研究——『雍正史』の一章としてみた」『東洋史研究』第15卷第4號，1985年。

② Chuan Han-shêng, Kraus Richard A. *Mid-Ch'ing Rice Markets and Trade*：*An Essay in Price History*，Cambridge, Mass：East Asian Research Center, Harvard University, Distributed by Harvard University Press，1975.

③ 王业键、黄国枢：《十八世纪中国粮食供需的考察》，中研院近史所：《近代中国农村经济史论文集》，1989年。

④ 蒋建平：《清代前期米谷贸易研究》，北京大学出版社1992年版。

⑤ 郭松义：《清代粮食市场和商品粮数量的估测》，《中国史研究》1994年第4期。

⑥ 邓亦兵：《清代前期的粮食运销和市场》，《历史研究》1995年第4期。

⑦ 李华：《清代湖南稻谷生产的商品化及其原因》，《中国历史博物馆馆刊》1989年第13~14期。

⑧ 张国雄：《"湖广熟、天下足"的经济地理特征》，《湖北大学学报》(哲社版)1993年第4期。

向。[1] 王廷元探讨了长江中游米谷外运中徽商的作用。[2]

陈支平分析了清代江西各府粮食余缺情况，考察了粮食在省内及省外运销的流通线路以及规模。[3] 许檀利用税关档案探讨了清代前期九江关的商品流通，指出粮食是经九江关转运的最大宗商货。[4] 黄志繁、廖声丰的研究指出，赣南市场的商品结构以粮食、竹木为主。[5] 姜海燕的硕士论文对清代江西粮食运销规模进行了估算。[6]

罗威廉利用清末日本的调查资料，描述了汉口镇的粮食贸易规模。[7] 吴量恺考察了清代湖北沿江口岸城市转运贸易，指出米谷是所占比重最大的商货。[8] 石莹的研究指出汉口是清代长江流域最大的粮食中转市场之一。[9] 张岩探讨了清代汉口的粮食运销，并分别考察了汉口粮食贸易中官府政策、粮食行会、商人行为的影响。[10] 谢美娥考察了沿长江、汉水流域城镇商业网中的粮食贸易。[11]

对于长江中游米谷外运地位的评估，各家意见有所不同。安部健夫在考察雍正时期的米谷流通时，指出华中地区在长江流域米谷长途贩运中作为粮食供应区的重要性与不稳定性。[12] 张建民认为，长江下游的米谷需求与四川的米谷输出共同影响了两湖地区的米价。[13] 张国雄强调，乾隆中期以后虽有川米东运，但两湖米谷输出的经济地位仍不可取代，湖广向长江

① 吴琦：《清代湖广粮食流向及其社会功用》，《华中师范大学学报》（哲学社会科学版）1992 年第 2 期。张国雄：《"湖广熟、天下足"的内外条件分析》，《中国农史》1994 年第 3 期。
② 王廷元：《略论徽州商人与吴楚贸易》，《中国社会经济史研究》1987 年第 4 期。
③ 陈支平：《清代江西的粮食运销》，《江西社会科学》1983 年第 3 期。
④ 许檀：《明清时期江西的商业城镇》，《中国经济史研究》1998 年第 3 期。
⑤ 黄志繁、廖声丰：《清代赣南商品经济研究——山区经济典型个案》，学苑出版社 2005 年版。
⑥ 姜海燕：《清代江西的粮食运销》，南昌大学硕士学位论文，2006 年。
⑦ William Rowe, *Hankow: Commerce and Society in a Chinese City: 1796~1889*, Stanford University Press, 1984.
⑧ 吴量恺：《清代湖北沿江口岸城市的转运贸易》，《华中师范大学学报》（哲学社会科学版）1989 年第 1 期。
⑨ 石莹：《清代前期汉口的商品市场》，《武汉大学学报》（社会科学版）1989 年第 2 期。
⑩ 张岩：《清代汉口的粮食贸易》，《江汉论坛》1993 年第 4 期。
⑪ 谢美娥：《清代前期湖北的人口、商业化与农业经济变迁》，花木兰文化出版社 2009 年版。
⑫ ［日］安部健夫「米穀需給の研究——『雍正史』の一章としてみた」『東洋史研究』第 15 卷第 4 號，1957 年。
⑬ 张建民：《"湖广熟、天下足"述论——兼及明清时期长江沿岸的米粮流通》，《中国农史》1987 年第 4 期。

下游的米谷输出一直持续到民国时期。① 蒋建平考察了乾隆末至道光朝米
谷贸易议论沉寂的问题，指出这可能不但反映了乾隆末期至道光间米谷贸
易衰退这一经济问题，还有经济以外的政治、军事等问题。② 而田炯权利
用《清实录》中整理出来的湖北米输出资料证明，嘉庆以后湖北仍未丧失
米谷输出地的功能。③

关于粮食外运与区域经济发展。北村敬直认为，由于人口增长，以及
乾隆以来以棉业为副业的商品生产的加强，使湖南省内需求增加，导致湖
南米输出的减少。④ 山本进探讨了清代湖广的稻作与棉业的发展，研究认
为，总体而言，清代湖广处于米谷供应者的地位，而其内部间的分工刚刚
开始。⑤ 吴琦的研究表明，清代湖广粮食大规模流通促进了汉口、宜昌、
湘潭、祁阳等一批市镇的繁荣。⑥ 张家炎认为，江汉平原粮棉兼重的农业
种植特点，导致该地有大量米、棉、麻及制成品的输出，以徽商、晋商为
代表的商人在米、棉麻及制成品等运输贸易中发挥了重要作用，由此带动
了市镇的发展繁荣。⑦ 张家炎又对比了明清长江三角洲地区与两湖平原农
业经济结构演变，认为两地存在经济发展与互补的关系；这种关系一方面
是全国市场形成过程中的理性分配，另一方面也为两湖地区的长远发展带
来了不利因素。⑧ 张海英、叶军考察了清代江南丝、棉与湖南粮食、木材的
对流，反映当时全国性商品市场网络体系的发展与成熟。⑨ 彭凯翔以经济学
的资源禀赋、分工与市场发育理论解释了清代所形成的粮食流通线路。⑩ 其
他，如葛文清、周雪香、周琍等分别考察了赣闽粤边区盐粮流通对城乡市

① 张国雄：《明清时期两湖外运粮食之过程、结构、地位考察——"湖广熟、天下足"研究之二》，
　《中国农史》1993 年第 3 期。
② 蒋建平：《乾隆末至道光朝米谷贸易议论沉寂问题浅探》，《经济科学》1994 年第 3 期。
③ ［韩］田炯权：《清末民国时期湖北的米谷市场和商品流通》，《中国经济史研究》2006 年第 4 期。
④ ［日］北村敬直「清代の商品市場について」『經濟學雜誌』第 28 卷，第 3、4 號合併號，1953 年。
⑤ ［日］山本進「清代湖広の水稻作と棉業」『史林』第 70 卷第 6 號，第 635–664 頁，1987 年 11 月。
⑥ 吴琦：《清代湖广粮食流向及其社会功用》，《华中师范大学学报》(哲学社会科学版) 1992 年第 2 期。
⑦ 张家炎：《明清江汉平原的农业开发对商人活动和市镇发展的影响》，《中国农史》1995 年第 4 期。
⑧ 张家炎：《明清长江三角洲地区与两湖平原农村经济结构演变探异——从"苏湖熟、天下足"到
　"湖广熟、天下足"》，《中国农史》1996 年第 3 期。
⑨ 张海英、叶军：《清代江南与两湖地区的经济联系》，《江汉论坛》2002 年第 1 期。
⑩ 彭凯翔：《清代以来粮价的历史学解释与再解释》，上海人民出版社 2006 年版。

场的促进作用。①曹国庆、李琳琦等探讨了徽商在长江中、下游间粮食经营与长途贩运贸易活动。②

关于区域市场的研究，主要通过地方史料的大量检阅，从区域商品流通、人口发展、市镇数量与密度、交易面积等方面着手，考察区域市场的布局与层次，如詹小洪对明清江西农村集市的考察，巫仁恕对清代湖南市镇发展与变迁的考察，③方志远对湘鄂赣三省人口流动与城乡市场的考察，颇具代表性。④任放在前人基础上，着重考察了市镇经济发展的影响因素、功能与管理机制。⑤

通过上述整理可见，清代长江中游区域相关研究建立了以下共识：明清移民、垸田开发、山区开发奠定了江广三省最重要的粮食输出区的地位；清代前期江广三省输往长江流域的米谷流通量是相当可观的。而对长江中游商路与市场的探讨，多散见于诸家对宏观市场的论述之中，对江广三省商业与市场的整体研究较为不足。因而，以长江中游为对象，对其米谷流通商路与市场作整体考察仍有必要。

最后，无论是以文献为主的粮价史研究还是以量化分析为主的粮价史研究，对市场的关注是彼此共同的研究内容。前者通过对文献的搜罗与考证，对市场运行做出定性的分析；后者依赖于日渐丰富的粮价资料，通过数理统计方法对市场的发育程度进行量的估计。

利用清代粮价资料考察市场整合，为前近代市场发育程度提供了量的评估，其优点与价值毋庸置疑。目前，清代粮价的市场整合研究已经覆盖了全国多数区域，推进了对18世纪全国粮食市场发育程度的量的评估。但以往研究多侧重于对整合强度的考察，而较少对区域市场形成、运作的实态、区域市场空间布局等具体问题做出实证的考察。

另外，传统社会变迁过程中众多非经济因素对于市场的影响是很难量

① 葛文清：《闽粤赣边区盐粮流通的历史考察》，《龙岩师专学报》（社会科学版）1998年第1期；周雪香：《明清闽粤边客家地区的商品流通与城乡市场》，《中国经济史研究》2007年第2期；周琍：《清代赣闽粤边区盐粮流通与市镇的发展》，《历史档案》2008年第3期。
② 曹国庆：《明清时期江西的徽商》，《江西师范大学学报》1988年第1期；李琳琦：《明清徽州粮商述论》，《江淮论坛》1993年第4期。
③ 巫仁恕：《清代湖南市镇的发展与变迁》，《汉学研究》1997年第15卷第2期。
④ 詹小洪：《明清江西农村市场初探》，中国社会科学院研究生院硕士学位论文，1986年；方志远：《明清湘鄂赣地区的人口流动与城乡商品经济》，人民出版社2001年版；等等。
⑤ 任放：《明清长江中游市镇经济研究》，武汉大学出版社2003年版。

化的，因而量化分析工具的使用也有一定的局限性。而依赖文献分析的研究恰好充分体现出与国家、地域社会的宏观社会经济背景的密切结合。并且，文献资料中富含大量关于粮食供求变化、流通路线、规模、交易空间、交易成本等诸多难以量化的信息，可极好地补充量化研究之不足。因此，将历史文献与量化分析方法进行有机结合，是考察区域市场非常必要而且重要的研究方法。

通过以上对学术史的梳理，笔者确定了以文献分析与计量分析相结合，考察乾隆时期长江中游地区的粮食流通与市场整合。

第三节　研究架构与方法

一、研究架构

本书从粮价切入，结合使用文献分析与量化分析方法，对乾隆时期长江中游地区粮食流通与市场整合实态进行整体考察。围绕这一宗旨，全书共分为如下五个章节：

第一章绪论，介绍选题缘起、学术史回顾、研究架构、使用材料及方法。学术史一节对清代粮价研究现状、长江中游地区的区域研究相关成果进行总体回顾，以强化本选题之问题意识，并对书中所涉及的概念加以界定。

第二章，对长江中游区域的自然地理、农业种植、水陆交通网以及粮食主产区等基本状况进行概括介绍。

第三章，对乾隆时期长江中游米价变动的分析。在对本书所使用的粮价数据质量进行可靠性检验之后，利用时间序列分析方法，沿时间、空间两个维度，对粮价长期趋势、阶段性表现、周期波动进行分析；再结合文献考察，探讨峰值年米价变动与气候、收成、外部市场需求、政府政策等影响因素的动态关系。

第四章，结合水、陆运道，通过文献的梳理来考察三省内部以及跨省间的米谷流通，并重点描绘中游地区的重要米谷市场之运作。继而利用税关档案，结合长江流域米价差，探讨乾隆时期长江中下游米谷贸易量的变化，并聚焦这一变化背后长江中游地区粮食供应能力的变化。

第五章，利用价格差相关分析、协整分析等计量方法考察乾隆时期江广三省粮价的同步性变动，结合历史文献法对粮食流通运道的探讨，考察长江中游市场整合，并勾勒出长江中游米谷市场的空间结构。

结语，综合上述的考察，从研究方法、得出结论、研究价值等方面对全书进行总结。

二、材料与方法

（一）材料说明

本书使用的资料，除正史与地方志以外，还重点使用了以下四类资料：

第一类为粮价资料。本书所使用的粮价数据来自王业键所建"清代粮价资料库"。王业键所建"清代粮价资料库"，其资料时段起于乾隆元年，止于宣统三年（1736~1911年），包含了笔者所研究时段的价格资料。因湖南、湖北省乾隆元年、二年两年（1736年、1737年）的粮价资料以及江西省乾隆元年至三年（1736~1738年）、乾隆末年的粮价资料几乎全部缺失，本书以粮价资料库中乾隆三年至乾隆末年（1738~1795年）湖南、湖北二省之粮价数据，乾隆四年至乾隆五十九年（1739~1794年）江西省的粮价数据，作为本选题所使用的数据资料。此外，书中部分章节涉及长江上下游及东南沿海诸省份的米价，也主要来源于该粮价资料库。

第二类为档案资料。第一历史档案馆所藏的《宫中档朱批奏折》与《军机处上谕档》以及税关档案是笔者重点参考的第一手资料。此外，也参考了《康熙朝汉文朱批奏折汇编》、《雍正朝汉文朱批谕旨》、《宫中档雍正朝奏折》、《宫中档乾隆朝奏折》等已出版的档案资料。

第三类为近代的经济调查。本书主要参考了清末民初日本编纂的《中国省别全志》湖南、湖北、江西卷；1936年前后中央及地方经济调查所进行的经济调查资料，如《湖南之米谷》、《江西粮食调查》等；清代一些海外人士来华旅行或访问留下的文献资料，如德国人李希霍芬的《李希霍芬中国旅行日记》等。

第四类为其他资料，诸如《天下水陆路程》、《商贾便览》、《示我周行》等明清商书，新中国成立后80年代陆续出版的资料汇编，长江中游三省编纂的丛书等。

（二）研究方法

本书采用文献分析与量化分析相结合的方法对乾隆时期江广三省市场整合进行考察。以下对两种方法做分别介绍：

（1）量化分析法。本书通过价格差相关分析、协整分析两种量化方法对江广三省粮价同步性变动进行考察，取得对长江中游米谷市场整合度的初步认识。这两种量化方法在市场整合研究中已有较广泛应用，而结合使用这两种方法，有助于剔除一些可疑的结论，从而提高量化分析结果的稳健性。

（2）文献分析法。本书利用大量文献资料，特别是档案、方志资料，对清代区域粮食生产、粮食流通的运道与重要市场进行了分析，并借助商品流通运道的考察对量化分析结果的可信度进行评估，从而确立整合市场的空间格局。

该研究方法主要基于以下思考路径：在一个以商品粮输出为主并在一定时段内保持着相对稳定的粮食输出量，政治稳定、行政干扰相对较少、市场作用相对突出的区域（乾隆时期长江中游即属于这类典型区域），粮食贸易必然与能够在长时间段内发挥稳定商品运输功能的运道相配套（偶发的流通不计，比如逆汉水上游从湖北往陕西运粮，属于政府赈济，不计成本）。这类流通运道的存在一定是商人基于交易规模、价格信息传递、地理距离、交通便利程度等影响交易成本的多种因素的综合考量之后能够实现最优套利的运输方式，一定程度上可以纠正协整分析不考虑交易成本导致的偏误。除了交易成本之外，对流通运道的考察也隐含了贸易的起点、终点、方向等信息，既有助于对粮价分析结果进行有效辨识，也便于对整合市场的空间形态进行分析。

第二章　清代长江中游地区农业地理

一个地区的经济发展，往往深受其所处自然地理环境的制约；农作物的分布与种植情况，决定了地区内粮食生产与供求矛盾的发展；水陆交通的发达程度，决定了运输成本，从而制约了粮食外运的发展——以上三点都是影响粮食价格变动的重要因素。因此，在探讨粮食流通与粮价变动之前，我们有必要对长江中游三省的自然地理、人口与区域开发、农业种植以及水陆交通状况作一综合了解。

第一节　自然地理环境、行政区划与水陆交通

一、自然地理环境与行政区划

本书考察的清代长江中游地区包含湖南、湖北、江西三省。湖南省居长江中游之南，毗邻六省，北依长江，与湖北以洞庭湖界分南北；南枕五岭，与东西两粤（即广东、广西）为邻；东起幕阜、武功山，与江西相连；西通贵州，西北则以武陵山诸山脉划界川东（现重庆）。湖北居长江中游之北，地形南北窄而东西阔，省界线与长江上、下游及华北平原紧密相依，南部与湖南仅隔一洞庭湖。江西省居长江中游之东南，位于长江中、下游交界地带，东接浙江、福建，南邻广东，西界湖南，北据长江与安徽、湖北隔江而治。

湖南省的地形轮廓，大体上是三面环山，朝北开口的马蹄形盆地。"湘中大部为丘陵起伏和河谷两岸的冲积平原，地势为南高而渐向北低降。"北部为洞庭湖，沿岸为"平坦的冲积、湖积平原和人工围垦平原，

为全省最低地区，海拔大多在50米以下。"①湖北省则如一只巨大的帽子，三面高起，中间低平，向南敞开，扣住湖南省北部边界。帽子的中部与东部分别为江汉平原与鄂东丘陵地带。江西省地形与湖南相似，东、南、西面分别与福建、广东、湖南隔山相望，中部散落着吉泰盆地等大小丘陵盆地，北部有鄱阳湖吞吐长江水，形成沙洲与冲积平原。

湖南、湖北、江西三省构筑起巨大的长江中游盆地，其地势四周高、中间低，由外向内逐渐低平。西部、北部、东部有武陵山、巫山、大巴山、桐柏山、大别山、武夷山诸山环绕；南部有南岭、梅岭包围；湘鄂赣交界处，又有幕阜山脉贯穿湘赣二省边境；形成了湘鄂西、湘南、赣南、赣东北几片山区。由外围向腹心，逐渐由山地过渡到丘陵盆地，形成湘中、赣中、鄂东三大块丘陵盆地。长江自夔州东下，宛如一条腰带，自西向东连接起汉江、洞庭湖、鄱阳湖诸水系，历经无数次的泛滥冲积，形成广阔的湖区平原。江汉平原、洞庭湖平原、鄱阳湖平原，构筑了长江中游平原的主体部分。

长江中游三省同处于亚热带区，光照充足，热量丰富，雨水充沛。湖南省年平均气温在16~18℃，年平均降水量在1200~1700毫米。②湖北省年均气温在15~17℃，年平均降水量在800~1600毫米，生长期为230~290天。③江西省年平均温度约15~20℃，年平均降水量在800~1500毫米，年生长期为270~300天。④这些自然特点，特别适宜以稻作为主的农业生产。

湖南、湖北，在宋代分属荆湖南路、荆湖北路，因地处洞庭湖南、北而得名。元代置湖广行中书省，辖湖南省全境与湖北部分地区。明代改置湖广承宣布政使司，辖今之湖南、湖北全境，设湖广巡抚及总督，治武昌府。清代康熙三年湖广分省，移偏沅巡抚驻长沙、湖广巡抚驻武昌。至雍正时期增设多处府厅县，乾隆时期，湖南、湖北行政区划基本奠定。

"康熙三年，析置湖南布政使司，为湖南省，移偏沅巡抚驻长沙。雍正二年，改偏沅巡抚为湖南巡抚，并归湖广总督兼辖。七年，置永顺府，

---

① 湖南省志编纂委员会：《湖南省志·地理志》二卷，上册（修订本），湖南人民出版社1982年版，第2-3、397页。

② 湖南省志编纂委员会：《湖南省志·地理志》二卷，上册（修订本），湖南人民出版社1982年版，第2-3页。

③ 湖北农业地理编写组：《湖北农业地理》，湖北人民出版社1980年版，第8、13页。

④ 陈荣华等：《江西经济史》，江西人民出版社2004年版，第26页。

升岳州之澧州。十年，升衡州之桂阳州。乾隆元年，升辰州之沅州为府。"嘉庆以后，又增设永绥厅、乾州厅与凤凰厅三厅，管理苗猺事务。清代中期以后，湖南省领四道：长宝道，治长沙，辖长沙府、宝庆府；岳常澧道，治巴陵，辖岳州府、常德府、澧州直隶州、南州直隶厅；辰沅永靖道，初治凤凰，移治沅江，辖辰州府、沅州府、永顺府、靖州直隶州、乾州直隶厅、凤凰直隶厅、永绥直隶厅、晃州直隶厅；衡永郴桂道，治衡阳，辖衡州府、永州府、桂阳州直隶州、郴州直隶州。湖南省所辖地区，包括9府4直隶州以及5个散厅、64个县。①

康熙三年湖广分省，湖北"始领府八：武昌，汉阳，黄州，安陆，德安，荆州，襄阳，郧阳"。"雍正六年，升归州为直隶州。十三年，升夷陵州为宜昌府，降归州直隶州为州属焉。以恩施县治置施南府。乾隆五十六年，升荆门州为直隶州。"乾隆时期，湖北省辖四道：盐法武昌道，辖武昌府；汉黄德道，辖汉阳、黄州、德安三府；安襄郧荆道，辖安陆、襄阳、郧阳、荆门州三府一州；荆宜道，辖宜昌、荆州二府。湖北辖区包括10府、1直隶州、60县。②

明代于江西设立江西布政使司，治南昌府，辖13府77县，基本奠定了江西省的行政区划，清初承明制，后略有变动。"乾隆八年，吉安增置莲花厅。十九年，升赣州宁都县为直隶州。三十八年，升赣州定南县为厅。"乾隆时期，江西省辖四道：督粮道，治南昌，辖南昌府、建昌府、抚州府；广饶九南道，治九江，辖广信府、饶州府、九江府、南康府；盐法道，辖临江府、瑞州府、袁州府；吉赣南宁道，治赣县，辖吉安府、赣州府、南安府、宁都州；江西省共领13府、1直隶州、2厅、1州、74县。③

再进一步按地形划分，湖南省可分为洞庭湖区、湘中丘陵区、湘西山区、湘南山区四块区域：澧州、岳州府、常德府，依傍洞庭湖，其农田以湖区垸田为主；长沙府、衡州府、永州府、宝庆府地处湘中，属平原丘陵交界地带；靖州府、沅州府、辰州府、永顺府属于湘西山区；桂阳州、郴

---

① 湖南省地方志编纂委员会：《湖南通鉴》，载湖湘文库编辑出版委员会：《湖湘文库》乙编4号，湖南人民出版社2008年版，第354页。
② （清）赵尔巽：《清史稿》卷六十七志四十二，地理十四，湖北。
③ （清）赵尔巽：《清史稿》卷六十六志四十一，地理十三，江西。

州两直隶州属于湘南山区。

湖北省可分为江汉平原区、鄂东丘陵区、鄂西北山区、鄂西南山区四区：汉阳府、安陆府、荆州府、荆门州，属于江汉平原；德安府、黄州府、武昌府，属于鄂东丘陵区；郧阳府、宜昌府、襄阳府，属于鄂西北山区；施南府属于鄂西南山区。

江西省可分为鄱阳湖平原区、赣中丘陵区、赣南山区及赣东北山区四区：九江府、南康府及饶州府、南昌府部分地区，属于鄱阳湖区；临江府、抚州府、吉安府、瑞州府、袁州府属于赣中丘陵区；南安府、赣州府、宁都州，属于赣南山区；建昌府、广信府及饶州府部分地区，属于赣东北山区。

二、水陆交通网

长江中游地区，以长江为最重要的流通干线，联系洞庭湖、汉江、鄱阳湖诸水系，承载了中游地区主要的商品流通。以下分而述之。

湖南省内水网密布，湘、资、沅、澧四条主要水道，由北向南，贯通全省，汇注于洞庭湖，形成洞庭湖水系。

湘江源出广西桂林府兴安县，南接灵渠，与广西漓江相连。湘江北上全州，进入永州府，过东安县。在永州府零陵县纳潇水，合称潇湘。湘水向北流经祁阳县，再向东进入衡州府境，于衡阳纳烝水，称烝湘。另有一支耒水，从衡阳向北经耒阳县达郴州。湘江主支又北流至常德府沅江县，与沅水合，谓之沅湘。湘水北上过衡州府治、清泉县、樟木关、雷家市镇，从衡山县北上出衡州府，进入长沙府境。经湘潭县过府治长沙县，在乔口与资水交汇，至湘阴县，北达青草湖，注入洞庭湖。长沙府内，湘江在渌口纳渌水，渌水通醴陵县，向东可达江西萍乡县；于湘潭与涟水、涓水交汇，分别连接湘乡、宝庆府邵阳县和衡山县；在长沙府治还有浏阳河一支东去达浏阳县。

资江发源于湘西南宝庆府城步县广福山茅坪坳，北经武冈、隆回、邵阳诸县，达宝庆府治。资江在邵阳纳夫夷水，向南可经新宁入广西。资江主支经新化县，北上进入长沙府。经过长沙府，向东向北过安化、桃江、益阳县，与湘水交汇于乔口，最终于常德府沅江之临资口，入洞庭湖。①

沅江源出贵州东南，由沅州府西部晃州厅②，过芷江县达沅州府治，东北经怀化入辰州府。另有贵州流入的一支沅水，与沅江合于黔阳县境。③沅江至辰州府辰溪县，纳辰河，这段水运稍有险阻。"楚之水大于洞庭，而险于辰河。河之源发自夜郎，经数千里抵桃源，历武陵而下，与洞庭汇。……而沅陵、桃源接壤之间，有所谓瓮子洞虎子矶者，其险尤甚。"④沅水在怀化分流，过黔阳，与贵州清水江相连；在辰溪分流，其支流向东南经溆浦县，又向南达沅州府黔阳县、靖州洪江。其主支经辰溪、泸溪、沅陵诸县达辰州府治。向东北进入常德府，过桃源、常德，进入洞庭湖。沅江"无水大之阻，客货不时可往……自桃源之上，水始急，上水一月至镇远，下水七日至常德"。⑤

澧江源出永顺府。澧水源头分三支，在桑植县北汇合，南经桑植、永顺，东流入澧州。经慈利、石门、临澧、澧县，于津市小渡口入洞庭。澧水为四水路程最短一支。由桑植县至慈利县，为澧水中上游，"这段滩险密集，水流急、浪大、水浅，船只上行不能满载"，下行则只能在丰水期满载。⑥

洞庭湖居湖南北部，"岳州府巴陵县之西，华容县及澧州安乡县之南，常德府龙阳县之东北，沅江县之南，长沙府湘阴县之西北。南为青草湖，西为赤沙湖，合而为一，周围八百余里"。⑦洞庭湖在岳州府荆江口与长江汇流，西去四川，东达江浙。

四水集于洞庭，联成一个密集的水网，把湖南9府4直隶州连通起来。湘江贯通湘东诸省，连接两广，在商品流通中所承担的运输功能居于其他三水之上，"是湖南粮食外运的主渠道"⑧。而资、沅、澧三水及其支流也有一定规模的粮食等商品流通。

---

① ⑦ 光绪《湖南通志》，地理志，卷8，《疆域》。
② 属夜郎旧地，嘉庆二十二年，设晃州厅。
③ 同治《芷江县志》卷57，《考》。
④ 乾隆《辰州府志》卷40，《艺文纂疏》。
⑤ （明）黄汴、杨正泰校注：《天下水陆路程》，山西人民出版社1992年版。
⑥ 湖南省志编纂委员会编：《湖南省志·地理志》下册，湖南人民出版社1987年版，第537、545页。民国《慈利县志》，《实业》。
⑧ 邓亦兵：《清代前期的粮食运销和市场》，《历史研究》1995年第4期。

　　湖北省境内，长江为最大河流。大江自四川东流入境，经宜昌府，历巴东、归州、东湖等县，合元渡河、沙镇溪、茅坪溪、香溪河、卷桥溪、梁村河等支流，于东南入荆州府境；沿途流经宜都、松滋、枝江、江陵、公安、石首、监利等县，合清江、汉阳河、白水港、洋溪、玛瑙河、沮河诸水，入湖南省岳州府境；经华容、巴陵、临湘县，往东南，至武昌、汉阳二府；流经蒲圻、嘉鱼、汉阳，与汉水交汇于汉口；过江夏县后复往东南行，经武昌，有梁子湖水汇入；复经黄冈、蕲水、大冶、蕲州、广济等县，有紫檀河、举水、巴河、浠水、蕲水等支河自北部、东北部汇入长江；由广济县武穴向东南进入江西省境。此外，长江于荆州府境内又分出虎渡河、华容河等支流水道，向南进入湖南省境。

　　汉水自陕西东流入境。经郧阳府郧县，有徒河自竹山县北来。东南流经均州，于小江口纳入丹、均二水。流经光化县、谷城县，于樊城纳唐河、白河，于宜城县纳蛮河、丰乐河；向南经安陆府西、荆门州东，南出一水。通荆州府诸湖。汉水流经潜江县后向东，经汉阳府沔阳州、汉川县，有涢水、澴水北来，分别于涢口、澴口与汉水交汇，最后于汉阳与长江合流。[①]

　　汉水上游丹水、滔河、均水自陕西东流，经郧阳府入河南，再向北流入襄阳府。唐河、白河，俱自河南南流入境，经襄阳府，入于汉。湖北西北部以襄阳府为中枢，以汉水为轴，连接起河南、陕西以及湖北西部内陆水道。"其道路，水则溯汉而上达陕西，沿汉而下，达于江西。由均、光交界之小河，通龙驹寨，抵陕西。襄阳之唐河、白河通河南钟宜交界之蛮水，通南漳沮、漳二水，下通江陵。"[②]

　　值得注意的是，长江与汉水之间还有多条运河水道，将洞庭湖北部、荆州府与湖北汉水流域连通起来。据鲁西奇的考证，这一区域的水道连通已有千年以上的历史。魏晋时期，有杨水一支，发源自江陵湖泊，连通汉水，成为漕运要道；北宋时开通荆南运河，南起江陵城东，北至沙洋附近，其水道"可胜二百石舟"。此后，汉水虽几经改道，但这一区域内河水运仍旧保持畅通。

---

① （清）贺长龄：《皇朝经世文编》卷一百一七 工政二十三，《各省水利四》，湖北水道图说，文海出版社1966年版。
② 光绪《襄阳府志》卷1，《舆图》。

江西省境内，赣江、抚河、信江、饶河、修河、袁江、锦江等河流分别自南、东、西三面山地发源，向北部、中部汇聚，于鄱阳湖注入长江，形成鄱阳湖水系。

赣江是江西省最主要的河流干道。赣江发源于闽赣边境的武夷山脉，其上游由章、贡二水为主的诸条支流汇聚而成。赣江流经寻乌、会昌、雩都、赣县、万安、泰和、吉安、吉水、峡江、新干、清江、丰城、南昌、新建等县。至南昌后，分东西两支，汇入鄱阳湖。赣江流域面积为80948平方公里，几占江西全省面积之半。赣江上游位于赣州、南安境内，河道狭窄、水急滩多，会昌至雩都段可常年通行4~20吨木帆船，雩都至赣州段可常年通航10~30吨级轮驳船；自万安以下，至临江府樟树镇，属赣江中游，河流进入丘陵和吉泰盆地，河面渐宽；由樟树镇至南昌府吴城镇，为下游，河流所经以冲积平原为主；自赣州至吴城段可常年通行20~200吨轮驳船。

赣江中下游，有袁江、锦江、修水、抚河等分别汇入。袁江发源于袁州府萍乡县泸溪，向东经宜春、分宜抵达临江府，过新喻、清江二县，于樟树镇与赣江合流。锦江由袁州府万载县发源，经上高、高安县，于南昌府市汊市汇入赣江。修河经铜鼓、义宁州、建昌等州县，至吴城镇注入鄱阳湖。抚河发源于建昌府广昌县血木岭，向北依次流经广昌、南丰、金溪、抚州、临川等县，于南昌府境分成数支，分别汇入赣江与鄱阳湖。抚河上游多为山区、丘陵，自南城以下为平原，河面宽阔。

赣东北，有信江、饶河两条河流向鄱阳湖汇聚。信江全长404.5公里，发源于浙赣边境怀玉山麓的平家源。流经玉山、上饶、铅山、弋阳、贵溪、鹰潭、余江、余干、鄱阳等县市，至余干县新渡万家分为东、西两支。西支（即西大河）为干流，至梅溪注入鄱阳湖。东支（即余水，亦名东大河）于鄱阳县与乐安河汇合。

饶河主流为乐安河，全长312.5公里，发源于皖赣边境的婺源县北部黄山余脉之障公山，流经婺源、德兴、乐平、万年、鄱阳五县，然后于龙口注入鄱阳湖。另一支为昌江，发源于安徽省祁门县柏溪附近，流经安徽祁门和江西景德镇、鄱阳等县市，于姚公渡注入饶河主流乐安河。

赣江、抚河、信江、饶河、修河五河来水，总聚于鄱阳湖，于湖口注入长江。鄱阳湖北狭南宽，水域广阔，为中国第一大淡水湖，具有优越的航行条件。沿湖形成吴城、鄱阳、湖口等重要港口。长江自江西省的北境流入，经瑞昌、德化、湖口三县，于彭泽县出，流经 151.9 公里。

除上述各河外，江西省的北部有少量溪流直接流入长江；西部有渌水，源于萍乡县上栗市，经清溪、长潭、湘东入湖南醴陵流入湘江；南部的大庾岭南北诸水，除流入江西的章、贡二江外，其余分别注入广东的北江、东江和湖南的湘江；九连山山南之水流入东江，山东南各水经平远、长汀、兴宁、武平、蕉岭注入韩江。①

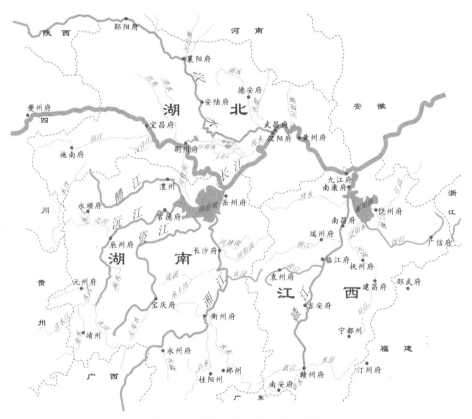

图 2-1　清代中期长江中游水道图

---

① 沈兴敬：《江西内河航运史（古、近代部分）》，人民交通出版社 1991 年版，第 2-6 页。

第二节 长江中游的农业开发

两湖地区的经济开发经历了秦汉的初步开发、六朝的大兴屯田以及唐宋时期垸田开发等阶段,至明清时期,两湖进入大规模开发阶段。洞庭湖区经过大面积围垦,成为农业高产区,"湖广熟、天下足"的谚语,在此时开始广为流传。伴随着湘中、湘北、鄂东平原丘陵地带开发的饱和,大量人口进入湘鄂西、湘南、鄂北山区。乾嘉时期,人口的增长与山地杂粮的普遍推广成为两湖山地开发的两条主线。伴随着大规模的粮食贸易,省内城镇网络逐渐形成,以粮食贸易为主的商品经济有明显的发展。[①]

清代长江中游地区耕地结构总体以水田为主,但是省际间也存在较大差异。龚胜生汇总了清代三省载籍耕地的资料,计算出湖南、江西、湖北三省水田占全省耕地面积的比重分别为92.8%、85%和55.9%,即湖南省水田占绝对优势,江西省水田占较大优势,湖北省基本上属于田地并重、水田比例略高于旱地。[②]耕地性质决定了农作物的选取。稻作在湖南、江西二省耕作制度中占据绝对的优势,而小麦种植在湖北仅次于水稻种植的地位。除稻麦外,还有荞麦、黄豆、高粱、玉米、红薯等杂粮作物,棉花、烟草、麻、葛等经济作物,各因地利有所不同。

一、水稻、小麦的种植

长江中游地区的水稻,按其种植与收获时间的差异分为早、中、晚三种。其种植的选择主要根据土性决定。"湖南民谷,凡傍山有水之田曰峭田,宜插早禾;平隰原野之田曰陇田,宜插中禾;山中冷泉浸灌之田曰冲田,宜插迟禾。"[③]早稻、中稻于清明前播种,立夏前后插秧。早稻收于六

---

① 梅莉、张国雄、晏昌贵:《两湖平原开发探源》,江西教育出版社1995年版,第27-84页。
② 龚胜生:《明清之际湘鄂赣地区的耕地结构及其梯度分布研究》,《中国农史》1994年第2期。
③ 葛全胜:《清代奏折汇编——农业、环境》,商务印书馆2005年版,第75-76页。

月,而中稻收于处暑前,晚稻最迟,九月始收。① 早、中二稻收获后可再种荞麦、黑豆、油菜等作物,十月份收获。②

湖南省水稻的种植,以中稻最多,占40%~80%,早稻次之,占10%~30%。③ 乾隆二十年六月,湖南巡抚杨锡绂奏,"湖南地方专种稻田,所种之苗有早中晚三样,大约早中二稻居十分之七"。④ 乾隆四十三年闰六月,湖南巡抚李湖亦称,"湖南禾稻有早、中、晚三种,民间所种早禾十之二三,中禾十之五六,晚禾十之一二"。⑤ "湖南省虽早中晚三稻兼种,而中稻最多,俱于八月内可以收获。"⑥ 湖北稻作也以早中二稻为主。"楚北风土,年中收获惟恃早中二稻。"⑦ 乾隆四十三年闰六月十二日湖广总督三宝奏,"查施南、郧阳、宜昌三府田禾杂粮现据屡报得雨秀实外,余各府地土所宜,早中二稻居十之七八,晚稻十之二三。"⑧ 江西省的稻作则以早、晚二稻为主,中稻不多。"江西素系产米之地,民间俱种水稻。其稻有早晚二种,早者交秋即便成熟,晚禾须俟初冬刈获。"⑨

长江中游的税粮征收,以早稻、二麦为夏收,中、晚稻为秋收。总体来说,江广三省种麦比例不大,而每年六月份登场的早稻对米市场的平抑作用极大。"湖南夏收全资早稻,种麦之处较少于他省,就各州县种麦田地约计不及十分之一。"⑩ 湖北省,"早禾俱在六月望前后收成,一切南漕二粮及民间租课皆于早禾取办。"⑪ 乾隆时期,两湖地区除湖北应山等六县以及湖南永绥厅、桂东县不产早稻,其余皆有早稻种植。⑫ 江西省,"民间

---

① 嘉庆《长沙县志》卷14,《风土·农事》。
② 葛全胜:《清代奏折汇编——农业、环境》,商务印书馆2005年版,第75-76页。
③ 龚胜生:《清代两湖农业地理》,华中师范大学出版社1996年版,第104页。
④ 葛全胜:《清代奏折汇编——农业、环境》,商务印书馆2005年版,第148页。
⑤ 转引自龚胜生:《清代两湖农业地理》,华中师范大学出版社1996年版,第104页。
⑥ 葛全胜:《清代奏折汇编——农业、环境》,商务印书馆2005年版,第263页。
⑦ 葛全胜:《清代奏折汇编——农业、环境》,商务印书馆2005年版,第89页。
⑧ 《宫中档乾隆朝奏折》第43辑,乾隆四十三年闰六月十二日湖广总督三宝奏折,台北"故宫博物院"1982年版,第755页。
⑨ 葛全胜:《清代奏折汇编——农业、环境》,商务印书馆2005年版,第23页,乾隆三年十一月初二日阿兰泰奏折。
⑩ 葛全胜:《清代奏折汇编——农业、环境》,商务印书馆2005年版,第27页。
⑪ 中国第一历史档案馆:《康熙朝汉文朱批奏折汇编》第2册,档案出版社1984年版,第671页。
⑫ 《宫中档乾隆朝奏折》第1辑,台北"故宫博物院"1982年版,第463页;第36辑,第498页。

播种先栽早稻，次种晚禾。而早稻栽种最广，早稻丰稔，不特本省民食充裕，邻省亦咸资接济。"①

　　湖南春时多雨水，地土卑湿，这样的地理气候决定了全省以稻作为主，种植二麦的地方有限。乾隆初年，全省植麦地区不足1/10，经过地方大吏的推广，在乾隆中期达到了十分之三四。②通计全省产麦较多的地区：湘北有岳州府、澧州，湘中有辰州府、宝庆府，以及湘南山区的永州府、郴州、桂阳州诸府、直隶州等21州县。③辰州府、沅州府以及澧州直隶州的临澧平原是麦产较多地区。④但总体来说，产麦仍属不多，且麦产区多半在山乡僻壤、客米难至的地区，主要也用于青黄不接的四五月份补充日食。⑤

　　清前期湖北小麦种植只集中于湖北北部与河南接壤地带。因鄂北地形以岗地为主，较适宜种麦。"湖北地方民食虽以稻谷为主，然与河南、陕西接壤地亦宜麦，是以民间所种大小二麦颇多。"⑥"湖北地方全以稻田为本，惟襄阳一带麦性较美，故栽麦者广，其余各府属不过十之二三。"⑦乾隆以后，由于江汉水灾频发，江汉、鄂东丘陵地区湖田逐渐改种小麦，以抢在春夏水涨之前收获。乾隆十二年的一份奏折记录了这一变化。"西北主麦，东南主稻。湖北一省德安、襄阳、郧阳三府界连西北，风土相似。其余皆滨江面湖，多主稻田，其种麦者不过十之二三。近因生齿日繁，可耕地土止有此数，民间生计艰难。是以种稻之田亦多种麦，刈麦之后，方又种稻，为时不及则种晚稻。忆臣二十年以前经过楚地，所见麦田寥寥无多，则今高高下下麦陇平铺，竟与西北无异。"⑧据龚胜生估计，清末湖北麦产约有2000万石。麦产区"以鄂北岗地最高，江汉平原和鄂东丘陵次之，鄂西山地最低。"⑨湘西辰州、沅州、永顺三府及直隶靖州等地，以及

① 葛全胜：《清代奏折汇编——农业、环境》，商务印书馆2005年版，第20页，乾隆三年八月十七日两江总督那苏图奏折。
② 葛全胜：《清代奏折汇编——农业、环境》，商务印书馆2005年版，第27、164页。
③ 葛全胜：《清代奏折汇编——农业、环境》，商务印书馆2005年版，第232页。
④ 葛全胜：《清代奏折汇编——农业、环境》，商务印书馆2005年版，第193页；戴鞍钢、黄苇：《中国地方志经济资料汇编》，汉语大辞典出版社1999年版，第68页。
⑤ 葛全胜：《清代奏折汇编——农业、环境》，商务印书馆2005年版，第100—101页。
⑥⑦ 葛全胜：《清代奏折汇编——农业、环境》，商务印书馆2005年版，第25页。
⑧ 葛全胜：《清代奏折汇编——农业、环境》，商务印书馆2005年版，第100页。
⑨ 龚胜生：《清代两湖农业地理》，华中师范大学出版社1996年版，第127页。

鄂西南施南、宜昌两府，稻麦皆少，多种植玉米、甘薯等杂粮。

二、耕作制度

雍乾时期，随着国家秩序的稳定、社会经济的繁荣，人口急速增长。为应对逐渐紧张的民食问题，长江中游地区曾经进行过一次大范围的一年两熟制的试验与推广，最终因各省耕地条件、社会经济发展程度有所不同，推广结果也有较大不同。乾隆时期，江西省基本上全省普及了双季稻种植制度。湖南、湖北两省双季稻面积较为有限，但湖北省的稻麦两熟制逐渐发展成熟。

江西省的双季稻种植最早见于宋代。北宋李觏曾描述赣东北地区南城的农事，"自五月至十月，早晚诸稻随时登收，一岁间附郭早稻或再收"。[①]但是宋元时期，江西一直是实力雄厚的粮食生产区和输出区，粮食供应压力没有那么大，因而双季稻没有得到推广。直到明代，江西省稻作仍以一季单作为主。清初以后耕作制度逐渐多元化，实现了多形式的多熟制。其主要形式有水稻双季连作、水稻双季间作，稻麦、稻油、稻豆、稻荞复种制等，双季稻耕作制最为重要。

明清时期闽粤客家移民迁入赣南、赣北山区，带来了丫禾，成为江西省水稻双季间作的主要品种。清中期，江西省赣南、赣东北、赣西北地区皆有丫禾的种植。乾隆《龙泉县志》记载："丫禾稻，早稻将成，丫稻其中。"[②]萍乡县，"午建之月……丫禾始植。"[③]宜黄县，"丫子禾，四月间于早禾行内插，俟早稻收割耘之，九月始获。"此外，还出现了粳稻、糯稻双季间作制，如南丰县，"间有一岁再熟者，为复藁。"[④]会昌县，"撑子糯，米与大糯相仿佛，即于早稻捌稠中莳之，先收粳稻，后收糯，一田而粳秫两种，其种法亦自东粤传来。"[⑤]

水稻双季连作制在康熙时期开始在江西推广，较早见于记载的有《建

① 转引自陈荣华、余伯流等：《江西经济史》，江西人民出版社2004年版，第232页。
② 乾隆《龙泉县志》卷13，《风物志·物产》。
③ 乾隆《萍乡县志》，《气候》。
④ 乾隆《丰城县志》卷3，《土产》。
⑤ 乾隆《会昌县志》，《土物》。

昌县志》："有晚粘稻、晚糯稻，则刈早稻而复殖于早田者也。"[1]康熙五十五年，江西巡抚在南昌试种御稻25亩，早晚两收，获谷5.6石。康熙五十七年，江西巡抚白潢在省内十三府分别进行御稻试种示范，对于江西省推广水稻双季连作起到了一定作用。[2]在赣南、赣东北山区，翻稻是最主要的水稻连作品种，在早稻收获后接种，九十月间收获。"赣之诸邑稻有两熟者。初熟曰六十工，再熟曰翻耕。"[3]"中晚岁一收，惟早稻春种夏收，又再下秧，十月获，谓之两番。"[4]乾隆时期是江西水稻双季连作制迅速推广期。乾隆《会昌县志》载："会邑三十年以前种翻稻者十之二，种麦者十之一，今则早稻之入不足以供，于是有水之田至秋尽种翻稻。"[5]

翻稻的推广首先需解决的是土壤肥力不继的问题。乾隆《广信府志》载："两番岁谷差小而力薄，然勤力粪溉，所收获较盛早稻。"[6]龙泉县，"翻稻，中稻刈后始种，然其后早寒则秀而不实。"[7]在赣南地区，流行用烟梗肥田并预防病虫害的方法。赣州府瑞金县，"（翻稻）必田之腴而不涸者，始可种，每亩所收不及秋熟之半，且善生虫，必以烟梗春灰粪之乃茂。"[8]安远县，"每秋间稻插田，值秋阳蒸郁，多生蟊贼，食根食节，农人以烟谷春碎，或以烟梗断寸许，撮以根旁，虫杀而槁者立苏，兼能肥禾。"[9]

在赣江、信江、抚河流域平原地带，双季稻也迅速推广。据地方志资料统计，乾隆时期，南昌、吉安、袁州、赣州、南安、宁都州、广信、建昌共7府1州已经普遍有水稻双季连作。南昌县，"自五月尽至十月，早晚诸稻随时收登。一岁间，附郭及平原早田稻或再收。"[10]"稻，有早晚两种。早者春种夏收，又再下种，十月收者为晚稻。"[11]南城县，"早稻收后

① 康熙《建昌县志》卷1，《物产》。
② 郭文韬：《试论康乾时期南方的耕作改制》，《中国农史》1990年第1期。
③ 乾隆《赣州府志》卷1，《天文志·气候》。
④⑥ 乾隆《广信府志》卷2，《地理·物产》。
⑤ 乾隆《会昌县志》，《土物》。
⑦ 乾隆《龙泉县志》卷13，《风物志·物产》。
⑧ 乾隆《瑞金县志》，《物产》。
⑨ 乾隆《安远县志》，《物产》。
⑩ 乾隆十六年《南昌县志》卷1，《气候》。
⑪ 乾隆五十九年《南昌县志》卷3，《土产》。

再种。"① 袁州府,"膏腴之地再熟,俗名二禾;六月莳艺,九月收获。"②
吉安府,"龙泉县……五月尽至十月,早晚诸稻随时登收,附郭稻或再
收。"永丰县,"田壤肥硗相半,禾稼早晚两收。"③ 安福县,"禾有粳糯红
白,早晚两收。"④ 南安府,"稻皆再熟,五月望前已可荐新。"⑤ 抚州、瑞
州二府,在道光时期也有了双季稻的记载。⑥ 又据乾隆二年江西巡抚岳濬
奏折:"江右各属地亩栽种稻谷一岁两收,麦秋之后即种早禾,早谷既登,
继以晚稻。"⑦ 说明有些地区已经出现了两年三熟制。

九江、南康、临江等府县志中难以找到关于双季稻种植的记载,但稻
麦、稻豆复种制颇多。康熙《峡江县志》:"四月刈麦,立秋后刈早稻。"⑧
新喻县,"一亩之田,岁或再艺。晨刈暮耕,春稼秋菽。"⑨ 九江府山地实
行稻豆、稻荞复种制,州地实行稻棉、稻杂复种制。"当早稻已熟未获之
时,乘泥种豆,信宿即生。随获稻以扶其苗,名曰泥豆。……或于获稻后
种荞麦、苦荞麦。诸豆诸蔬俱于田畔地沟及山麓硗瘠处种之,不以美壤。"
"洲乡宜粟与黄豆,并黍稷葛秫芝麻诸种,通号杂粮。近则木棉与杂粮各
半。一以杂粮同时并播,艰于人工。一以木棉价值收成胜于他产。故凡值
大有,洲乡视山乡尤丰。"⑩ 德化县在乾隆时期已经推广了两年三熟制,
"禾之早者六七月间即刈,或旋即栽杂粮,冬间又治菜麦。"⑪

湖南省双季稻的推广,在雍正朝开始展开。雍正七年,湖南巡抚赵宏
恩"劝民于早稻登场之后,接种晚稻,并播种杂粮、二麦",但是收效甚
微。乾隆七年,湖南巡抚许容的奏折说明了湖南省的耕作制度情况:"臣
莅楚以后,细加访察,知种晚稻者不及种早稻,民间只有一熟。而二麦、
黄豆多未种植,盖水田卑湿,其土性止宜种稻。且早稻、中稻多系三月底
四月初栽插,其晚稻亦多系四月底栽插,而二麦必至五月初旬方可收割。

① 乾隆《南城县志》,《物产》。
② 乾隆《袁州府志》,《物产》。
③ 乾隆《吉安府志》卷1,《天文志·气候》,《风土》。
④ 乾隆《安福县志》卷4,《食货志·物产》。
⑤ 乾隆《南安府志》卷1,《疆域·物产附》。
⑥ 道光《金溪县志》卷1,《疆域·风土》;道光《新昌县志》卷3,《舆地志三·土产》。
⑦ 葛全胜:《清代奏折汇编——农业、环境》,商务印书馆2005年版,第16页。
⑧ 康熙《峡江县志》卷6,《农政志·刈获》。
⑨ 道光《新喻县志》卷2,《舆地·风俗附》。
⑩ 同治《九江府志》卷9,《物产》。
⑪ 乾隆四十五年《德化县志》卷3,《方舆志·风俗》。

若待刈麦之后，则失栽插之期，而秋收无成。至湖滨低洼旷土每种菜子，四月初成熟可收，若种麦则夏水初涨不免被淹。惟山坡冈垅或种二麦，而地迥燥烈，所收极微。"①

但是乾隆七年（1742年）秋，因长江下游水灾，大量往湖南、江西搬运米石，引起省内米价上涨。因而，乾隆八年（1743年），湖南巡抚蒋溥再度提出推广双季稻种植。"考之图经，佥云其土广沃，一岁再获。今再获之说，已不复觌。臣拟于明春，凡植早禾之地，于近处饬令一二家早种，六月中旬，便可收割，即捐资令其继种晚禾。如果有成，小民目击再获之效，便可劝谕。"②乾隆十一年（1746年），杨锡绂在省内进行了大规模的推广。湘中、湘北，长、衡、岳、常德诸府已经开始种植双季稻。而以山区为主的湘南、湘西地区，因其气候特殊，则在推广中引发了困难。永州府南部的道州，试种成功，而东部的零陵、新田县，则未能实行。③

乾隆四十七年（1782年），湖南巡抚李世杰奏称，"早中晚稻岁仅一熟。惟遇节气较早，春暖雨足之年，早秧能于立夏前后莳插，约六月上旬，便可登场，再撒红芒谷种，尚可秋杪刈获。"④乾隆五十五年（1790年），湖南学政张姚成也谈到了湖南省双季稻的种植情况。"今年五月末，早稻已得收割。所割剩之稻根仍委田中，一经暑雨，便俱腐烂，与土相融。乘此翻犁，则地极肥美，赶将晚稻酌减布种，不致有妨来年地力。而今年九月再收，尤可及早稻分数之半，是一年有年半之获，实为向来稀有之丰年。"⑤但他在后文中依然强调，"湖南稻种虽有早中晚三等之分，特因地土之宜早、宜中、宜晚，其实收成俱止一次，从未能于早稻既收之后再种晚稻者"。⑥由此可知，直到乾隆后期，湖南省双季稻种植面积仍旧有限。不过，湖南省在乾隆中期以后也在一定程度上推广了水稻之后接种小麦、杂粮制度。乾隆十九年（1754年）胡宝瑔奏，"湖南素称产米之乡，然止宜播种稻谷，每岁仅能一获。从前历任抚臣劝种二麦，渐知两艺两

① 葛全胜：《清代奏折汇编——农业、环境》，商务印书馆2005年版，第64页。
②《清高宗实录》卷197，乾隆八年七月，中华书局1986年版。
③ 谭天星：《乾隆时期湖南关于推广双季稻的一场大论战》，《中国农史》1986年第4期。
④《宫中档乾隆朝奏折》第51辑，乾隆四十七年三月二十九日署理湖南巡抚李世杰奏折，台北"故宫博物院"1982年版，第333页。
⑤⑥ 葛全胜：《清代奏折汇编——农业、环境》，商务印书馆2005年版，第315页。

熟。兼植杂粮，虽收获不多，亦属有益。"①

关于乾隆时期湖北双季稻种植的记载也不多，据乾隆二十年（1755年）湖广总督硕色奏报可知，乾隆中期江汉平原地区已经在一定程度上普及了双季稻作制。"湖北荆州府属之公安、江陵二县，安陆府属之潜江、天门二县，汉阳府属之汉川、汉阳二县，田土一岁两种，熟者居多。"②湖北双季稻以早晚连作为主。据乾隆《汉阳府志》载：汉川县，"晚稻，刈去早稻之田，得种晚禾。入秋，姑植稻。嘴有芒，和牟麦状具，谷色带微黑，米则香美特甚。"③乾隆二十八年（1763年），湖广总督李侍尧也奏称，"早稻收获已完……湖北一年两熟之处现已纷纷翻犁栽插晚禾。"④此外，在康熙时期，汉阳、汉川等县已经出现了一种可以连作的早稻。"白茫儿，一年两季。"⑤

湖北中东部荆州、武昌、汉阳、黄州、荆门、安陆等地为省内主要稻米产区。尤其是荆州、安陆、汉阳一带，农业开发以垸田垦殖为主要形式，一旦夏秋水涨，总是首当其冲。"湖北一省山泽相半，而泽尤较多。江、汉两大川绵络其间，而上承洞庭以外各属湖潴浡涵其际。是以江湖早涨，则雨水虽足，而低洼濒水之地，早稻难卜丰登；江湖不泛而雨水失调，则高地中稻不能收获；低田晚稻亦不能再布重登。"⑥因为中东部多患水灾，推广双季稻耕作制也难以收到极佳的经济效益，但是因地制宜，稻麦连作制得到了普及。雍正五年开始推广种麦，在江汉平原与鄂东地区取得良好成果。宜昌、荆州、荆门、武昌、汉阳一带，"临江地亩遍插二麦、蚕豆"，⑦逐渐形成了早、晚稻收获后接种小麦的稻麦复种制。

根据乾隆朝宫中档案的记载，最晚在乾隆中期麦作已推广至湖北全省。"通查武昌、汉阳、黄州、安陆、德安、荆州、襄阳、郧阳、宜昌、

①《宫中档乾隆朝奏折》第7辑，乾隆十九年三月初十日湖南巡抚胡宝瑔奏报地方情形折，台北"故宫博物院"1982年版，第737页。
②《宫中档乾隆朝奏折》第12辑，乾隆二十年九月十一日署湖广总督硕色奏折，台北"故宫博物院"1982年版，第472页。
③乾隆《汉阳府志》卷28，《食货·物产》。
④《宫中档乾隆朝奏折》第18辑，乾隆二十八年七月初三日湖广总督李侍尧奏折，台北"故宫博物院"1982年版，第368页。
⑤康熙《汉阳府志》卷5，《食货·物产》。
⑥葛全胜：《清代奏折汇编——农业、环境》，商务印书馆2005年版，第83页。
⑦《宫中档乾隆朝奏折》第4辑，乾隆十七年十一月初八日湖广总督永常奏折，台北"故宫博物院"1982年版，第248页。

施南十府大麦早已登场，小麦现在刈获，收成约有八九分。自春入夏各处雨水需足，塘渠潴水充盈，早稻滋长，中晚二禾陆续栽插。"①此外，部分地区还推广了小麦—早稻—秋荞三季连作。荆门州在乾隆时期业已形成了中稻—蔬菜—二麦三季连作制。三月栽秧，四月收麦插秧，七月收稻种蔬。②很可能，湖北省在乾隆中期已经完成了稻麦轮作的推广。乾隆五十一年（1786年），湖北巡抚李封甚至称，"湖北一岁之中全赖二麦、晚稻有收，始足食用。"③

王业键、黄翔瑜、谢美娥等考察了18世纪国内粮食作物分布，按照耕作制度差异将18世纪中国划分为多个农业区域。江西赣州、南安二府属于双季稻区。江西赣州、南安以外府州，以及湖南省洞庭湖以南各府州，属于水稻豆麦区。但总体来说，18世纪湖南、江西二省种麦区域非常小。湖北全省及湖南北部的永顺、辰州、澧州、常德、岳州五个府属，属于水稻小麦区。水稻小麦区的耕作形式主要是稻麦轮作制。在水稻收割之后种麦，次年春夏间收麦，然后翻犁、插秧种稻。"稻麦轮作制里的水稻也分早、中、晚稻，但通常只种一季，鲜见早稻之后再种晚稻者。"④

三、清前中期江广三省人口、耕地以及粮食总产量

前人学者对清代以来中游地区粮食输出量分别做出过估计。全汉昇和克劳斯估计，雍正时期湖广米运往江苏年达1000万石，其中湖南稻米外运量为500万~750万石，江西每年输出量在500万~700万石。⑤王业键认为，18世纪湖南米输出额应当不下于500万石。⑥陈支平估计，清代江西输出长江米谷合计可达八九百万石。⑦邓亦兵估计，清代前期中游地区由

① 《宫中档乾隆朝奏折》第4辑，乾隆三十九年三月十八日湖北按察使杨仲兴奏折，台北"故宫博物院"1982年版，第339页。
② 乾隆《荆门州志》卷11，《风俗》。
③ 《宫中档乾隆朝奏折》第61辑，乾隆五十一年十月初一日湖北巡抚李封奏报地方收成事，台北"故宫博物院"1982年版，第671页。
④ 王业键、黄翔瑜、谢美娥：《十八世纪中国粮食作物的分布》，载《清代经济史论文集》第一册，稻乡出版社2004年版，第91~92页。
⑤ 全汉昇：《清朝中叶苏州的米粮贸易》，《中国经济史论丛》第二册，中华书局2012年版，第679页。
⑥ 王业键、黄国枢：《十八世纪中国粮食供需的考察》，载《清代经济史论文集》第一册，稻乡出版社2003年版，第147页。
⑦ 陈支平：《清代江西的粮食运销》，《江西社会科学》1983年第3期。

长江贩出的稻米，湖南约 800 万石、湖北约 50 万石、江西约 450 万石。[①]郭松义估计，两湖商品粮年运量在 1200 万~1500 万石，江西运量在 400万~600 万石。[②]龚胜生估计，每年两湖地区商贩出境米谷平均在 600 万石以上。[③]张丽芬估计，乾隆四十二年浒墅关客米中，湖南米 450 万石、四川米数十万石、江西米百数十万石。[④]各家估计数字殊异，但从这些不同的估计数字所反映的共同认识是，清代长江中游是最重要的粮食输出区。

关于两湖商品粮的估计，谭天星指出，清代前期两湖余粮量一直是相当可观的。[⑤]雍正至嘉庆朝，粮食商品化程度提高，而商品粮数额呈下降趋势。[⑥]张家炎估计，雍正时期江汉平原有近 23 亿斤稻谷可进入流通领域；嘉庆初年以后随人口的增加导致区域内稻谷余粮量明显下降，但须注意水稻总产量不等于所有粮食作物总产量。[⑦]

康雍乾三朝为两湖人口急速增长期。康熙五十年至乾隆七年，湖南人口年均增速 56.2‰，湖北为 26.83‰。此后湖南省人口增速逐渐放缓。乾隆七年至乾隆四十一年，湖南人口年均增速达 17.02‰，湖北为 29.74‰；乾隆四十一年至乾隆五十六年，湖南人口年均增速为 6.65‰，湖北为23.16‰。[⑧]然而，耕地数字增长有限，导致人均耕地占有量快速缩减。雍正二年（1724 年），两湖人均耕地量为 18.4 亩，乾隆十八年（1753 年）为3.9 亩，乾隆四十九年（1784 年）为 2.7 亩，同治以后不足 2 亩。[⑨]

再从各省人均耕地数字来看（见表 2-1），湖北省人均耕地数字最高，江西省其次，湖南省耕地数字最低。然而，据耕地结构来看（见表 2-2），三省中湖南省水田比重最大，江西其次，湖北最小。是以湖南、江西稻作比例较湖北更高。另外，据亩产数字来看，湖北亩产在三省中最低。因

① 邓亦兵：《清代前期内陆粮食运输量及变化趋势——关于清代粮食运输研究之二》，《中国经济史研究》1994 年第 3 期。
② 郭松义：《清代粮食市场和商品粮数量的估测》，《中国史研究》1994 年第 4 期。
③ 龚胜生：《清代两湖农业地理》，华中师范大学出版社 1996 年版，第 259 页。
④ 张丽芬：《湖南省米粮市场产销研究（1644~1937）》，台湾大学历史学研究所硕士学位论文，1992年，第 158 页。
⑤ 谭天星：《清前期两湖地区粮食产量问题探讨》，《中国农史》1987 年第 3 期。
⑥ 谭天星：《简论清前期两湖地区的粮食商品化》，《中国农史》1988 年第 4 期。
⑦ 张家炎：《清代江汉平原水稻生产详析》，《中国农史》1991 年第 2 期；张家炎：《克服灾难：华中地区的环境变迁与农民反应：1736~1949》，法律出版社 2016 年版，第 100~212 页。
⑧ 龚胜生：《清代两湖人口压力下的生态环境恶化及其对策》，《中国历史地理论丛》1993 年第 1 期。
⑨ 龚胜生：《清代两湖人口发展的时空差异研究》，《中国历史地理论丛》1993 年第 4 期。

此，单纯由人均耕地数字无法对江广三省的粮食供求情况有确切的认识。本书采用前人整理的人口、耕地、亩产数据，对乾隆时期湖南、湖北、江西三省的粮食产量进行粗略估计（见表 2-3）。

表 2-1　乾隆时期湖南、湖北、江西三省人口、耕地数字

	湖南省			湖北省			江西省		
	人口（万口）[1]	耕地（万亩）	人均耕地（亩）	人口（万口）[1]	耕地（万亩）	人均耕地（亩）	人口（万口）[1]	耕地（万亩）	人均耕地（亩）
乾隆十八年 [2]	872.03	3127.99	3.59	779.4	5873.3	7.54	873.82	4856.43	5.56
乾隆三十二年 [3]	890.7	3130.83	3.52	839.97	5889.17	7.01	1154.04	4674.42	4.05
乾隆四十九年 [4]	1577.05	3154.61	2	1760.96	5840.44	3.32	1875.79	4622.5	2.46

注：[1] 乾隆十八年人口数来自《宫中档乾隆朝奏折》第 6 辑，第 901 页；第 7 辑，第 176、308 页；乾隆三十二年人口采用《中国历代户口、田地、田赋统计》甲表 78，第 532 页；乾隆四十九年人口数来自《宫中档乾隆朝奏折》第 53 辑，第 789 页；第 54 辑，第 185 页；第 58 辑，第 253、407 页；第 62 辑，第 327、656 页；第 66 辑，第 309 页，据乾隆四十七至五十一年人口数估算。
[2] 乾隆十八年耕地数采用《中国历代户口、田地、田赋统计》乙表 73，民田，第 547 页。
[3] 乾隆三十一年耕地数采用《中国历代户口、田地、田赋统计》乙表 74，民田，第 549 页。
[4] 乾隆四十九年耕地数采用《中国历代户口、田地、田赋统计》乙表 75，民田，第 552 页。
资料来源：梁方仲编著：《中国历代户口、田地、田赋统计》，中华书局 2008 年版，第 532、547-553 页；"国立故宫博物院". 编辑委员会编：《宫中档乾隆朝奏折》第 6、7、53、54、58、62、66 辑，台北"故宫博物院"1982 年版。

表 2-2　清代湖南、湖北、江西三省耕地结构

省份	载籍耕地构成（%）				水旱耕地结构（%）	
	田	地	山	塘	水田	旱地
湖南省	86.8	6.8	0.5	5.9	92.8	7.2
湖北省	48.4	38.2	8.8	4.6	55.9	44.1
江西省	68.7	12.1	17.1	2.1	85.0	15.0
合计					76.5	23.5

资料来源：龚胜生：《明清之际湘鄂赣地区的耕地结构及其梯度分布研究》，《中国农史》1994 年第 2 期。

关于各省稻谷平均亩产的估计，各家有所不同。关于湖南省的较高估计为 3~4 石①，较低估计为 2~3 石。② 本书取乾隆朝水田稻谷平均亩产 3 石作为恰当的估计。关于湖北稻谷平均亩产，郭松义估计湖北省平均亩产 1~2 石，沿江平原 2~3 石③，赵冈等估计为 3.65 石④，这是较高的估计；龚胜生估计湖北 1.88 石⑤，张家炎估计江汉平原稻谷亩产为 2.09 石⑥，这是较低的估计。本书取张家炎的估计，亩产 2.09 石。湖北小麦平均亩产量，龚胜生估计为 0.6~0.9 石。本书取 0.6 石。江西省的情况，郭松义估计清前期江西稻谷亩产量一般在 2~3 石间，上等好田一年两熟，每亩可收 5~6 石；赵冈估计清代江西省稻谷亩产 3.44 石。参考湖南亩产，本书取中间值，亩产 3 石。以上取值均为保守数值。

假设中游三省平均收成有八分。乾隆十八年（1753 年），湖南省稻谷总产量 6966.66 万石，如果省内所有人口都以稻米为主食，每人消费稻谷 4 石/年，⑦ 那么消费稻谷 3488.14 万石，余粮 3478.52 万石。乾隆三十二年（1767 年），余粮量比乾隆十八年减少 63 万石。以一米二谷折算，这一年有余米 1705 万石。待到乾隆四十九年（1784 年），稻谷总产量增加不足百万石，而消费量增了 2700 余万石，余粮量明显缩小，扣除仓储额，余谷 717.73 万石，折米 358.865 万石。

表 2-3　乾隆时期长江中游三省粮食总产量、消费量、余粮量

单位：万石

	湖南			湖北				江西		
	稻谷总产量 [1]	消费量 [3]	余粮量 [4]	稻谷总产量 [1]	小麦总产量 [2]	消费量 [3]	余粮量 [4]	稻谷总产量 [1]	消费量 [3]	余粮量 [4]
乾隆十八年	6966.66	3488.14	3478.52	5489.5	1076.9	3117.6	3448.8	9907.1	3495.3	6411.8
乾隆三十二年	6973	3562.8	3410.2	5504.3	1079.8	3359.9	3224.2	9535.8	4616.2	4919.6

---

① 谭天星：《清前期两湖地区粮食产量问题探讨》，《中国农史》1987 年第 3 期。
② 吴慧：《中国历代粮食亩产研究》，农业出版社 1985 年版，第 177—179 页。
③ 郭松义：《清前期南方稻作区的粮食生产》，《中国经济史研究》1994 年第 1 期。
④ 赵冈、刘永成、吴慧等：《清代粮食亩产量研究》，中国农业出版社 1995 年版，第 15 页。
⑤ 龚胜生：《清代两湖农业地理》，华中师范大学出版社 1996 年版，第 116 页。
⑥ 张家炎：《清代江汉平原水稻生产详析》，《中国农史》1991 年第 2 期。
⑦ 邓永飞：《清代湖南米谷外运量考察》，《古今农业》2006 年第 2 期。

续表

	湖南			湖北				江西		
	稻谷总产量 [1]	消费量 [3]	余粮量 [4]	稻谷总产量 [1]	小麦总产量 [2]	消费量 [3]	余粮量 [4]	稻谷总产量 [1]	消费量 [3]	余粮量 [4]
乾隆四十九年	7025.95	6308.22	717.73	5458.76	1070.9	7043.85	−514.19	9429.91	7503.18	1926.73

注：[1] 稻谷总产量 = 耕地数 × 水田比重 × 亩产量 × 收成分数，收成分数以 8 分计。
[2] 小麦总产量 = 耕地数 × 旱地比重 × 亩产量 × 收成分数。
[3] 消费量 = 人口数 × 人均消费量；人均消费按 4 石计。
[4] 余粮量 = 粮食总产量 – 消费量。

　　然而，从乾隆中期以后，湖南省大量存在以杂粮替代主食的情形，尤其是山居地带，乡民每年有半年以玉米、红薯充当主食。如辰州府，"山家岁倚之，以供半年之粮"。① 平原地区人口也往往稻米与杂粮兼而食之，将谷米留待市场出售。陈春声估计，18 世纪广东人均口粮量为 4 石左右，且稻谷占绝大部分比例。相对而言，湖南省的实际人均稻谷消费量应在 4 石以下。因此，乾隆后期，湖南省仍然有能力保持至少 500 万石以上的商品粮输出。

　　江西省耕地总数高出湖南 1000 万余亩，且水田占 85%。乾隆十八年（1753 年），余谷 6411.8 万石，折米 3205.9 万石。乾隆三十二年（1767 年），余粮量较前期减少 1600 万石，折米仍有 2459.8 万石。乾隆四十九（1784 年），折米有 896.93 万石。据此，江西、湖南二省在乾隆四十九年（1784 年）时，仍然有大宗粮食可供输出。

　　而湖北省在乾隆后期的粮食供需情况与乾隆中期以前形成鲜明的反差。据亩产、耕地数字估算，乾隆三十二年（1767 年），湖北省有稻麦混合粮食 3359.9 万石。乾隆四十九年（1784 年），本省粮食产量已经不足以支持本地食用，粮食缺口达 514.19 万石。如果考虑上年湖北省 126.27 万石的仓储额，以及鄂西北、鄂北山区普遍以杂粮为主食，粮食缺口可能没这么多。但是湖北省在清后期基本不会有多少余粮输出了。乾隆后期，灾年时期，汉阳米价上涨幅度甚至超过江浙地区，也侧面印证了这一情况。

---

① 乾隆《辰州府志》，《物产》。

第三节　长江中游的主要产米区

一、湖南省

清初湖南已是重要的米谷供应地。史载，康熙时，"江浙百姓，全赖湖广米粟。"① 康熙后期，"湖北以至江南一带俱仰给湖南之米。"② 至乾隆二年，已出现"湖南熟、天下足"这一谚语。③ 在这一变化中，湖南省的地位日渐突出。

康熙四十八年（1709 年），赵申乔曾调查过湖南省主要的米市场。"湖南长沙府属之湘潭县、衡州府属之衡阳县，系有名马头大店。凡远近州县及本地所产米石，皆运往出卖。商贩交易，多聚于此。而长沙府之长沙、善化、湘阴三县，衡州府属之衡山县，岳州府属之巴陵、澧州二州县，常德府属之武陵、桃源二县，俱傍大江，或通江路，亦有买卖米谷。"④ 据这次调查，湖南省有湘潭、衡阳、长沙、善化、湘阴、衡山、武陵、桃源等10 处重要米市，分散于长沙、衡州、岳州、常德、澧州五府州。

乾隆十三年（1748 年），湖广驿盐道员朱伦瀚提及湖南省产米情况。"湖南亦惟长沙、宝庆、岳州、澧州、衡州、常德等府系广产米之乡，其中亦复多寡不等；余郡远隔山溪，难以转运"。⑤ 乾隆十八年（1753 年），湖南布政使周人骥，对湖南省内水次、仓储、集市进行了一次更为详细的调查。此次调查由各县官员于当地查勘情况，汇报至府，再由知府汇报至布政使。因而这次调查较之半世纪前的调查更为详细。调查发现，有 19 州县皆设有米谷集散地，分散于长沙、衡州、岳州、常德、澧州五府州。据以

---

①《清圣祖实录》卷 193，康熙三十八年六月戊戌，中华书局 1986 年版，第 1047 页。

②《雍正朝汉文朱批奏折汇编》第 2 册，江苏古籍出版社 1991 年版，第 302 页。

③《清高宗实录》卷 57，乾隆二年十一月，中华书局 1985 年版，第 937 页。

④（清）赵申乔：《赵忠毅公自治官书类集》卷 6，《奏疏》，《续修四库全书》第 880 册，《史部·政书》，上海古籍出版社 1996 年版，第 732 页。

⑤（清）贺长龄：《皇朝经世文编》卷 39，《截留漕粮以充积贮札子》，文海出版社 1966 年版。

上资料汇总，可得长沙、衡州、岳州、常德、澧州五府州，为省内主要产米区与米谷输出区。下文即采撷史料，对各产米区进行论述（见表2-4）。

表2-4 乾隆十八年六月初七湖南省各县集市调查

府州	康熙四十八年调查集市	乾隆十八年调查集市
长沙府	湘潭、长沙、善化、湘阴	长沙、善化、湘阴、湘潭、益阳、湘乡、醴陵（渌口市）
衡州府	衡阳、衡山	衡阳、衡山
岳州府	巴陵、澧州	巴陵、临湘、华容
常德府	武陵、桃源	武陵、龙阳、桃源、沅江
澧州		安乡（焦岸、水流潭）、安福、州境（彭家厂、后河、大堰垱、蓼溪寺）

资料来源：（清）赵申乔：《赵忠毅公自治官书类集》卷6，《奏疏》，载《续修四库全书》第880册，《史部·政书》，上海古籍出版社1996年版，第732页；《湖南省例成案》户律·仓库，卷23，各府厅州县买补仓谷及地方水次章程情形，第2a–23a页，中国社会科学院经济研究所藏。

　　长沙府地处湖南省中东部，平原与丘陵交界地带。东部与江西吉安府交界，西面与宝庆、辰州交界，南接衡州府，北连常德。湘江贯穿府境南北，资江下游也经长沙入注洞庭湖。长沙府为省内主要产米区。如醴陵县，"农勤耕作，隙地皆垦种无弃。壤田所宜惟稻，岁两熟，有早晚两种。""县境谷米，丰岁颇有余裕"。[1] 衡阳府衡阳、衡山、清泉三县亦属产米区。"衡州府属之衡阳县，素称出米之区，有运下江南浙江者。"[2]

　　岳州府华容、岳阳、临湘三县环绕洞庭湖的部分形成冲积平原，土地肥美，是府内主要粮食产区，水稻种植以早、晚二稻为主。华容县，"丰年垸农一岁之收可抵山农数岁之收"。[3] 巴陵县，"垸田、洲田最称肥美，所产稻粱菽麦黍稷芝麻菜子棉花，远胜东乡。复有撒谷，不待耕耘，五月早熟，殊有自然之利。"[4] 常德府武陵县，"境内产鱼米油茶为最。黔蜀闽

① 同治《醴陵县志》卷1，《舆地志·风俗》；民国《醴陵乡土志》卷7，《积谷》。
② （清）赵申乔：《赵忠毅公自治官书类集》卷6，《奏疏》，载《续修四库全书》第880册，《史部·政书》，上海古籍出版社1996年版，第731页。
③ 光绪《华容县志》卷1，《风土》。
④ 光绪《巴陵县志》卷7，《舆地志·物产》，载湖湘文库编辑出版委员会：《湖湘文库》甲编332，岳麓书社2008年版，第74页。

广江浙陕豫之商毕集。"①

湘西、湘南南山区土壤条件虽不如湘中与洞庭湖平原，但局部地区也可列入重要产米区。湘南永州府祁阳县属于米谷自足区，在丰年，还有米谷向外输出。嘉庆《祁阳县志》载，"祁邑素称产米之乡。询诸父老，二三十年前，客商贩米至湘潭汉镇者，岁率十余万石，故邑中银钱流通不匮"。②郴州东南汝城县，"稻为县属农产之一大宗……丰年有四分之一产额，余售粤府城口乐昌地方及江西之崇义、本省之资兴。"③湘西沅州府之芷江县，农家勤于耕耨，重视水利，莳田多用草肥、粪肥，较之相邻的靖州、辰州等山区，可说是极为精工细作了。加之该地土俗，习惯贮藏米谷，在秋收后多取葛根漉粉作为主食，稻谷则留待来年春耕食用。因此该县收入还算丰足，仅歉年稍需佐借杂粮。④

另外，宝庆府城步县亦属重要的产粮区，但与境外不通水路，难以外运。同治《城步县志》载："本境户有余粮，无所消售，即欲卖诸邻境，除去往返盘费，则又所余无几。是以丰年陈陈相因，即遇水旱偏灾，亦必绰有余粮。"闭塞的交通限制了城步县，无法畅通地向外界输出米粮。"查境中并无水路通衢，外间亦无粮米运至。"⑤乾隆时，当地粮食外运亦属无多。

二、湖北省

湖北省内长江与汉水两条主要河流勾勒出一道清晰的 Y 字型曲线，创造出肥沃的江汉平原，湖北中、东部安陆、德安、荆州、汉阳、武昌北部、黄州南部为主要产米区。以下分别论述。

安陆、德安二府，居汉水中游，为米谷输出区。安陆府地处鄂中，汉江纵贯其南北，除京山县以外，皆适宜稻作。潜江县，"一望平源广野"。⑥

---

① 嘉庆《常德府志》卷13，《风俗考》。
② 同治《祁阳县志》卷22，《风俗》，转引自（清）万在衡：《嘉庆祁阳县志》。
③ 戴鞍钢、黄苇主编：《中国地方志经济资料汇编》，汉语大辞典出版社1999年版，第68页。
④ 同治《芷江县志》卷44，《风俗》。
⑤ 同治《城步县志》卷10，《附兴除》。
⑥ 康熙《潜江县志》卷3，《舆地志·形势》。

天门县，"圳塍万顷"，垸田盛行，稻作发达，"黍稷之利溥矣"。①德安府内有涢水纵贯，自汉阳府涢口入汉江。德安风俗与襄阳相近，小麦种植较多，但是随州、安陆、云梦诸县也有米输出。安陆县，"产惟谷布"。②应山县在溾水上，处丘陵地带，土地肥沃，"多种稻田"。③

　　汉阳府居汉水下游与长江交汇处，是湖北省最重要的产米地之一，孝感、黄陂二县尤为产米之区。据方志所载汉阳各县载籍耕地统计，孝感、黄陂二县原额田亩数最高：孝感县载籍田亩达93.74万余亩，黄陂县上田、中田亩数达78.69万亩。论田地比重：孝感县为5.75∶1，汉阳县为3.67∶1，汉川县为0.95∶1，黄陂县上中田与上中地之比为4.18∶1。再论耕地质量，孝感、黄陂、汉阳三县上田在税田中所占比例均接近一半。④这充分说明，汉阳府农作中稻产是占据绝对优势的。

　　荆州府位于长江中游，地处江汉平原核心区，稻作发达。"附郭膏腴之田，每亩收获不下五六石。"⑤宜都、松滋、枝江、江陵、公安、监利等县皆属产米地。当地也是较早实现一岁两熟之区。清中期后，监利县也推行了早稻一岁两熟制。⑥石首县则逐渐推广早—晚稻二熟制。"六月……早稻渐熟，民间趁时收割，随插晚禾。"⑦

　　荆门直隶州，介于江、汉之间，亦属于江汉平原区。远安、当阳、荆门诸县皆产稻谷。远安县地处沮水流域，清代广修陂塘堰渠，种植水稻。⑧荆门县在乾隆初期，部分地区已经推广了稻—蔬—麦轮作制。四月收麦栽秧，七夕收稻种蔬，重九播种菜麦。⑨

　　长江至鄂东南蜿蜒东北，复转向东南，襟带洞庭、汉水、鄱阳诸水域，贯通岳州、汉阳、武昌、黄州、九江等府。武昌府北部及黄州府属产米区。武昌府樊口、梁子湖一带，号称"鱼米之乡"，为武昌府最重要的产米区。"滨湖各州县所属田亩，惟武昌县十居其五，各县又分居其五。"

① 乾隆《天门县志》卷首，《堤垸图》。
② 道光《安陆县志》卷8，《风俗》。
③《宫中档乾隆朝奏折》第36辑，台北"故宫博物院"1982年版，第476页。
④ 同治《汉阳县志》卷8，《丁赋·上田》；同治《汉川县志》卷10，《民赋志》；光绪《孝感县志》卷3，《赋役志》；同治《黄陂县志》卷4，《赋役》。
⑤ 光绪《荆州府志》卷5，《地理志·风俗》，转引自乾隆《荆州府志》。
⑥ 同治《监利县志》卷8，《风土志》。
⑦ 同治《石首县志》卷3，《民政志·风俗》。
⑧ 同治《远安县志》卷1，《水利》。
⑨ 乾隆《荆门州志》卷11，《风俗》。

"而武昌县之田亩,又莫广于三坂,曰上西洋坂、中西洋板、下西洋坂。此三坂人稠地宽,俗称九堡半。若每年不被水灾,计堡耕种,可播谷种三十余万石。每石谷种,如遇丰收,可得谷十石有余,约计可收谷三百余万石。"其余各州县所属滨湖之田,"虽地有宽窄,田有肥瘠,综计亦可收谷三百余万石。"①

黄州府地居鄂省东南,北部麻城县,南部黄梅、广济二县是主要产米区。黄梅县地居长江与鄱阳湖交汇处,该县土壤肥沃,亩产颇高,"计亩可获五六石不等。"②广济县,倚山种稻、滨江植棉。收获之际,山民将稻米担负至滨水区售卖,滨水区则出售棉花以购买粮食。"岁稔则山民百里负担而致稻水滨,斗米不能得一钱。"③蕲水、蕲州、黄冈农作接近。黄冈县,乾隆时期已推广稻作一岁两熟,亦属米谷有余区。④

湖北北部接壤河南,地势颇高,适宜麦作,但局部地区也有一定稻产。光化县六股泉地区自宋代始已是著名稻作区。⑤枣阳县,"田土膏腴,闾阎饶裕。"⑥郧阳府自明清移民迁入,也逐渐开发出水田。《湖广通志检存稿》载:"郧阳多山,昔民颇少,近迁入者众。郧阳开垦水田多外来人,衣食自裕。"⑦

三、江西省

江西省自宋代已成为重要产米区。南宋雷次宗《豫章记》云:"嘉蔬精稻,擅味于八方……沃野开辟,家给人足,畜藏无阕。故岁穰则供商旅之求,饥年则不告臧孙之籴。"⑧庐陵,"江西岸田极膏腴者一亩二十斛。稻米之精白如玉,映彻徹器中。"⑨袁州,"百谷丰亩"。⑩南昌,"南昌所

---

① 光绪《武昌县志》卷2,《水利》。
② 光绪《黄梅县志》卷6,《风俗》。
③ 康熙《广济县志》卷4,《物产》。
④ 乾隆《黄冈县志》卷1,《地理志》。
⑤ 光绪《光化县志》卷7,《艺文》。
⑥ 乾隆《枣阳县志》卷首,《新序》。
⑦ 湖北《通志检存稿》卷1。
⑧ 光绪《重修江西通志》卷48,《舆地略·风俗》。
⑨ 乾隆《庐陵县志》卷6,《物产》。
⑩ 魏嵩山、肖华忠:《鄱阳湖流域开发探源》,江西教育出版社1995年版,第41页。

领八州，其境方数千里，其田宜秫稌。其赋粟输于京师，为天下最。"①
抚州，"其民乐于耕桑以自足，故牛马牧于山谷者不收，五谷之积于郊野
者不垣。"②

饶州与南昌二府各居鄱阳湖东西两岸，地处鄱阳湖平原区。丰城县，
"在邑朝夕仰给者，惟稻为最，此外皆曰杂收。""大有年，民足衣食。"③
抚州府临川县、东乡、金溪、宜黄、崇仁、乐安等县皆属产米区。"临汝
之间号为土膏，其价亩一金"，"人给家足，无饥寒之忧"。④ 宜黄县，"富
者积用谷粟。"⑤ 直到光绪时期，仍为省内著名的余粮区。如光绪七年四月
十日《申报》载："上年江西十三府粮食皆获丰收，其中抚州府除自给外，
临川县余粮三十万石，金溪、崇仁、宜黄三县各十万石，乐安、东乡二县
各数万石。本府合计年余粮七十至八十万石。"⑥

明代后期，赣南成为新的米谷输出区。"赣无它产，颇饶稻谷，自豫
章吴会，咸取给焉。两关转谷之舟，络绎不绝，即俭岁亦橹声相闻。"⑦
"吉安等府各县人民，年常前来谋求生理……搬运谷石……"⑧

雍正元年十月，缪沅赴江西采买，调查了赣省产米区情况："查江西
产米地方有南昌府之市汊、吴城，袁州府之泸溪，临江府之（清江县）樟
树镇、（新淦县）沙湖、龙涡、河埠，抚州府之上墩渡，广信府之小洋渡、
河口，各有砻坊碾户，乃屯集米谷之处。"⑨ 又据乾隆二十九年江西巡抚辅
德奏折："赣州、南安府属不虞旱涝，岁多丰收，粮价平贱。每年枭三之
谷，民人多不赴买，本有陈陈相因之势。"⑩ 据此可知，雍乾时期，江西省
南昌、袁州、临江、抚州、广信、南安、赣州诸府皆称产米区，且有较大
米谷集散市场。

---

① 道光《丰城县志》卷1，《风俗》。
② 光绪《重修江西通志》卷48，《舆地略·风俗》。
③ 乾隆《丰城县志》卷3，《土产》；卷1，《气候》。
④ 道光《临川县志》卷31之6，《记》，（明）古之贤：《新修千金堤记》。
⑤ 雍正《抚州府志》卷首《疆域图》。
⑥ 转引自方志远：《明清湘鄂赣地区的人口流动与城乡商品经济》，人民出版社2001年版，第225页。
⑦ 天启《赣州府志》卷3，《土产》。
⑧ 乾隆《吉安府志》卷66，《艺文志》，下编文。
⑨ 《雍正朝汉文朱批奏折汇编》第1辑，雍正元年十月缪沅奏请速开湖广米禁折，江苏古籍出版社1991年版，第192页。
⑩ 《宫中档乾隆朝奏折》第21辑，乾隆二十九年四月二十二日，江西巡抚辅德折，台北"故宫博物院"1982年版，第287页。

最后，对清代长江中游农业地理进行总结。清代长江中游水田占绝对优势，湖南、江西以稻作为主，湖北省稻麦并作，这一特点决定了清代长江中游地区是重要的粮食（特别是稻米）输出区。区域内部便利的水运网络为米谷外运提供了便利的交通条件。产米区主要集中于江汉—洞庭湖区平原、鄱阳湖平原以及荆江、汉江、湘江、赣江、抚河流域的平原丘陵区，这些区域同时也是长江中游的粮食输出区。结合地形，具体而言：鄂中东部、湘中洞庭湖区、鄱阳湖区及赣中地区为主要输出区；湘南、赣南及赣东北大体属于次要输出区；鄂西南、鄂西北及湘西地区很少或基本没有米谷输出（见图 2-2）。但是，区域内部的粮食供应情况也有差别。根据人口、耕地、粮食总产量的估算显示，湖南、江西二省在乾隆后期仍然是较稳定的余粮区，而湖北省已难有余粮外运。

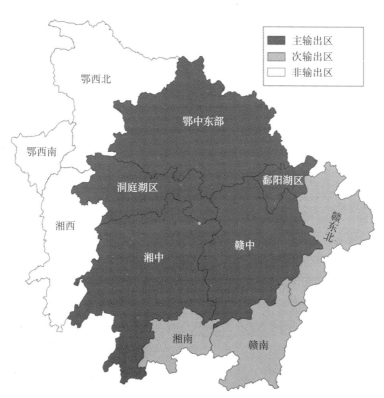

图 2-2　清代长江中游米谷输出空间分布

第三章　乾隆时期长江中游的米价变动、米贵问题及其应对

清代粮价数据采用统一的货币、容量单位，按月奏报，形成了跨越长时期的粮价时间序列。粮价数据的这些特点，使之非常适于应用数理统计方法进行分析。本章主要是采用统计方法，从时间、空间两个维度，探讨乾隆时期长江中游三省米价的长期变动与周期波动；其次借助文献资料对影响米价变动的各种因素展开分析；最后探讨乾隆时期的米贵问题及社会应对。

米谷是江广三省最主要的输出商品粮，因而本书以米价为代表，考察乾隆时期长江中游地区的粮价变动。在进入分析之前，首先须对粮价资料的可靠性进行说明。

第一节　米价数据的说明

本书所采用的粮价数据主要为王业键所创建的清代粮价资料库中的府级米价数据。湖南省辖9府4直隶州3厅，其中9府4直隶州共13个地区有价格数据，凤凰、晃州、永绥三厅米价奏报至嘉庆朝方开始。湖北省辖10府2州，其中10府有价格数据，鹤峰州缺乏资料，荆门州自乾隆五十七年（1792年）起始有米价数据。江西省辖13府，皆有米价数据。又乾隆十九年（1754年）自赣州府析出宁都州，自乾隆二十年（1755年）始有米价资料。因此，本书以数理统计方法进行分析的区域包括湖南省9府4州、湖北省10府、江西省13府1州，共计37个地区。

分别整理三省在乾隆朝的中米价格。乾隆元年、二年两年，湖南、湖北二省中米价格资料几乎全部缺失。江西省十三府米价数据自乾隆元年至

乾隆三年上半年以及乾隆末年全部缺失。宁都州米价数据自乾隆二十年至乾隆五十九年较为完整。乾隆三年至乾隆六十年（1738~1795年），湖南省13个地区资料遗漏率控制在10%~13%。数据缺失最多的宝庆府，遗漏率为13.19%，衡州府、靖州两府州的资料遗漏率最低，为10.06%。乾隆三年至乾隆六十年（1738~1795年），湖北省十府价格数据遗漏率都在11.5%左右。乾隆四年至乾隆五十九年（1739~1794年），江西省13府价格资料遗漏率在11%~12%，遗漏率最高的袁州府，遗漏值为12.7%。乾隆二十年至乾隆五十九年（1755~1794年），宁都州中米价格遗漏率为12.3%。

王业键、陈仁义等对1741~1790年湖南、湖北、江西三省中米数据可靠性进行了检验，认为江西、湖广三省在1741~1790年中米价格数据（高价、低价）可靠性较高。[1] 谢美娥对1738~1910年湖北省米麦数据进行了分时段的可靠性检验，结果表明，1738~1799年湖北米、麦价格可靠性高于1800~1899年、1738~1910年两段价格数据。18世纪时期，湖北上、中、下三类米价数据，以中米价格最为可用。[2] 基于此，谢美娥在探讨湖北粮食市场时选取了1738~1797年湖北中米高价数据。郑生芬对1738~1794年赣南三府州的米价资料进行了可靠性检验，认为可靠性较高。[3]

由于粮价数据与清代粮价陈报制度的完善密切相关，因此在进行数据分析之前，有必要对该制度进行说明。清代的粮价陈报制度始于康熙，成于乾隆初期。[4] 粮价报告程序，通常由州县呈报府，由府报省，最后由省而达中央。[5] 现在藏于国家第一历史档案馆的粮价报告，是各省布政使根据各府州呈报的粮价月报或旬报，按月编制的综合性的全省粮价报告，再由总督及巡抚上报皇帝。

报告以府及直隶州为单位，根据各府及直隶州主要粮食在一个月内最低及最高价格分别罗列。从理论上讲，这样的报告反映了地方市场的粮价情况，而其可靠性，则取决于地方大员的尽职程度。乾隆时期，由于皇帝

[1] 王业键、陈仁义、温丽萍、欧昌豪：《清代粮价资料之可靠性检定》，载《清代经济史论文集》第二册，稻香出版社2003年版，第302~310页。
[2] 谢美娥：《贩运者多：十八世纪湖北的粮价与粮食市场（1738~1797）》，明文书局2012年版，第67-85页。
[3] 郑生芬：《十八世纪赣南地区的粮食市场整合研究》，台湾成功大学硕士学位论文，2012年。
[4] 陈金陵：《清朝的粮价奏报与其盛衰》，《中国社会经济史研究》1985年第3期。
[5] 王业键：《清代的粮价陈报制度及其评价》，载《清代经济史论文集》第二册，稻香出版社2003年版，第7页。

的勤政以及对粮价奏报的重视，粮价奏报还比较符合实际。由于呈报的粮价通常是各府或直隶州价格的上限及下限，无法代表一个固定地点的价格，因而在进行统计分析的时候，目前为学界所认可的方法之一，是就上下限取平均值来观察。[①] 在粮价库完成以前，王国斌利用地方志等资料搜集出的一份湖南上米的价格数据，对其高、低价格进行了分别的探讨。[②] 另外一种，是采用高价序列进行探讨。谢美娥对湖北省米价的探讨便使用了中米的高价数据。[③]

本书选取乾隆三年至乾隆六十年（1738~1795 年）湖南、湖北二省中米价格数据以及乾隆四年至乾隆五十九年（1739~1794 年）江西省中米价格数据，以及宁都州乾隆二十年至乾隆五十九年（1755~1794 年）作为处理对象。由于资料库中的价格数据已经由农历月份转换成了公历月份，为了避免重新转换造成的数据误差，本书仍采用公历时间，只在讨论特定问题时，以农历时间说明。

第二节　乾隆时期长江中游地区米价变动分析

粮价数据由于其特性，可以被视为统计学家所定义的时间数列。[④] 时间数列包含季节变动、循环变动、长期趋势与不规则变动四种因素。米价变动的长期趋势指米价序列在去除其他三种因素以后，价格升降变化的总体趋势。长期趋势可以反映出区域市场粮食的供需情况，也间接反映出气候、兵事以及灾荒等引起经济环境变化的多元因素。

如前文所述，乾隆朝长江流域三省中米价格数据可靠性是比较高的。但是，从粮价资料库中辑出的三省粮价数据，皆存在一定程度的缺失，在进一步进行统计前，首先需要先将缺失值补齐。本书利用了目前较常用的

---

① 王业键：《清代的粮价陈报制度及其评价》，载《清代经济史论文集》第二册，稻香出版社 2003 年版，第 31-36 页。
② ［美］王国斌、濮德培：《18 世纪湖南的粮食市场与粮食供给》，《求索》1990 年第 3 期。
③ 谢美娥：《贩运者多：十八世纪湖北的粮价与粮食市场（1738~1797）》，明文书局 2012 年版。
④ 时间数列的定义：把反映客观现象的数据或称观测值按时间顺序先后记录下来所形成的一系列数据，见柴根象、钱伟民：《统计学教程》，同济大学出版社 2004 年版。

TRAMO 工具来补入缺失值。① 补齐缺失值后，共得到的乾隆年间三省 37 个地区共 37 对完整的高、低月度价格序列，再由此获得湖南、湖北、江西三省共 3 组年平均价格序列。据此绘制出三省年度平均价格走势图。由于各省高低价格长期趋势变动以及周期波动基本上保持同步，下文将高低价格作平均，得到三条高低年平均价格曲线，以便进行下一步的数据分析。

首先分别考察江广三省米价，在此基础上再对长江中游米价变动情况进行总体分析。

一、湖南省

首先，我们依据湖南省中米年平均价格绘制出价格趋势图（见图 3-1）。58 年间，湖南米价总体呈上涨趋势，从 0.878 两/石涨至 1.25 两/石，增长 0.372 两/石，涨幅 42.4%。价格上涨有明显的阶段性：乾隆前 20 年涨幅最大，平均米价 1.106 两/石，较 1738 年增长 0.228 两/石，涨幅 26%；中期 20 年，米价在 1.1~1.2 两/石波动，平均米价 1.154 两/石，较前期增长 0.048 两/石，涨幅 4.34%；后期 20 年，米价波动剧烈，平均米价 1.262 两/石，较中期增长 0.108 两/石，涨幅 9.36%。

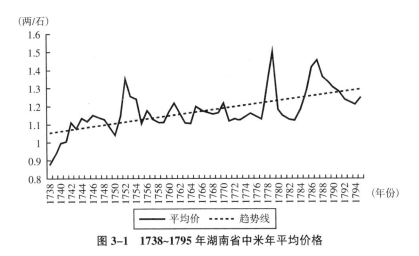

图 3-1　1738~1795 年湖南省中米年平均价格

---

① TRAMO（Time Series Regression with Arima Noise，Missing Observation & Outlier）是对有缺失值的时间序列进行估计、预测及插值的回归模型。

利用滤波法①去除长期趋势，得到三个明显的价格波动周期：乾隆三年至乾隆二十年为第一周期（1738~1755 年），乾隆二十一年至乾隆四十年为第二周期（1756~1775 年），乾隆四十一年至乾隆六十年为第三周期（1776~1795 年）。从曲线图观察，第一周期有一个波峰，第二周期较为平稳，第三周期连续出现两个波峰。乾隆十七年（1752 年）、乾隆四十四年（1779 年）、乾隆五十二年（1787 年）为峰值年（见图 3-2）。

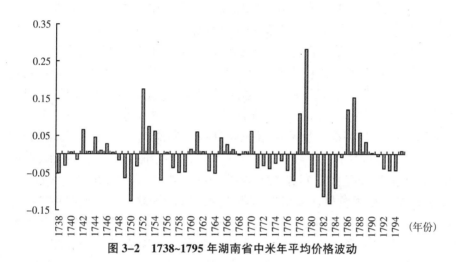

图 3-2　1738~1795 年湖南省中米年平均价格波动

湖南省地势差异很大。湘中地区（长沙、衡州、永州、宝庆）以丘陵、平原为主，宋元时期已有开发。湘北洞庭湖区（澧州、常德、岳州）在明清时期开始开发。湘西（靖州、沅州、辰州、永顺）、湘南（郴州、桂阳州）山区开发最晚，清乾嘉时期方开始大规模开发。

利用滤波法得到各区域米价均值长期趋势图（见图 3-3）。湘中地区与洞庭湖区米价在乾隆前期显著上涨，中期平稳中略有波动，后期再度上涨，与省平均价格趋势线比较接近。湘西、湘南两地米价长期趋势则较省价格趋势线有所偏离。湘南地区米价在乾隆中期呈明显的下降趋势，湘西地区米价在乾隆一朝的增长较他处平缓许多。

---

① HP 滤波法，简言之就是将经济时间序列中所包含的趋势成分及波动成分彼此分离出来的一种方法。方法运用参见高铁梅：《计量经济分析方法与建模》，清华大学出版社 2006 年版，第 41-42 页。

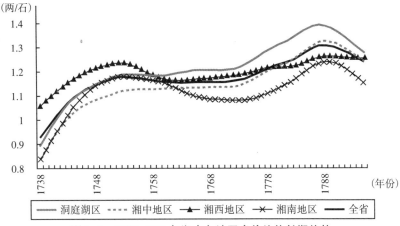

图3-3　1738~1795年湖南各地区米价均值长期趋势

乾隆三年，湘西米价最高，洞庭湖区其次，湘南、湘中最低。乾隆末年，洞庭湖米价最高，湘中其次，湘南最低。四个区域之中，湘中地区涨幅最大，从乾隆初年的0.739两/石涨至1.218两/石，增长0.479两/石，涨幅64.81%。洞庭湖区次之，从乾隆初年的0.808两/石涨至1.266两/石，增长0.458两/石，涨幅56.7%。湘西米价涨幅最小，从1.028两/石涨至1.344两/石，增长0.316两/石，涨幅30.78%，乾隆末年与全省平均米价已基本持平。

参照省中米年平均价格波动周期，以20年为一期，考察各地区平均米价。乾隆前期，湘南、洞庭湖区、湘中地区米价大幅增长，平均米价较1738年上涨近0.3两/石；湘西米价涨幅最小，平均上涨0.16两/石。乾隆中期，价格波动幅度不大，湘中与洞庭湖区平均上涨约0.1两/石，湘南上涨0.038两/石，湘西下降0.022两/石。乾隆后期，各地米价均有上涨，洞庭湖区与湘中平均上涨0.14两/石；湘西与湘南涨幅较小，分别上涨0.074两/石、0.067两/石。

进一步观察各地区周期价格波动（见图3-4）。乾隆前期，湘南、洞庭湖及湘中米价波动比较剧烈，波幅在-0.15~0.2两/石；湘西较平缓，波幅在-0.1~0.1两/石。乾隆中期，各地区米价较为平稳，湘南米价波动稍显剧烈，波幅在-0.1~0.2两/石。乾隆后期，湘中及洞庭湖区米价波动剧烈，湘西、湘南米价波动相对平缓。湘中地区波幅在-0.15~0.2两/石，湘西与洞庭湖区波幅在-0.15~0.25两/石，湘南波幅在-0.1~0.1两/石。

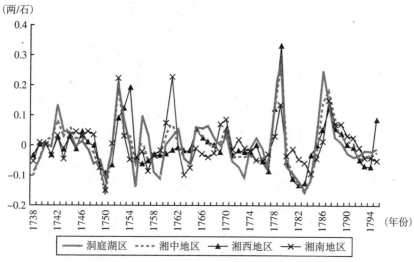

图 3-4　1738~1795 年湖南省各地区中米年周期价格波动

洞庭湖与湘中地区为湖南稻谷主产区，大宗粮食在此汇集外销，因而价格涨落易受市场影响，在乾隆后期成为全省米价最高地区。湘西开发时间较晚，稻谷产量不足，米价在乾隆前期为全省最高，但后期被产米区洞庭湖区与湘中米价超越，期间米价波动较平缓。湘南米价一直为全省最低。这与湖南山区从乾隆中期开始大规模开发有关。大规模推广种植甘薯、玉米等杂粮，对于扩大当地粮食供应、稳定米价有积极的作用。

二、湖北省

乾隆三年至乾隆六十年（1738~1795 年），湖北省中米价亦呈上涨趋势。乾隆三年，湖北米价为 0.88 两/石，乾隆六十年，湖北米价为 1.287 两/石，较 57 年前增长 0.407 两/石，涨幅为 46.25%。各阶段米价皆有较明显上涨，以乾隆前期涨幅最大。乾隆前 20 年，平均价格为 1.132 两/石，较乾隆三年米价增长 0.252 两/石，涨幅 28.64%；乾隆中期 20 年，米价相对平稳，平均米价为 1.293 两/石，较前期增长 0.161 两/石，涨幅 14.2%；后期 20 年，米价波动剧烈，平均米价 1.442 两/石，较中期增长 0.149 两/石，涨幅 11.52%（见图 3-5）。

利用滤波法去除长期趋势，同样可得三个较为明显的价格波动周期，

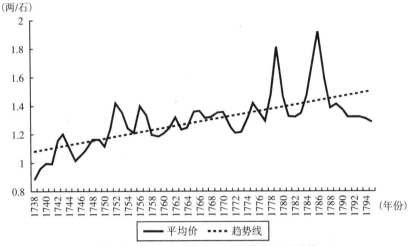

图 3-5　1738~1795 年湖北省中米年平均价格

第一周期有两个小波峰，第二周期相对平稳，第三周期有两个大波峰。乾隆八年（1743 年）、乾隆十七年（1752 年）、乾隆四十四年（1779 年）、乾隆五十二年（1787 年）为峰值年（见图 3-6）。

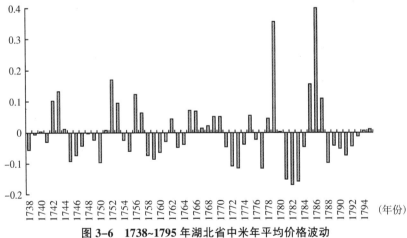

图 3-6　1738~1795 年湖北省中米年平均价格波动

湖北江汉平原与鄂东丘陵地带最早于秦代已有开发，宋元时期奠定了武汉经济中心的地位；鄂西鄂北郧阳、宜昌、襄阳三府于明清时期方进入规模性的开发；鄂西南施南府直到乾隆时期方才完成改土归流，开发时间最晚。按照开发时间先后，进行分组分析（见图 3-7）。

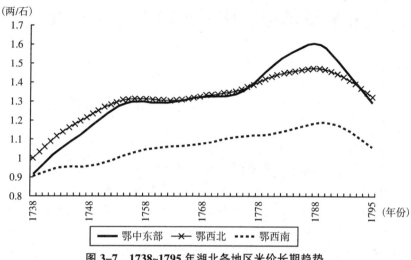

图 3-7　1738~1795 年湖北各地区米价长期趋势

　　乾隆三年，鄂西北地区米价最高；中期以来，中东部地区米价与鄂西北米价逐渐接近；乾隆后期，鄂中东部米价超越鄂西北地区，为最高价。58 年间，鄂中东部米价涨幅最大，由 0.822 两/石涨至 1.369 两/石，增长0.547 两/石，涨幅 66.42%。鄂西北地区米价由 0.996 两/石涨至 1.248 两/石，增长 0.252 两/石，涨幅 25.36%。施南府一直保持着通省最低价格，米价由 0.823 两/石涨至 0.998 两/石，增长 0.175 两/石，涨幅 21.27%。

　　再以 20 年为周期划分乾隆前、中、后期三个时段。乾隆前期，鄂中东部地区有明显上涨，平均米价较 1738 年增长 0.3 两/石，涨幅 36.47%；鄂西北地区居次，米价较 1738 年增长 0.192 两/石，涨幅 19.28%。乾隆中期以后，鄂中东部地区价格仍然保持着明显的上涨趋势，两阶段米价皆有近 0.2 两/石的上涨幅度。而鄂西南、鄂西北地区米价涨幅逐渐平缓。乾隆中期，鄂西南地区平均米价较前期上涨 0.12 两/石，鄂西北上涨 0.14 两/石。乾隆后期，鄂西北地区上涨 0.11 两/石，鄂西南仅上涨 0.056 两/石。

　　进一步观察各地区周期价格波动（见图 3-8）。乾隆前期，三个地区米价波动有些剧烈，波幅为 -0.1~0.2 两/石。乾隆中期，鄂中东部地区波动稍显剧烈，波幅在 -0.13~0.18 两/石；鄂西南与鄂西北地区米价波动相对较为平缓。乾隆后期，鄂中东部地区米价有激烈震荡，波幅在 -0.2~0.5

两/石；鄂西北地区的价格波动相对明显，波幅在-0.1~0.26两/石；而鄂西南地区米价波动仍然较为平稳。

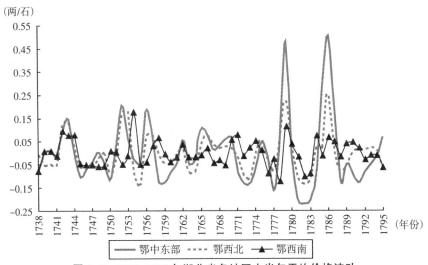

图 3-8　1738~1795 年湖北省各地区中米年平均价格波动

江汉平原与鄂东丘陵地区为湖北主要稻米生产区，加之这些地区人口密集，且位于汉江—荆江流域，汉口、沙市为省内重要的米谷集散地，米价极易受到市场影响。因此，在乾隆前、中、后三期，这一地区的价格波动皆较西部地区显著。而在乾隆前期、后期两个时段，湖北省以及整个长江中下游地区遭遇大规模的水、旱灾荒，乾隆中期的气候较为平稳。灾荒一方面使受灾地粮食减产，另一方面又加剧了跨区域粮食供应的紧张。因而，乾隆前、后期波动又甚于乾隆中期。西南地区开发最晚，农业、交通条件皆处于不利地位，其价格变动较少受到市场影响，更易受到气候收成变动的影响。

三、江西省

取乾隆四年至乾隆五十九年（1739~1794 年）江西省十三府州中米平均价，绘制价格趋势图（见图 3-9）。56 年间，江西省米价呈现长期上涨趋势。乾隆四年，米价为 1.022 两/石，乾隆五十九年米价为 1.403 两/石，增长0.381 两/石，涨幅 37.28%。各阶段米价皆有较明显上涨幅度，又以乾隆前期涨幅最大。乾隆四年至乾隆二十年，平均米价为 1.253 两/石，较乾隆四年增长 0.231 两/石，涨幅 22.6%；中期 20 年，平均米价为 1.401 两/石，较前期增长 0.148 两/石，涨幅 11.81%；乾隆二十一年至乾隆五十九年，平均米价为 1.54 两/石，较中期增长 0.139 两/石，涨幅 9.92%。

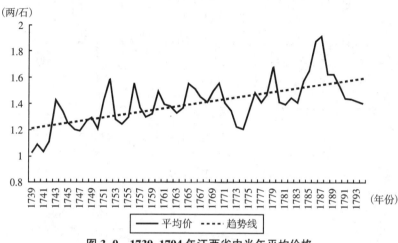

图 3-9　1739~1794 年江西省中米年平均价格

由价格趋势图可以初步看出，乾隆时期江西省米价呈现出极为频繁的波动。滤波后得到江西米价波动值，发现江西省米价在乾隆前、后期皆波动剧烈，波幅高达 0.2 两/石以上；中期波动幅度相对较小，波幅在 0.1 两/石上下。乾隆八年（1743 年）、乾隆十七年（1752 年）、乾隆四十四年（1779 年）、乾隆五十二年（1787 年）为显著峰值年。此外，乾隆三十九年（1774 年）为波动低谷年（见图 3-10）。

江西省在宋元时期已经开发成熟。但赣北、赣南山区经过元明战争后，一片萧条，明中期以后开始重新开发；与此同时，赣中、鄱阳湖区在原来基础上进一步加强圩田的开发。通过滤波得到鄱阳湖区、赣中、赣南、赣东北四区域的米价趋势线（见图 3-11）。从图上看，四条曲线走向、轮廓极为接近，与湖南、湖北形成鲜明的对比。这正是江西省较两湖地区开发更早、开发程度更高、各区域米价也更趋于平均化的表现。

乾隆时期，除个别年份以外，赣东北地区米价一直居全省最高位。赣南米价在乾隆前期仅次于赣东北地区，但进入乾隆后期被赣中、鄱阳湖地区超越，成为全省米价最低地区。鄱阳湖与赣中地区米价上涨幅度最大。

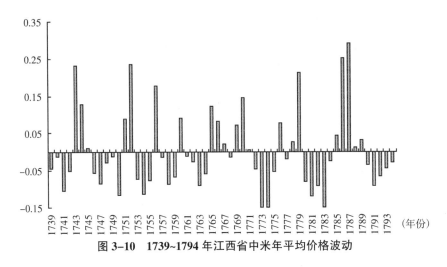

图 3-10　1739~1794 年江西省中米年平均价格波动

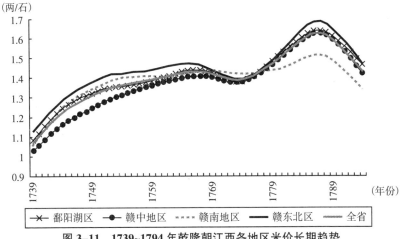

图 3-11　1739~1794 年乾隆朝江西各地区米价长期趋势

鄱阳湖区米价由 1.022 两/石涨至 1.43 两/石，增长 0.408 两/石；赣中地区米价由 0.995 两/石涨至 1.399 两/石，增长 0.404 两/石；两地区涨幅皆达到 40%。赣南米价由 1.002 两/石涨至 1.324 两/石，增长 0.322 两/石；赣东北地区米价由 1.081 两/石涨至 1.434 两/石，增长 0.353 两/石；赣南、赣东北山区米价涨幅皆在 32% 左右。

　　进一步考察各区域 20 年期平均价格。乾隆前期，四区域皆有较大幅度价格上涨，以赣南地区涨幅最大。乾隆前期，赣南平均米价为 1.282 两/

石，较乾隆四年高出 0.28 两/石，涨幅为 28%；鄱阳湖区、赣中、赣东北地区米价也皆有 0.2 两以上的增长量，涨幅在 20%~24%。乾隆中期，赣中涨幅最大，米价为 1.379 两/石，较前期增长 0.181 两/石，涨幅为 15.2%。其他地区也都有 0.1 两以上的增长量，涨幅在 10%上下。乾隆后期，鄱阳湖区与赣中地区较前期增长 0.16 两/石，涨幅为 11%。赣东北上涨稍弱，米价较前期增长 0.143 两/石，涨幅 10%；赣南地区价格最为稳定，米价较前期只增长 0.046 两/石，涨幅为 3.28%。

　　再由分区域价格波动图（见图 3-12）来看，各区域在前、中、后期皆有明显的价格波动。乾隆前、后两期震荡幅度较大，波幅在 -0.2~0.4两/石。乾隆中期波幅相对小些，波幅在 -0.2~0.2 两/石。

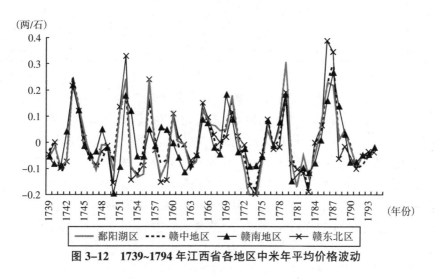

图 3-12　1739~1794 年江西省各地区中米年平均价格波动

四、长江中游米价变动总体分析

　　经上述分省讨论之后，再来观察乾隆朝长江中游地区米价变动整体情况。总体来看，乾隆朝长江中游地区米价呈现上涨的趋势。分时段来看：在乾隆前期，湖南、湖北、江西三省都经历了显著的价格上涨，增长量分别为 0.228 两/石、0.252 两/石、0.231 两/石，涨幅在 25%左右。乾隆中期 20 年，湖南省米价最为平稳，在 1.1~1.2 两/石波动，米价较前期仅增长 0.048 两/石，涨幅 4.34%；湖北米价相对平稳，平均米价为 1.293 两/石，较前期增长 0.162 两/石，涨幅 14.2%；江西省平均米价为 1.401 两/石，较前期增长 0.148 两/石，涨幅为 11.81%。乾隆后期 20 年，除湖南米价涨幅稍高于乾隆中期，湖北、江西二省涨幅逐渐放缓（见表 3-1）。

表 3-1 乾隆朝长江中游地区分段米价变动

单位：两/石

	湖南省		湖北省		江西省	
	增长量	增长率	增长量	增长率	增长量	增长率
乾隆前期（1738~1755 年）	0.228	26%	0.252	28.64%	0.231	22.6%
乾隆中期（1756~1775 年）	0.048	4.34%	0.162	14.2%	0.148	11.81%
乾隆后期（1776~1795 年）	0.108	9.36%	0.149	11.52%	0.139	9.92%
合计（1738~1795 年）	0.372	42.4%	0.407	46.25%	0.381	37.28%

分区域来看：乾隆时期上涨幅度最大的区域为湘中地区、洞庭湖区、鄂中东部地区，涨幅在 50% 以上；其次为赣中地区、鄱阳湖区、湘南地区，涨幅在 40% 左右；再次为赣东北、赣南，涨幅在 30% 以上；涨幅最小的区域为鄂西北、鄂西南、湘西三个地区，涨幅在 30% 以内。结合农业生产情况来看，米价涨幅在 40% 以上区域皆属于主要稻作区与米谷输出区；涨幅在 30%~40% 的区域为适宜稻作区但米谷供应能力稍逊地区；涨幅在 30% 以内的区域属于杂粮种植区（见表 3-2、图 2-2）。

表 3-2 长江中游地区米谷生产与米价增长

单位：两/石

主输出区	增长量	增幅	次输出区	增长量	增幅	非输出区	增长量	增幅
鄂中东部	0.546	66.42%	湘南	0.318	40.58%	湘西	0.316	30.78%
湘中	0.479	64.81%	赣南	0.322	31.51%	鄂西北	0.252	25.36%
洞庭湖区	0.458	56.7%	赣东北	0.353	32.65%	鄂西南	0.175	21.27%
鄱阳湖区	0.408	39.92%						
赣中地区	0.404	40.6%						

再从波动幅度来看：乾隆后期米价波动幅度最为剧烈，乾隆前期中游三省也有明显波动，但幅度稍小。波动最剧烈的区域为鄂中东部地区，波幅曾达到0.4~0.5两/石；其次为赣东北、赣中、鄱阳湖区与湘西地区，波幅曾达0.3~0.4两/石；波动最为平缓的区域是鄂西南地区。

除收成外，还有两个重要因素造成区域米价变动的不同，一是商人贩运，二是交通条件。交通便利、商贩众多的地区与交通不便、商贩较少的地区，米价有很大差距。例如乾隆十三年湖南省，"长沙、湘潭等水路码头处所，因商贩云集，每石仍须一两二三钱不等，未甚平减。此外，凡不通水次州县，皆不过七八钱不等。"①结合前文分析，大体可得到如下规律，即：长江中游米谷输出区，米价上涨幅度与波动幅度皆大于非输出区；主要输出区的价格上涨与波动程度又大于次要输出区。

最后，由波动峰值年来看：三省出现了乾隆八年、乾隆十七年、乾隆四十四年及乾隆五十一年至五十二年这四个明显的波峰。乾隆八年，湖南米价平稳，而湖北、江西两省有一个明显的价格上涨，湖北省波幅为0.13两/石，江西省波幅为0.232两/石。乾隆十七年，湖南、湖北、江西同时价格上涨，湖南省波幅为0.175两/石；湖北省波幅为0.17两/石，江西省波幅为0.236两/石。乾隆四十四年，湖南省波幅为0.282两/石；湖北省波幅为0.356；江西省波幅为0.212两/石。乾隆五十一年，湖北省波幅为0.4两/石，江西省波幅为0.25两/石；乾隆五十二年，湖南省波幅为0.153两/石，江西省波幅为0.292两/石。下一节便对几个重要峰值年的米价变动进行分析。

第三节　乾隆时期的米贵问题及其应对

米价波动往往与前一两年的气候、灾荒以及其他需米省份的米粮供求有极大的关系。气候、灾荒、收成以及省内外供求关系之变动等各项因素，往往无法独立开来，总是相互联动，与粮价变动构成一个双向的、微

---

① 宫中朱批奏折，乾隆十三年十一月十六日湖南按察使周人骥奏报湖南雨雪情粮价等情事，中国第一历史档案馆藏。

妙的因果关系。气候不好会引发灾荒，灾荒导致收成减少，收成不好导致缺粮区内部供求紧张、米价上涨，需要吸收更多外来米谷以缓解，或者令产米区因过多的米谷输出，使得米价被抬高。长江中游地区作为产米区，其米价波动，只是长江流域乃至东南沿海各地区米价变动中的一个环节。因而在解释这一环节的变化时，我们需要对南方诸省整体环境的了解。本节以长江中游三省为中心，联系周边及长江上、下游各省份，分别对乾隆前期、后期米贵的原因及其影响展开分析。

一、乾隆前期米贵问题

乾隆六年，长江中游均获丰收；乾隆七年秋收前，江汉—洞庭湖区垸田及湘中、赣南等区域虽有局部地区遭水灾，但总体收成尚可[①]，乾隆八年三省又获丰收，[②]然而米价却连续上涨，特别是江西省均价上涨了 0.31 两/石。乾隆八年，江西巡抚奏，"窃查江西上年止有数处偏灾，其余收成不过歉薄，原未至于灾荒。"[③]因而仅以气候，收成因素难以解释长江中游米价上涨的原因。然而将长江中下游及南方诸省的米粮供需关系纳入考量，便能观察到米贵问题之所在。乾隆八年（1743 年）与十七年（1752 年）两年，不独长江中游米价上涨，南部诸省皆面临米贵问题。

乾隆六年（1741 年）七月间，华东地区连日暴雨，江湖泛涨，引发水灾。[④]浙江、江苏、安徽三省滨江、沿海一带秋收受到严重影响，灾地覆盖淮河以北凤阳、颍州、泗州、宿州、徐州、海州、淮安诸府州。[⑤]靠近钱塘江的浙江杭、嘉、湖三府，收成亦歉薄。[⑥]至乾隆七年（1742 年）秋，六七月间又遇大水，淮河上游诸水俱涌向洪泽湖，灾害加剧。这次水

① 《清高宗实录》卷 171，乾隆七年七月，第 178-182 页；卷 175，乾隆七年九月，第 257 页，中华书局 1985 年版。

② 《清高宗实录》卷 197，乾隆八年七月，中华书局 1985 年版，第 538-539 页。

③ 乾隆八年五月二十七日江西巡抚陈宏谋奏折，中国第一历史档案馆藏，《宫中档朱批奏折》，档号 04-01-35-1125-028。

④ 水利电力部水管司科技司、水利水电科学研究院：《清代长江流域西南国际河流洪涝档案史料》，中华书局 1991 年版，第 248 页。

⑤ 《清高宗实录》卷 159，乾隆七年正月甲申，第 11 页；卷 161，乾隆七年二月丙午，第 23 页，中华书局 1985 年版。

⑥ 水利电力部水管司科技司、水利水电科学研究院：《清代长江流域西南国际河流洪涝档案史料》，中华书局 1991 年版，第 249 页。

灾影响面积极大，江、浙、皖三省被水州县达 39 处，成灾县份 29 处。①

　　灾情之重引起朝廷的高度重视，中央专门派大臣赴地方协理赈务。江南所在各州县仓谷拨运五十余万石用于赈济，三省漕粮 80 万石也被截留于本地备用。此外，又于山东省、河南省分别拨运漕粮、仓米运往江南。②这次灾荒，又引起江南大量人口背井离乡，奔赴江西、湖广、河南、山东等产粮区觅食。长江中游江西、湖北、湖南的米谷也源源不断地搬运至下游。"湖南巡抚许容奏，近日米价增贵，因商贩源源搬运。邻封官买，亦有咨会，理无禁遏。窃计湖广虽熟，在湖广且难以言足也。"③大量的米谷输出导致产米区米价在收获季节也居高不下。乾隆七年六月，早稻登场后，湖南米价未能像往常一样降至便宜的价格；湖北汉阳米价也不见下降；而江西省内十月份晚谷上市以后，米价不减反增。外加秋收季节江汉—洞庭湖区、赣南、湘江中下游局部地区亦遭受水灾，受灾地米价受到明显影响，荆州中米高价达到 1.5 两/石，安陆府甚至涨至 1.7 两/石，赣州府米价涨至 1.6 两/石。

　　幸好上游四川丰收，米多价贱，两淮、湖北等地商贩皆往上游采买，长江中游地区的压力稍微缓解。在为淮北水灾事件忙碌了一整年后，直到乾隆八年（1743 年）春天，长江中游三省才回过神来关注自己的问题。湖南省因八、九两年接连丰收，米价渐平。湖北也得到了四川的接济。唯独对江西省来说，乾隆八年的春夏注定在无比艰难中度过。

　　九江府，"八年正月苦雨，谷价昂贵，人或掘土而食，巡抚陈宏谋乞籴川省存活甚众。"④九江府的这一条资料说明，正月时江西省的情况已属拮据。即便如此，在这一年的春天，江西仍然在为下游的邻居鞠躬尽瘁。三月，江西巡抚应两江总督德沛的请求，拨仓谷 40 万石碾米运赴扬州。加之上年用于平粜、拨运消耗的 275000 余石仓谷尚未买补，此时常平仓处于半空的状态。偏于此时，省内各处又频频闹饥荒。广信府，"正月至五月淫雨害稼，岁大歉，七邑谷价腾贵，饥民掘土采竹以为食。"⑤饶州

①《清高宗实录》卷 170，乾隆七年七月己巳，第 165 页；卷 175，乾隆七年九月丁丑，第 246 页；卷 172，乾隆七年八月丁酉，第 202 页，中华书局 1985 年版。
②《清高宗实录》卷 162，乾隆七年三月壬申，第 44 页；卷 174，乾隆七年九月丁巳，第 228 页；卷 175，乾隆七年九月，第 259 页；卷 176，乾隆七年十月乙未，第 268–269 页，中华局书 1985 年版。
③《清高宗实录》卷 173，乾隆七年八月，第 225 页，中华书局 1985 年版。
④ 同治《九江府志》卷 53，《杂类·祥异》。
⑤ 乾隆《广信府志》卷 1，《天文·祥异》。

府，"春，大饥，米价腾贵，斗米银三钱。"① 赣州府，"龙南、会昌米贵。兴国大饥。"② 乾隆八年五月江西巡抚陈宏谋奏，"窃查江西上年止有数处偏灾，其余收成不过歉薄，原未至于灾荒。实因楚闽江粤各省均值米价昂贵，邻省之重价贩运既多，本省之民贪价多卖，亦所不免。故自去冬及春，米价已昂，闰四月初旬则各处米价陡增，每石至三两内外，实为前此所未有。"③ 问题愈演愈烈，乾隆八年四月间，广信、饶州、赣州、袁州、吉安各地接连出现抢米事件，尖锐地暴露出江西省的困窘。④

此外，乾隆七年（1742 年）春夏之际，广东省遭遇旱灾，广东、肇庆、惠州、潮州、嘉应州五属价贵，向广西、江西、湖南告籴。⑤ 是年，广东省从江西、湖广两处购得米谷不足十万石，而广西浔州、梧州米谷由西江源源不断流向广东省。乾隆八年春夏，广西米贵。"民间亦多自设乡禁，不令米谷出外。"自三月始，广西巡抚杨锡绂于梧关设立米禁，限令商贩将米谷全部运向桂林，直到 7 月份早稻登场，米禁始解。⑥ 但长达三个月的米禁，引起广东米价再度攀升。

乾隆八年米贵事件以乾隆六、七两年江淮涝灾为引子，在中国南方地区催生了一场长距离、牵涉众多省份的米粮调运行动。中央、地方以及民间商人为平抑粮价所作的各种努力，最终结果是导致江苏、浙江、安徽、湖南、湖北、江西、福建、两广各地，无论丰歉，无论产米区还是缺米区，米价皆明显高于平时。通过各地抚臣连续发回的有关灾情、粮价的奏折中，乾隆帝敏锐地察觉了这一问题。在乾隆八年四月己亥日（1743 年 5 月 9 日）的上谕中，他指出："米价非惟不减，且日渐昂贵。不独歉收之省为然，即年谷顺成，并素称产米之地，亦无不倍僧于前。"⑦ 这段话便点明了乾隆前期的米贵出现了不同于以往的新特点，即丰年米贵现象。通过阅览乾隆八年四月各地米价，可对这一现象有更为直观的认识。

---

① 同治《饶州府志》卷 31，《杂类志·祥异》。
② 乾隆《赣州府志》卷 1，《天文志·祓祥附》。
③ 乾隆八年五月二十七日江西巡抚陈宏谋奏折，中国第一历史档案馆藏，《宫中档朱批奏折》，档号 04-01-35-1125-028。
④ 《清高宗实录》卷 195，乾隆八年六月己巳，中华书局 1985 年版，第 501 页。
⑤ 《清高宗实录》卷 165，乾隆七年四月，第 93 页；卷 167，乾隆七年五月，第 124 页，中华书局 1985 年版。
⑥ 《清高宗实录》卷 179，乾隆七年十一月丁丑，第 310 页；卷 187，乾隆八年三月，第 418 页；卷 197，乾隆八年七月，第 540 页，中华书局 1985 年版。
⑦ 《清高宗实录》卷 189，乾隆八年四月己亥，中华书局 1985 年版，第 429 页。

乾隆八年（1743 年）四月，长江中下游以及两广、东南各省米价皆比平时贵出许多。粮食输出区：湖南省米价为 1.312 两/石，比上年同期增长 0.259 两/石，涨幅 24.6%；湖北省米价为 1.282 两/石，同比增长 0.155 两/石，涨幅 13.75%；江西米价为 1.56 两/石，同比增长 0.451 两/石，涨幅 40.76%；广西米价为 0.975 两/石，同比增长 0.265 两/石，涨幅为 27.18%。

粮食输入区：安徽、江苏两省米价皆较上年同期增长 0.2 两/石有余，其中安徽省涨幅稍高，为 21.52%，江苏省涨幅为 15.75%。广东省米价同比增长 0.29 两/石；福建省米价同比增长 0.275 两/石；二省价格涨幅接近 20%。浙江晚米价比上年同期增长 0.195 两/石，涨幅为 15.29%。

以上九省米价较上年同期大都增长了 0.2 两/石，而江西省上涨尤为剧烈，达到了 0.451 两/石，涨幅达到 40% 以上（见表 3-3）。

表 3-3　乾隆八年中国南部九省米价

单位：两/石

地理区域	行政区	乾隆八年四月	乾隆七年四月	差价	涨幅
长江中游	湖南省	1.312	1.053	0.259	24.6%
	湖北省	1.282	1.127	0.155	13.75%
	江西省	1.56	1.109	0.451	40.67%
长江下游	安徽省	1.44	1.185	0.255	21.52%
	江苏省	1.69	1.46	0.23	15.75%
其他	浙江省	1.47	1.275	0.195	15.29%
	福建省	1.675	1.4	0.275	19.64%
	广东省	1.77	1.48	0.29	19.59%
	广西省	1.24	0.975	0.265	27.18%

注：数据来源于《清代粮价资料库》，采用公历价格资料。1743 年 5 月对应乾隆八年四月 23 天，闰四月 7 天；1742 年 5 月对应乾隆七年四月 22 天、五月 9 天。浙江省无中米价格数据，以晚米数据代替。

乾隆十七年（1752 年），长江中游地区第二次遭遇了米贵问题。查乾隆十六年，湘中、赣东北局部地区发生旱情，但三省收成总体还算好：湖北南早稻收成七分七厘，中晚二稻收成七分八厘；湖北早中晚三稻收成皆在八分以上；江西早稻收成七分，晚稻八分以上①。仔细分析此次米贵，与乾隆八年情况仍类似：米贵主要不在于本地局部灾歉，而在于下游淮北、浙东、安徽、福建等省地米贵，大量粮食贩远下游而导致的中游地区粮食供求紧张。

乾隆十六年（1751 年）春夏，湖南省湘中遭遇旱情，长沙县，"十六年辛未自五月不雨，至七月乃雨。早稻无收，蓄稻孙者收半。"②是年湖南各地早禾收成通计七分六厘，受灾县份收成都在六分或以下，其中湘阴县最为严重，收成止三分。中稻亦有一定程度受旱。早稻和中稻占湖南稻作的绝大部分，其收获的受损，直接影响当年湖南米谷的总体产量，再加前一年收成亦不甚丰，因而当年春夏，湖南全省米价高涨。四五月份间，湖南各府州低价全部在 1.5 两/石以上，而长、衡、岳以及内陆的郴州、桂阳州诸府州价格接近或已超过 2 两/石。价格骤增导致常平仓的平粜加增，是年用于湖南省内的平粜米谷数量，截止到七月初已达 40 万石。③

在湖南省遭遇旱灾的同时，淮北、浙东、安徽等省也遭遇了灾歉，福建省遇风灾，亦急需平粜。浙江督抚永贵奏请将湖南仓谷贮米二十万石拨往浙江平粜，安徽省要求协拨米十万石，江西省要求湖南拨米十万石。④接踵而来的需求令湖广总督阿里衮、湖南巡抚杨锡绂疲于应对。

当年，湖南省常平仓定额为 70 万石，实贮额 120 万石。省内粜米 40 万石，碾运兵米 4 万石，运往安徽 10 万石，消耗积谷 54 万石多。浙江提出借米 20 万石，经多方筹划，由湖南筹得米 10 万石，湖北米 5 万石，共米 15 万石，运往汉口，转运浙江。又运米 10 万石赴江西。如此大规模的输出造成湖南仓储大失血，只得求助于上游四川省。四川省碾米 10 万石运往湖南，拨运 12 万石运贮湖北。⑤到八月份，湖南省常平仓米谷贮仓量已经不到定额之半。而八月份市场米价，除长沙府、岳州府较四、五月间

---

① 《宫中档乾隆朝奏折》第 1 辑，台北"故宫博物院"1982 年版，第 85、87、463、627、71、813 页。
② 同治《长沙县志》卷 33，《祥异》。
③ 《宫中档乾隆朝奏折》第 1 辑，乾隆十六年六月初九日湖广总督阿里衮奏请截漕米以补仓米折，台北"故宫博物院"1982 年版，第 93 页。
④ 《宫中档乾隆朝奏折》第 1 辑，乾隆十六年九月初五日浙江巡抚永贵奏折；闽浙总督喀尔吉善奏报筹算灾歉需用赈粮折；闽浙总督喀尔吉善奏折；乾隆十六年九月初十日管安徽巡抚事张师载奏，台北"故宫博物院"1982 年版，第 570、582、585、622 页。
⑤ 《宫中档乾隆朝奏折》第 1 辑，乾隆十六年九月二十日四川总督策楞奏折，台北"故宫博物院"1982 年版，第 728 页。

有减，其余一些地区，不但不减，反稍有加增。

直到九月份晚禾刈获，市场米粮不足的问题方得以缓解。是年晚禾收成达到七八分，基本达到了正常的水准。十月以后，市场米粮充裕，各地价格渐渐平减，长沙、岳州府，其低价降了三到四钱，高价则降得更明显，达五六钱之多。① 十一月份，"贱者不下八九钱，贵亦不过一两五六钱。"② 至乾隆十七年春天春荒不接，大量湖南米运往江浙，又一次拉高了米价。"至米粮价值，去冬最贵之处，仅一两五六钱。自正月以来，因邻省商贩搬运日多，渐次增长，现在长沙府属一两四五钱至二两一钱不等，衡永郴桂各属一两二三钱至二两一钱不等。岳常澧各属一两四五钱至一两九钱不等。辰永沅靖及宝庆各属九钱六分至一两七钱不等。上年长衡一路收成稍歉，目下米价昂贵，无业小民日食未免艰难。"③ 随后几年湖南省接连丰收，米价逐渐恢复平稳。

江西省的情形却并不乐观。乾隆十五年（1750 年），赣江流域赣州、吉安、临江等府晚稻歉收，米谷向下游输出量减少，导致次年春季省城米价大涨。④ 乾隆十六年（1751 年），赣东北广信、饶州春夏连旱，引起米价高涨。"早稻未收之前，广、饶、抚三府属市价，自一两七八钱至二两三四五六钱不等，其余各属亦有自一两七八钱至二两者。"⑤ 广信府："十六年辛未，郡境大饥，广丰四月无麦，斗米六钱，六月又旱，山中薇蕨根采食殆尽。"⑥ 饶州府，"安仁大疫，秋虫害稼，米价腾贵，饥民载道。"⑦ 是以十六年春夏各处米价皆贵。而江西米价大涨，使得福建汀州府食米失去了供应，又引发了福建巡抚的忧虑。⑧

幸好当年省内除广信、饶州以外，早、晚二稻有八分收成，粮食逐渐

① 《宫中档乾隆朝奏折》第 1 辑，乾隆十六年九月十一日湖南巡抚杨锡绂奏折，台北"故宫博物院"1982 年版，628 页。

② 《宫中档乾隆朝奏折》第 2 辑，乾隆十六年十一月二十一日湖南按察使沈世枫奏折，台北"故宫博物院"1982 年版，第 14 页。

③ 《宫中档乾隆朝奏折》第 2 辑，乾隆十七年三月初十日湖南布政使周人骥奏折，台北"故宫博物院"1982 年版，第 415 页。

④ 《清高宗实录》卷 392，乾隆十六年六月戊申，中华书局 1985 年版，第 155 页。

⑤ 《宫中档乾隆朝奏折》第 2 辑，乾隆十七年三月初四日江西巡抚鄂昌奏折，台北"故宫博物院"1982 年版，第 382 页。

⑥ 乾隆《广信府志》卷 1，《天文·祥异》。

⑦ 同治《饶州府志》卷 31，《杂类志·祥异》。

⑧ 《宫中档乾隆朝奏折》第 2 辑，乾隆十六年十一月二十日暂署两广总督福州将军新柱奏折，台北"故宫博物院"1982 年版，第 9–10 页。

充裕。然而浙东四府遭遇严重荒歉，屡屡向外告籴。当年九月份，江西运出 30 万石米赴浙东。加之商人频频贩运出省，使本省下半年米价也难以平减。"今岁邻省粮价俱属昂贵，客商贩运者，即今早稻登场，而赣州府属闽、粤商贩络绎，上江之徽州府用文知会采买，而袁、临等府亦多贩运出境，是以本省之价总未能平，即将来秋收丰稔，价仍不能大减。"① 乾隆十六年（1751 年）腊月，江西巡抚舒辂奏报江西省收成与米价："广、饶二府，得雨甚迟，收成六分，米价自一两七钱至二两六钱。其余各属，收成皆八分以上，米价自一两七钱至二两不等。"② 查乾隆十五年（1750 年）腊月，江西省中米均价不过 1.11~1.32 两/石，广信府 1.22~1.35 两/石，饶州 1.2~1.29 两/石。因此，无论是有荒歉的广信、饶州，还是收成正常地区，江西省米价比上年同期皆上涨了四五钱。至乾隆十七年，尽管获得丰收，然而江西及湖广各省均价较乾隆十六年又上涨了 0.2 两/石左右。

二、乾隆后期米贵问题

乾隆后期，长江中游三省又同时经历了两轮米价上涨。与前期略有不同，灾荒充当了乾隆四十四年、五十一年米贵事件的第一主角，而这次涨价的势头也比乾隆十七年更加猛烈。

乾隆四十三年（1778 年），湖南全省遭遇大旱，米价达到乾隆时期的最高价。四十三年八月，"长、岳、常、澧等处米价一两八钱零至九钱不等。"③ 这次旱灾给当年湖南省人民的生活带来了重大的打击，并在方志中留下了浓墨重彩的一笔。长沙县，"四十三年戊戌，大旱，早中二稻无收。蠲免地丁钱粮，赈恤饥民。四十四年己亥，虫食苗心，岁歉。"④ 湘潭县，"四十三年夏秋旱，知县募赀以赈。"⑤ 衡阳县，"四十三年，旱。四十四年，大饥，知府黄树棠率吏民为鬻以赈。"⑥ 常德府桃源县，"四十三年，

---

① 《宫中档乾隆朝奏折》第 1 辑，乾隆十六年六月二十五日江西巡抚舒辂奏折，台北"故宫博物院"1982 年版，第 248 页。

② 《清高宗实录》卷 405，乾隆十六年十二月己未，中华书局 1985 年版，第 320–321 页。

③ 《宫中档乾隆朝奏折》第 44 辑，乾隆四十三年八月十四日湖南布政使陈用敷奏折，台北"故宫博物院"1982 年版，第 523 页。

④ 同治《长沙县志》卷 33，《祥异》。

⑤ 光绪《湘潭县志》卷 3，《事纪》。

⑥ 同治《衡阳县志》卷 2，《事纪》。

大旱。四十四年春，大饥。"①龙阳县，"四十三年戊戌，大旱，自四月不雨至秋七月，禾稼尽槁。四十四年己亥，大饥，道殣相望，民间卖妻鬻子转徙流离。"②岳州府华容县，"四十三年旱。"③

衡、长、岳、常德等省内米谷产区，旱情严重，而湘西地区的沅、辰两府，也面临了同样境况。沅州府芷江县，"乾隆四十三年旱，谷价腾贵，斗米七八钱，市无粜者。道殣满。前太守吴镇邑令吴璜劝谕士庶捐谷施粥，男妇就食，日以万计，全活者多。"④辰州府辰溪县，"四十三年戊戌，大旱，草木皆赤，民多采水草掘佛粉为食，道殣相望，饿死无算。"⑤这次受灾地区共计 14 州县，⑥但所构成的影响几乎覆盖全省。"湖南本年长、岳、常、澧四府州所属夏秋缺雨，被旱成灾，米谷稀少，粮价倍增。其衡州、永州、宝庆及辰州、沅州各府属，或毗连灾地，或山多田少，粮价均未平减。"⑦

湖北省接连遇着夏旱秋涝，"湖北之汉阳、安陆、荆州各府属夏禾被旱，入秋汉江盛涨又被淹没浸，灾分亦重。"⑧因湖南受旱严重，难以接济湖北。湖北只好求助于上游四川。而四川省也面临自己的问题。"川东地方得雨稍迟，有较往年歉薄之处。"⑨戊戌年春夏，夔州米价与汉阳相当或略高，米谷鲜有东下者。"本年五六月间湖南沿江州县溪河水浅，南船商贩未通。而到汉川米六月内共计二万九千九百余石。闰六月亦只一万九百余石。查询贾舶远商，称自夔关一路间，少米粮下峡。"到七月，汉阳府米价高达 2.25 两/钱。各处纷纷招商买米。"旋据该令等禀称汉阳、信义等号客民携带本银货物二十余万两，先已赴川南二省，江夏客民郑亿兆等亦

---

① 光绪《桃源县志》卷 12，《尚微志·灾祥》。
② 光绪《龙阳县志》卷首，《皇泽记》。
③ 光绪《华容县志》卷 13，《祥异》。
④ 同治《芷江县志》卷 58，《祥异》。
⑤ 道光《辰溪县志》卷 38，《祥异》。
⑥ 张祥稳：《清代乾隆时期自然灾害与荒政研究》，三峡出版社 2010 年版，第 39-40 页；陈振汉：《清实录经济史资料——农业编》第二分册，北京大学出版社 1989 年版，第 652 页。
⑦《宫中档乾隆朝奏折》第 46 辑，乾隆四十三年十二月十七日湖南巡抚李湖奏折，台北"故宫博物院"1982 年版，第 162 页。
⑧《宫中档乾隆朝奏折》第 45 辑，乾隆四十三年十一月初一日湖北巡抚陈辉祖奏折，台北"故宫博物院"1982 年版，第 346 页。
⑨《宫中档乾隆朝奏折》第 44 辑，乾隆四十三年八月二十五日四川总督文绶奏折，台北"故宫博物院"1982 年版，第 626 页。

陆续领照前往，俱饬令赶赴装运。"① 九月以后，随着川东、川南米谷丰收，川米才源源不断地过来。

这次的饥荒一直持续到四十四年（1779 年）春季，在乾隆四十四年正月，汉阳米价蹿到了顶峰，达到 2.65 两/石。长沙米价为 1.8 两/石。幸好这年夏秋皆获丰收，六月份以后，汉阳米价降到 2 两/石以下，长沙米价降至 1.3 两/石。湖广二省米价迅速平减。

中游三省中，唯独江西省获得了丰收。乾隆四十三年（1778 年），"瑞州、袁州、临江、吉安、抚州、建昌、广信、饶州、南安、赣州、宁都各府州所属各县今岁田稻收成实有九分。"② 是年江西米价比湖南、湖北二省皆低，米谷大量接济邻省。第二年春季需米尤甚。正月间，苏州府米价为 2.465 两/石，汉阳 2.65 两/石。江西米谷过九江关大量运往湖北及下游，米价迅速上升，一度达到 2 两/石，但到六月份早稻上市以后，米价迅速回稳，次年便降到了正常水平。

乾隆五十年（1785 年），湖北旱情更甚于四十三年。湖北受灾区域达四十七州县。③ 与此同时，安徽省淮、徐、海三属"二麦全境失收。"④ 浙江淮安、江宁、常州、镇江、扬州五府属，也因旱灾而收成歉薄。⑤ 当年四川、江西获得丰收，湖南早稻收成也达八分有余。⑥ 于是四川、湖南、江西米谷纷纷运往湖北、安徽两处灾地。⑦ 四川省，"自上年十月以来，川省赴楚米粮，已运出三十八万余石。"⑧ 湖南米谷亦由官方劝谕，源源运往湖北。"著传谕特成额，即于湖南各属，出示晓谕，不论市集乡城，遇有湖北商贩入境。断不可居奇遏籴。并劝令该处商民，多运米石，到湖北被旱各府州属粜卖。"⑨ 江西省，直到乾隆五十一年秋收，仍然源源不断运米往安徽、湖北两处。乾隆五十二年（1787 年），江西巡抚何裕城称，"查

① 《宫中档乾隆朝奏折》第 44 辑，乾隆四十三年七月二十九日湖广总督三宝奏折，台北"故宫博物院" 1982 年版，第 384–385 页。
② 《宫中档乾隆朝奏折》第 46 辑，乾隆四十三年十二月十七日署江西布政使按察使瑢龄奏折，台北"故宫博物院" 1982 年版，第 242 页。
③ 《清高宗实录》卷 1234，乾隆五十年七月辛亥，中华书局 1985 年版，第 577–578 页。
④ 《清高宗实录》卷 1231，乾隆五十年五月癸酉，中华书局 1985 年版，第 517 页。
⑤⑥⑨ 《清高宗实录》卷 1236，乾隆五十年八月，中华书局 1985 年版，第 607、618–619 页。
⑦ 宫中朱批奏折，乾隆五十年八月二十一日、十一月初九日江西广饶九南道穆克登奏折，中国第一历史档案馆藏，档号：04–01–35–1180–025、04–01–06–0003–007。
⑧ 《清高宗实录》卷 1249，乾隆五十一年二月庚寅，中华书局 1985 年版，第 779 页。

自去年至本年七月，因运往湖北、安徽等省米谷，共一百余万石。"①普遍性的旱灾，作为不可抗拒因素，直接导致湖广二省米粮供应紧张、米价高涨，大规模顺长江流域的米谷贩运随即停止。乾隆五十一年，浒墅关税收为乾隆时期最低值。直到次年气候恢复正常、收成良好，长江中游米价逐渐平减，外贩又重新活跃。

但乾隆后期的旱灾凸显出湖北省对外来米谷的依赖性已经达到了相当的程度。查乾隆四十三年六月、闰六月、七月三个月份，恰逢本省夏收无望，而川东、湖南米难以接应的时段，汉阳府六月份米价为 1.435 两/石，闰六月已涨到 1.92 两/石，七月份更高达 2.25 两/石，米价竟可在一月内顿涨三五钱。直到九月份川米大量东下的时候，这一涨势方刹。而受旱更加严重的湖南省，月度米价波动不过在一钱上下。是以，湖南、湖北二省在米粮供应方面早已不可同日而语。江西省在两次灾年中虽获丰收，然以一省之力难以供四方采买，省内米价剧烈上涨。直到乾隆五十一年（1786年）秋，两湖、江西、江浙地区同庆丰收，各处米价方逐渐稳定。

前文通过对乾隆时期峰值年米贵问题的考察，发现长江中游三省的米贵并非皆由区域内的气候所主导。换句话说，并非只有灾年才出现米贵，丰年同样会有米贵现象。而正是跨地区粮食贸易的发展，一方面促使下游灾歉省份很快得到粮食供应，另一方面拉动中游产米区米价高涨，从而在乾隆时期，"丰年米贵"现象背后发挥了深层次作用。

三、米贵问题的应对

乾隆时期的米价上涨引起了国家、地方、民间社会各方面的密切关注。米贵直接影响民生，因而民间对米贵的反映最为直接，在米价贵的年份，许多地方都出现抢米、遏籴等暴力事件。米贵也导致江广三省地方官员在组织地方平籴、配合向外省的输出、控制民间暴乱等事务中忙得焦头烂额。最后，米贵引起的民生问题与地方动乱引起最高统治者对米贵问题的格外警觉，由此催生了政府在乾隆前期为平抑米价所作的不断尝试。长江中游三省处于这一系列事件的中心，为了适应米价上涨，三省内部农业结构也开始产生新的变化。

---

① 《清高宗实录》卷 1262，乾隆五十一年八月己酉，中华书局 1985 年版，第 1002-1003 页。

（一）民间反映：抢米与遏籴

与乾隆前期米贵相伴随的是峰值年份多发的抢米事件，在青黄不接的四五月间，格外突出（见表3-4）。乾隆八年（1743年）与十六年（1751年），长江中下游、两广、云贵、东南沿海同时发生了多起抢米事件，引起了朝廷的惊慌。乾隆八年五月己酉，"近闻湖北、湖南、江西、福建、广东等省，多有此等案件。"[1]皇帝密切关注地方大员对这些事件的处理结果，江西巡抚陈弘谋由于未能全部奏报而受到了皇帝的申斥。[2]

表3-4　乾隆前期抢米事件

乾隆八年	江西	今年二月袁州府属之宜春等县，曾有聚众抢谷之事；萍乡之棚民亦有潜赴湖南之醴陵、浏阳等县私抢谷石之事；闻四月内，吉安府永丰县之案；闻四月十二三等日，南安府属大庾、崇义两县乡民朱佩月等之案；闻四月初旬，南康、上犹两县乡村居民被抢之案；赣州府城外虎喇桥、七里镇、攸镇抢米之案；闻四月十九二十等日，有赣县、万安两邑居民米谷被抢之案
	湖南	长沙府属之醴陵县民陆文卿等五家，于本年二月二十六日等日，被接壤之江西棚民李文高等抢去谷石；岳州府属之巴陵县傅老五等，于四月初三等日，挟借强抢居民周玉安等三家谷石；郴州属之耒阳县胡巽一等，于四月十六等日挟忿强挑谷石；郴州属之兴宁县富户黄昌玉，一日三增谷价，县民唐北超等倡先挟借，于四月十一至十五日先后强搬三十二家谷石；沅州府沅江县民黄俊先控告呈，内称于上年被地棍杨老虎等抢去伊谷一百八十石
	湖北	正月二十三、四日京山县汛多宝溪地方，有穷民百余人聚集，向村庄各户强借抢粮；荆门营所属之枣林铺、王家场，各聚流来饥民数十余人，向富户强借谷石；江陵县所属下乡地方上年被水，灾民借荒为匪，名曰笋篷会，聚集男妇，以借为名，强索米谷
乾隆十六年	江西	峡江县，五月十五日，有刘贤士等倡议平粜碾米，须用市斗，向管仓人告求，经监生袁太卫劝阻。该犯等以袁太卫不恤人艰。即向其家分抢稻谷衣饰等物；临川县，五月十六日，有李近能、饶玉英，及随同之王绍俚等十余人，进监生余飞龙家量谷二三桶不等而散；上顿渡地方，于五月十九日演戏，匪类洪襄俚，见有载糯船泊河干，辄称米谷出境，倡言拦阻。随率同万佑俚等七八人上船，各抢米数斗而逸
	浙江	春夏之间，温台等府奸民因米贵，富户闭粜，纷纷强借强抢；黄岩、瑞安、平阳等县乡民，混向富户强借攫取各案；江邑棚民，向富户勒买米谷，兼索酒食挑运而去

① 《清高宗实录》卷193，乾隆八年五月己酉，中华书局1985年版，第481页。
② 《清高宗实录》卷195，乾隆八年六月己巳，中华书局1985年版，第501-502页。

续表

乾隆十七年	浙江	有平阳县民人甘志青寄贮租谷百余石在闽省福鼎县佃户甘世远仓内，正月初八日，平阳民刘九政等二十余人赴仓硬欲籴买，佃户不允，即打开仓门竟行挑去；临海、黄岩二县接界地方，有奸民张国彝等二十余人向有谷之家强借不遂，连抢张国祥、周德洪二家；霞浦、福鼎二县因有谷之家稔知邻境浙属温州岁歉米贵，闭籴待价，不肯出粜。遂有一二寄居棚民吕龙英、沈吉龙等与本地土棍郑大官、陈士乐等率领籴食乡民赴有谷之家，始而强买强借，既即用强搬抢，各乡民闻风效尤。自二月初五为始，旬日之内二县境内远近各乡被借被抢者共计五十余家，抢去仓谷每家自数石数十石至百余石不等
	江苏	本年正二月间因米价昂贵，有不法刁民要结成群，向有粮之家恃强硬借扒抢米石；只因春间商贩搬运者多，米价骤至二两以外，遂有江宁、靖江、通州、如皋等数处奸徒倡惑愚民，向有米之家或硬行强借，或肆行扒抢，前后据报有十余起
	安徽	马文道等结伙六人持械涂面，明火抢扒杨起鸢家粮食

资料来源：《清高宗实录》卷195，乾隆八年六月己巳，第501-502页；卷389，乾隆十六年五月，第114-115页；卷391，乾隆十六年闰五月，第144页；卷393，乾隆十六年六月，第166页，中华书局1985年版。中国人民大学清史研究所、中国人民大学档案系中国政治制度史教研室：《康雍乾时期城乡人民反抗斗争资料》上册，中华书局1979年版，第295-303页；《宫中档乾隆朝奏折》第2辑，台北"故宫博物院"1982年版，第458-459页、第910-911页。

　　长江中游三省中，湖南省抢米事件达30余起，当年湖南各州县上报的已处理案件中，"照数追谷给主者十七案，任限秋收赔偿者十五案"。[1]江西省情况更为严重，"袁州一带于二三月间，即有抢案一百六十余起。南、吉、抚、饶各属闻风效尤，旋拿旋息，此息彼起，抢案不一而足。"[2]

　　除了抢米以外，还频频出现民间自发的遏籴事件。"衡阳府属之衡阳县民陈乃立等，因阻郴州米贩及广东采买谷船，于四月十六日喊禀闹市；又永州府属之祁阳县民，于四月十六日因阻阳柱卿等贩米船只，关铺嚷闹；长沙府属之攸县民陈玉桂等，因阻文玉春贩谷船只，于四月三十日纠众闭市。"[3]福建，"南平县奸民，抑勒官府开仓平粜，聚众罢市。"[4]贵州省，"毕节县乡民，索借米谷，以及铜仁县街民罢市。"[5]

① 中国人民大学清史研究所、中国人民大学档案系中国政治制度史教研室：《康雍乾时期城乡人民反抗斗争资料》下册，中华书局1979年版，第298-299页。
② 《康雍乾时期城乡人民反抗斗争资料》下册，中华书局1979年版，第574页。
③ 《康雍乾时期城乡人民反抗斗争资料》上册，中华书局1979年版，第590页。
④ 《清高宗实录》卷191，乾隆八年闰四月，中华书局1985年版，第459页。
⑤ 《清高宗实录》卷197，乾隆八年七月，中华书局1985年版，第541页。

（二）官方应对：取消米税普免与削减常平仓储额

如前所述，乾隆前期二十年，为长江中游三省米价涨幅最快的时段。乾隆八年、十七年两度米贵时，南北多地集体出现了米价上涨。这一现象引起朝野上下的分外关注，并以"乾隆十三年米贵大讨论"的形式突出表现出来。关于乾隆十三年米贵问题，已有许多研究，仅举出一些具代表性的观点：全汉昇曾将"乾隆十三年米贵问题"视为18世纪物价革命的重要表现；[1]岸本美绪认为，乾隆前期米价贵是由于人口的增加，乾隆后期物价涨是由于货币流通量增大所致。[2]无论从何种角度解释，以上观点对于"乾隆十三年米贵"的情况都是认同的。然而，随着粮价资料的整理，人们发现，乾隆十三年的米价并未见明显上涨。因此，[3]陈春声、刘志伟的研究指出，乾隆十三年发生的米贵问题讨论的性质更像一个行政问题而非经济问题。[4]

乾隆十三年有关气候收成的文献记载与粮价资料都显示，乾隆十三年只是乾隆时期平常的一年。除上年江苏潮灾、本年直隶、山东被灾，陕西秋成歉薄，其他地区皆属气候适宜，长江中游三省同庆丰收。乾隆在这一年发起米贵讨论，似乎与情理不合。但是，如果将乾隆八年米贵与乾隆十三年米贵大讨论联系起来，观察这一段时间内发生了什么，或许会产生一些新的理解，这场由乾隆十二年底持续至乾隆十三年的大讨论，或许不只是因皇帝的片面印象而产生的。

翻阅《清高宗实录》乾隆七、八两年（1742~1743年）的记载，关于灾歉、米贵的记录非常密集。乾隆六年、七年，安徽、浙江、江苏三省迭遇水灾，米价大贵。[5]乾隆七年，湖南、湖北、江西局部遇灾，加之下游商贩采买过多，米价上涨。[6]是年夏，广东受旱，米价上涨。[7]乾隆八年春，

① 全汉昇：《乾隆十三年的米贵问题》，《中央研究院历史语言研究所集刊》第28本，1965年。
② ［日］岸本美绪「清代前期江南の物価動向」『東洋史研究』37卷4号，1979年。
③ 王业键：《The Secular Trend of Price during the Ch'ing Period（1644~1911）》，《香港中文大学中国文化研究所学报》1972年第2期；阮明道：《吴氏经商账簿研究》，《四川师范学院学报》（哲学社会科学版）1996年第6期。
④ 陈春声、刘志伟：《贡赋、市场与物质生活——论18世纪美洲白银输入与中国社会变迁之关系》，《清华大学学报》（哲学社会科学版）2010年第5期。
⑤ 《清高宗实录》卷175，乾隆七年九月庚辰，中华书局1985年版，第247页。
⑥ 《清高宗实录》卷173，乾隆七年八月，第225页；卷175，乾隆七年九月，第257页；卷187，乾隆八年三月，第418页，中华书局1985年版。
⑦ 《清高宗实录》卷165，乾隆七年四月，中华书局1985年版，第93页。

广西受旱，米价大涨，遏籴。① 广东省上年商贩入境者少，本年又遭广西遏籴，米贵。② 贵州，"黔省自交夏以来，米价昂贵。"③ 北方诸省：乾隆七年，甘肃省"凉州府属之武威、平番、永昌、古浪四县。频岁歉收，上年又被旱灾，民情甚苦。"④ 乾隆八年六月，京城"米价较往年增长。"⑤ 天津、河间夏间被旱，米价昂贵。⑥ 陕西禁止商贩运米。⑦ "山右米价，视别省加贵。"⑧

乾隆八年各处米贵与多发的抢米事件，使清政府开始对乾隆朝的米价问题产生了以往不曾有过的注意与紧张。乾隆八年四月的谕旨中这段话，使皇帝对米贵的关注显露无遗。"乃体察各处情形，米价非惟不减，且日渐昂贵。不独歉收之省为然，即年谷顺成，并素称产米之地，亦无不倍增于前。"⑨ 在密切关注地方官员处理抢米事件的效果的同时，乾隆帝也开始思索米贵的原因、找寻平抑米价的手段。

首先提出的手段是蠲免米税政策。乾隆七年四月，"将东省之韶关，及西省之梧、浔等处，米船料税豁免。"⑩ 七月，将各关米麦豆税银悉行宽免。⑪ 蠲免米税并非乾隆时期初创，据邓亦兵的研究，从顺治开始各朝已有间断性的蠲免个别税关米麦税银的政策。⑫ 但是，乾隆七年开始，将所有税关米麦豆税银全部蠲免，却是首度实行。

另一个手段是调整扩张常平仓政策。清代前期清政府一直致力于扩张常平仓储量，乾隆初期尤其如此。⑬ 乾隆三年，重启常平捐监事例，于常平仓额定谷数 2800 万石外，增定谷数 3200 余万石。⑭ 至乾隆八年，常平

① 《清高宗实录》卷 197，乾隆八年七月，中华书局 1985 年版，第 540 页。
② 《清高宗实录》卷 183，乾隆八年正月，中华书局 1985 年版，第 369 页。
③ 《清高宗实录》卷 195，乾隆八年六月壬申，中华书局 1985 年版，第 504 页。
④ 《清高宗实录》卷 159，乾隆七年正月甲申，中华书局 1985 年版，第 11 页。
⑤ 《清高宗实录》卷 194，乾隆八年六月己未，中华书局 1985 年版，第 493 页。
⑥ 《清高宗实录》卷 195，乾隆八年六月辛未，中华书局 1985 年版，第 502 页。
⑦ 《清高宗实录》卷 198，乾隆八年八月丁巳，中华书局 1985 年版，第 546 页。
⑧ 《清高宗实录》卷 203，乾隆八年十月己卯，中华书局 1985 年版，第 622 页。
⑨ 《乾隆朝上谕档》第 2 册，乾隆八年四月十六日，广西师范大学出版社 2008 年版，第 842-843 页。
⑩ 《清高宗实录》卷 165，乾隆七年四月，中华书局 1985 年版，第 93 页。
⑪ 《清高宗实录》卷 170，乾隆七年七月，中华书局 1985 年版，第 166 页。
⑫ 邓亦兵：《清代前期抑商问题新探》，《首都师范大学学报》2004 年第 4 期。
⑬ 刘翠溶：《清代仓储制度稳定功能之检讨》，载陈国栋、罗彤华主编：《经济脉动》，中国大百科全书出版社 2005 年版，第 317-346 页。
⑭ 《清高宗实录》卷 61，乾隆三年正月庚午，中华书局 1985 年版，第 7-8 页。

仓已收捐谷 600 余万石。乾隆八年因丰年米贵，清政府一方面实施普免米豆税银来促进流通、平抑米价，另一方面对常平仓扩张政策也进行了调整。乾隆八年四月的谕旨中明确提出，米贵"实系各省添补仓储，争先籴买之所致。从前议于各省额设，常平二千八百余万石之外，令各省举行纳粟入监之例，增定谷数三千二百余万石，原期实仓庾以备缓急。乃诸臣奉行不善，经数年之久，所收捐谷，仅六百余万石，而米价无处不昂。"① 在该上谕中，乾隆指出导致米贵的两个主要原因：其一，常平采买以外，各省举行纳粟入监之例阻碍市面米谷通行量；其二，众多省份集中于产米地采买，共同抬高了产米地的米价。因此，谕旨中下令各省暂停纳粟收监以及邻省采买两项。

那么，乾隆七年到十三年（1742~1748 年），这两项政策的效果到底如何呢？

如果站在乾隆十三年这一时点向前看，免除税关米麦豆税已经有 7 年。乾隆八年至十三年，国内除贵州价格相对稳定，广东、广西、甘肃略有下降之外，长江中下游等地仍然在平缓上升。乾隆十三年，苏州米价为 2.04 两/石，杭州米价为 1.85 两/石，泉州米价为 1.87 两/石，分别较乾隆八年高出 0.45 两/石、0.24 两/石、0.25 两/石。长江中游地区，汉阳米价为 1.23 两/石，较乾隆八年上涨 0.06 两/石。九江自乾隆八年后，米价一直徘徊在 1.3~1.4 两/石；长沙米价在 1~1.1 两/石。很显然，这些省区的价格较乾隆八年以前大都有了明显的上涨。与此同时，蠲免粮税银导致浒墅关等以粮税为主的税关收入明显下降。"浒墅关税课米谷麦豆之税居其大半，今既奉文免征，则亏缺甚多。"②

皇帝对米豆税蠲免政策的效果也并不满意。乾隆十年三月戊戌，谕："朕前降旨宽免各关米麦税银，所以纾商力而平粮价。……近日以来，各省所报米粮过关之数，日见其多，而税课交官之数，日见其少。即如临清关，七年免过米麦税一万七千二百九十余两，八年即免过米麦税四万七千三百余两；淮安关，七年免过米豆税十九万三千四百余两。八年即免过米豆税二十五万六千八百余两；浒墅关，乾隆七年一年免过米豆税二十一万二千余两，八年分四个月即免过米豆税九万六百九十余两。再临清关，六

①《乾隆朝上谕档》第 2 册，乾隆八年四月十六日，广西师范大学出版社 2008 年版，第 842–843 页。
② 宫中朱批奏折，乾隆七年十一月十三日浒墅关监督安宁奏折，中国第一历史档案馆藏。

年缺额八千四百余两，七年即缺额一万五千二百六十余两；由闸，七年缺额一万一百五十余两。其他关口，大率类此。夫年岁即有不齐，而每年过关米粮，其多寡之数，大约不甚悬殊。若果过关米豆，递年有加，则彼处米豆价，即应大平。何以各督抚所奏粮价摺中，又未有较往年大平之处。"①

从乾隆七年至十三年，米贵问题并未得以遏制，而蠲免米豆税银的弊病却十分突出，这促使乾隆常开始思考变更平抑粮价的手段。乾隆十一年六月辛卯，谕："朕思加惠商民，恩施格外，于乾隆七年四月内，特降谕旨，将各关向来例应征收之米豆税课，悉行蠲除。原因小民朝饔夕飧，惟谷是赖，免其输税，则百谷流通，粮价必减，民食可得充裕。恤商正所以惠民也。自免税以后，各关所报过关之米，果日见较多于前，而价值并未平减，且反增加。朕细加谘访，皆因商人惟利是图，不知朕恩，并不肯因免税之故，稍减价售卖与民。且过关之时，隐匿夹带，种种透漏。胥吏又乘势为奸，刁蹬勒索，以致米价转昂，百姓并未受益……嗣后如果年岁歉收，而米价昂贵，尚属情理中事；若遇丰收之年，米粮贩运者多，其价仍未平减，则明系奸商教而不改，怙过不悛。此减赋之恩，专为商人之所垄断，不能使草野均沾。是朕以国家之制赋，为无益之蠲除，转不如照例征收，使帑项有余……"②至乾隆十三年十一月，全面停止米豆税蠲免政策，各关开始恢复米豆税银的征收。③

关于常平仓政，虽于乾隆八年减去增定仓额数，并暂停外省采买以及捐监收米米例，然而反隔一年便又重新恢复了捐例及采买。④此后，各省常平仓仍在扩张，至乾隆十三年全国常平仓谷额数已达4800万石。⑤从乾隆十二年（1747年）底，皇帝开始转向以调整常平仓政策来平抑米价，由此产生了备受关注的"乾隆十三年米贵问题"。在这一年，皇帝召集各省大员围绕米贵问题进行了一场规模浩大的讨论。乾隆十三年正月至六

①《清高宗实录》卷237，乾隆十年三月戊戌，中华书局1985年版，第51–52页。

②《乾隆朝上谕档》第2册，乾隆十一年六月二十七日，广西师范大学出版社2008年版，第109–110页。

③《乾隆朝上谕档》，第2册，乾隆十三年十一月二十三日，广西师范大学出版社2008年版，第256–257页。

④《清高宗实录》卷209，乾隆九年正月壬寅，第690页；卷211，乾隆九年二月癸酉，第714–715页，中华书局1985年版；和卫国：《乾隆前期纳谷捐监研究》，载朱诚如、王天有主编：《明清论丛》第七辑，紫禁城出版社2006年版。

⑤（清）昆冈：《光绪朝大清会典事例》卷190，《户部·积储》，台湾中文书局影印版，第56页。

月，共 14 个省区、13 位督抚向皇帝奏报了个人关于米贵的看法。在这 13 份关于米贵的解释中，居首位的理由是户口日增。几乎所有奏报都将人口增长视为米贵之源头。以湖南巡抚陈宏谋的观点最具代表性。"米谷之贵，由于买食者多。"① 除此以外，还有囤积居奇、风俗日奢、常平积储、采买失当等原因。大家虽各执一词，但都将目光投注于常平仓以及仓储采买体系的检讨。综合各地督抚的"采买过多，米价益昂"之意见，乾隆帝改弦更张，正式停止了常平仓扩张政策。乾隆十三年七月辛丑，谕："常平积贮，所以备不虞。而众论颇以为采买过多，米价益昂。因思生谷止有此数，聚之官者太多，则留之民者必少。固亦理势之自然。溯查康熙雍正年间，各省常平已有定额。朕以积贮为要，故准臣工奏请，以捐监谷石、增入常平额。虽益仓储，实碍民食。朕既知初意之失，不可不为改弦之图。直省常平贮谷之数，应悉准康熙雍正年间旧额。其加贮者，以次出粜，至原额而止。或邻省原额不足，即就近拨运补足，所需运价，照例报销。"② 此后，当类似乾隆八年的米贵事件于乾隆十七年再度发生后，长江中游地区督抚向皇帝申诉米贵时，重点仍旧集中于对官方采买的检讨，强调自由流通的重要性。③

以上大致论述了乾隆前期政府为平抑米价所作的各种尝试与变化。在乾隆七、八年间，为平抑米价，同时实施了普免米豆税、调整扩张常平仓储两个政策。实行了 7 年，普免米豆税造成数年来国家税收的减少，却未能如预期的那样有力控制米价的上涨。因此，到乾隆十三年，清政府取消了米豆税银的普免政策，转向调整常平仓储。以乾隆十三年为界，清政府为平抑米价所实施的手段发生了显著的变化：乾隆十三年以前的调控手段以蠲免米税为主；乾隆十三年后，开始以停止扩张常平仓储为主要手段来平抑米价。

普免米豆税银，是通过政府让利的方式鼓励商人流通，以促进各地米价的平衡。而放弃扩张，削减常平仓储，实际上也是国家在一定程度上放松了对市场米谷流通的干预，仍然是鼓励以民间流通来平抑价格。可以说，虽然手段变化了，但是目标仍是一致的。由此来看，乾隆前期政府为

---

① 《清高宗实录》卷 311，乾隆十三年三月，中华书局 1985 年版，第 99 页。
② 《清高宗实录》卷 319，乾隆十三年七月辛丑，中华书局 1985 年版，第 243 页。
③ 《宫中档乾隆朝奏折》第 4 辑，乾隆十七年十一月十二日署理湖南巡抚范时绶奏折；乾隆十七年十一月廿二日暂署江西巡抚鄂容安奏折，台北"故宫博物院"1982 年版，第 304、388 页。

平抑米价所作的尝试，充分反映了政府在积极寻求代表政府手段的常平仓政策与代表市场手段的流通政策之间建立一种平衡与协作，以实现稳定米价的诉求。

（三）地区农业结构的变化

乾隆前期米贵对民生的影响是直接而尖锐的。在人口日益增长、米价有增无减的形势下，人们在积极寻找各种方法，以增加耕地面积、增加单位面积收成、获取更多更便宜的食物。这一阶段，长江中游地区农业开发出现了四方面影响深远的变化：湖区平原的垸田开发，玉米、甘薯等杂粮的推广、长江中游地区复种制的推广以及江西烟草、加工业的发展。

第一，垸田开发。江汉平原、洞庭湖平原与鄱阳湖平原是长江中游地区重要的产米地。因地滨江湖，地势低下，唐宋以来，围垦堤垸逐渐成为湖区开发的主要形式。堤垸围垦自明代已经有很大发展，但在明清鼎革之际，受到破坏；康熙以后逐渐恢复发展。到了乾隆时期，湖区垸田开始急剧扩张，尤其是乾隆前期势头最盛。湖南省洞庭湖区，长沙府湘阴、益阳、长沙，常德府的武陵、龙阳、沅江，岳州府的巴陵、华容，澧州的澧县、安乡等地，除华容、安乡在明代已有开发外，其余地区的垸田则主要是在清代前期的开发成果。[1] 以湖南湘阴县为例，清代所筑一百多处堤垸，绝大部分完成于乾隆前期十数年间。[2] 这些府州皆属重要产米区，也是湖南省粮食输出的主要地带。

第二，扩展双季稻作、稻麦连作，提高土地复种率。在康熙时期，长江中游地区仅有个别地区实行双季稻作。至乾隆时，双季稻作几乎覆盖了江西全省。乾隆《会昌县志》载："会邑三十年以前种翻稻者十之二，种麦者十之一，今则早稻之入不足以供，于是有水之田至秋尽种翻稻。"[3] 湖南省双季稻作推广自雍正时期开始，但收效甚微。乾隆八年米贵之后，吏部左侍郎署湖南巡抚蒋溥再度奏请在湖南推广双季稻。[4] 很快，湖南省地方官员便在省内进行了一番雄心勃勃的尝试。[5] 湖北省的双季稻作记载不多，

① 龚胜生：《清代两湖农业地理》，华中师范大学出版社 1996 年版，第 86 页；《湖南通鉴》，收入湖湘文库编辑出版委员：《湖湘文库》乙编 4 号，湖南人民出版社 2008 年版，第 368 页。

② 张建民：《清代江汉—洞庭湖平原堤垸农业的发展及其综合考察》，《中国农史》1987 年第 2 期。

③ 乾隆《会昌县志》，《土物》。

④《清高宗实录》卷 197，乾隆八年七月，中华书局 1985 年版，第 539 页。

⑤ 谭天星：《乾隆时期湖南关于推广双季稻的一场大论战》，《中国农史》1986 年第 4 期。

但在乾隆中期小麦种植迅速在江汉平原以及鄂东丘陵地带普及，实现了稻麦连作制的推广。

第三，推广杂粮种植。山区杂粮的推广是乾隆中期出现的新事物。玉米种植自康熙时期仅在两湖地区个别地区种植，至雍正改土归流，加速了湘鄂西山区的开发，乾隆初期以来其种植逐渐推广。据乾隆三年（1738年），湖南镇算总兵谭行义的奏折，"湖南辰、沅府，乾州、凤凰、永绥三厅苗疆地方山多地少，其米谷已经收成，颇为丰稔，而山地杂粮如粟米、高粱、荞麦、黄豆等正当刈获之时。"乾隆四年（1739年），湖南永州镇总兵冯廷雄八月初十日奏，"但各州县水田之外平壤颇少，各色豆菽杂粮农民种植不多，亦不藉以为日食，然今岁亦获全收。"①

两份奏折中皆未提及玉米，可知乾隆前期玉米尚未成为湘鄂西、湘南山区的主要作物。但经历过乾隆前期的米贵事件，这一情形迅速被改变。乾隆十七年（1752年），湖南按察使奏报，"至各属上年米少价贵，是以今年民间多添种苈麦、包谷、杂粮之类。永顺、辰沅及靖州等属苗地，尤资杂粮糊口。今年所种亦较多于往年。"②

乾隆十八年（1753年），湖广总督开泰奏，"楚省所属产有包谷一种，即京中所谓玉米者，民间每于山头崖侧地角田边零星布种。其性易生，兼耐旱涝……力田之家藉以佐米粮之不足。约略每一株结五六包及二三包不等。以每包百粒计之，收成不啻百倍，是以近年以来种植者日益加多……现据襄阳府、随州、东湖县禀覆，各称可买二三千石，四五千石不等，尚有数处未经覆到，核其大势如二万石内外。"③次年二月，又奏"已在湖北通山县、随州、襄阳府及湖南澧州、常德等地购买了二万石玉米运往苏州。"④

在灾歉的刺激下，乾隆中期，玉米种植在两湖地区的推广极为迅速，在湘鄂西山区已经成为主要杂粮，甚至替代稻谷作为主食。在湘南山区郴州、永州府，以及湘东浏阳县，也有不少种植。⑤湖南辰州府，"山家岁倚

---

① 葛全胜：《清代奏折汇编——农业、环境》，商务印书馆 2005 年版，第 23、30-31 页。
②《宫中档乾隆朝奏折》第 4 辑，乾隆十七年十一月二十日湖南按察使沈世枫奏折，台北"故宫博物院"1982 年版，第 364 页。
③ 葛全胜：《清代奏折汇编——农业、环境》，商务印书馆 2005 年版，第 131 页。
④ 葛全胜：《清代奏折汇编——农业、环境》，商务印书馆 2005 年版。
⑤ 龚胜生：《清代两湖农业地理》，华中师范大学出版社 1996 年版，第 130-134 页。

之，以供半年之粮"。① 永顺府桑植县，"包谷山民资以为食，兼以作酒，能贩给他境"。② 湖北东湖县，"自夷陵改府后，土人多开山种植。今所在皆有。乡村中即以代饭，兼可酿酒。"③ 襄阳府，"有秋，一名玉高粱，最耐旱。近时南漳、谷城、均州山地多产之，遂为贫民所常食。"④ 竹山县，"谷之属，除稻、秋、麦、菽外，山中惟高粱、玉蜀黍，所恃以为饔飧者。"⑤ 房县，"包谷……自乾隆十七年大收，数岁山农恃以为命，家家种植。"⑥ 乾隆十七年（1752 年）开始，湖北省常平仓储新增了玉米这一品种。⑦

玉米因其种植容易，对环境要求不高，且收成颇高。"因其不便囤积，商贩无可垄断居奇，每石不过值银六七钱上下，较之米价不及一半。"乾隆中期，湖南各地米价皆在 1 两/石以上，湖北米价在 1.2 两以上，玉米每石较米价低三四钱至五六钱，对于山民来说具有极大的吸引力。

甘薯在湖南省的种植时间与玉米大略相同。乾隆前期，在洞庭湖区已经有所种植，清中期湘南山区已经极为普遍。⑧ 正是玉米、红薯等在湘鄂西、湘南山区及湘中地带大面积种植，当地居民以杂粮充当主食，将更多的米谷投入市场，从而缓解了市场对米谷的需求。

乾隆中期以来，番薯、玉米等杂粮在江西省赣南与赣东北山区也有所推广。乾隆时期，赣南地区大庾、安远、龙南、龙泉、雩都、瑞金等县皆开始种植番薯、玉米。瑞金县，"向时此种尚少，近年比户皆种，用代杂粮，可充腹。"⑨ 广信府，"近更有所谓苞粟者，又名珍珠果，蒸食可充饥，亦可为饼饵，土人于山上种之，获利甚丰。"⑩ 但全省种植规模远不及湖南省。山区地带推广以杂粮取代米谷成为日常主食已是嘉庆以后的事了。⑪

① 乾隆《辰州府志》，《物产》。
② 同治《桑植县志》卷 2，《风土·土产》。
③ 乾隆《东湖县志》卷 5，《疆域下·风俗·物产附》。
④ 乾隆《襄阳府志》卷 6。
⑤ 嘉庆《竹山县志》卷 45。
⑥ 同治《房县志》卷 11。
⑦《宫中档乾隆朝奏折》第 4 辑，乾隆十七年十二月初五日湖北巡抚恒文奏报民数谷数折，台北"故宫博物院"1982 年版，第 519 页。
⑧ 龚胜生：《清代两湖农业地理》，华中师范大学出版社 1996 年版，第 139–145 页。
⑨ 乾隆《瑞金县志》，《物产》。
⑩ 同治《广信府志》卷 132，转引自乾隆四十八年《广信府志》。
⑪ 曹树基：《明清时期的流民和赣北山区的开发》，《中国农史》1986 年第 2 期。

第四，烟草种植、加工业的发展。江西省的情况与两湖地区略有不同。赣南、赣东北山区的种植条件比湘鄂西山区要好许多，尤其是赣南，在明中期已经成为重要的米谷输出区。但是，明清鼎革以后，出现了一些新的变化。从清初开始，赣南山区已有大片地区种植烟草，乾隆以后种植面积仍在扩张。

江西烟草种植始于明末清初，首先由福建、广东迁入江西赣南山区的流民传入赣南、赣北山区，并迅速在赣南山区扩展。康熙时，石城县，"城郭乡村开刳烟厂不下数百处，每厂五六十人，皆自闽粤来。"谢重拔《禁烟议》论述康熙时瑞金种烟情况，"乃连阡陌，烟占其半"，"一邑之田既去其半不树谷，又岁增数万刳烟冗食之人，且日引领仰食于数百里外下流之米。"① 雍正《江西通志》赣州府部载："各县皆种，而瑞金尤甚。"乾隆《赣州府志》："烟……赣属邑遍植之，甚者改良田为烟畲，致妨谷，收以获利，闽贾争挟赀觅取。"② 南安府大庾县，"种谷之田半为种烟之地。"③ 至乾隆时期，赣南种烟地区已经覆盖至整个赣南并形成了一个颇具规模的烟草种植与加工中心，瑞金县为烟草种植中心，大庾县为西部的烟叶生产中心。④

与此同时，赣北山区的烟草种植与烟叶加工也获得显著发展。赣东北广丰县在乾隆时为东北重要产烟地。乾隆《广信府志》载："广丰烟叶盛行于闽，或谓禁之，岁可增粟千万。"⑤ 足见种烟面积颇大。县内有洋口墟，有行铺千余家，烟叶、菜油为大宗商品。⑥ 赣西北，修水县在清初时，亦有广东客民迁入此地，种烟为生。⑦ 尤其值得注意的是，鄱阳湖平原的南昌县在乾隆时期也开始种植烟草。⑧

乾隆八年（1743年），江西省米价极贵，引发了江西巡抚陈宏谋的危机意识，在找寻米贵之原因时，他将目光投向了烟草种植。"今日之耗农功而妨地利者，莫如种烟一事。……如直隶、山东、江西、湖广、福建等

---

① 康熙《瑞金县志》卷8，《纪言》，《禁烟议》。
② 乾隆《赣州府志》卷2，《地理·物产》。
③ 乾隆《大庾县志》，《物产》。
④ 曹树基：《明清时期的流民和赣南山区的开发》，《中国农史》1985年第4期。
⑤ 乾隆《广信府志》卷2，《地理·物产》。
⑥ 乾隆《广信府志》卷2，《地理·乡都·墟镇附》。
⑦ 曹树基：《明清时期的流民和赣北山区的开发》，《中国农史》1986年第2期。
⑧ 乾隆《南昌县志》卷3，《土产》。

省，种植尤多，陇亩相望，谷土日耗。且种烟之地，多系肥饶。……"①因此，他提出了禁止种烟的条例。

但陈宏谋的提议似乎并未得到积极响应与实施。在他的奏报中，除江西省外，还提到福建等诸多省份。福建巡抚周学健特向皇帝禀明了福建查禁种烟之难处，得到皇帝如此答复："大学士等所议陈宏谋折，原非尽令各省一概禁止种烟也，亦云因时制宜，劝谕而已。况闽省尤不能行止令，想汝错会意矣。"②据《清高宗实录》记载，在乾隆元年、三年、八年、十六年、六十年间，皇帝对于禁止种烟问题曾做过数次批示。从这些批示中可见，皇帝保持着一贯的观点，认为民间种烟自有其情理，官为禁止却易多生事端。③因此，陈宏谋禁止种烟的设想并未得到皇帝实际支持。而在他管辖期间，江西省内禁烟实际效果似乎也并不理想。实际上，乾嘉时期，江西省种烟区仍在扩大，如建昌府新城县已成为新的种烟区。"盖吾邑烟叶向凭商贩自土广饶有闲地栽烟之处，今则外郡客转贩烟于新城。""近来烟之多，年甚一年。"④

显然，乾隆时期，江西省种烟并未受到遏制，并且还逐渐发展。而这一客观事实，也的确影响到江西省内局部地区的粮食供应。乾隆初期，时人谈及大庾县种烟情况，"在三十年以前，谷贱农伤，故种他植以取利，今则谷价到处皆倍……种谷之田半为种烟之地，粮食安得不日少而贵乎？"⑤新城县，"尝合四乡绅耆，问讯以（种烟）占去禾亩及禾亩皆瘠坏并人力灰粪不足之数，通计之，合大小业约少谷十余万计。"

以上农业格局的变化，有些在短期内即产生了显著效果。如玉米、甘薯等杂粮的引进，很快取代大米成为中游山乡人口的日常主食；同时，随着杂粮逐渐向产米区推广，也保证了中游地区粮食商品量。而双季稻、稻麦复种等变化带来的意义，可能到嘉庆以后才逐渐凸显。总体来说，这些变化使中游三省米价在乾隆中期涨幅明显放缓，处于相对稳定的水平，也促进了乾隆中后期长江流域长距离米谷贸易达到鼎盛。

---

① 《清高宗实录》卷194，乾隆八年六月癸丑，中华书局1985年版，第489页。
② 《清高宗实录》，卷207，乾隆八年十二月，中华书局1985年版，第676页。
③ 《清高宗实录》卷83，乾隆三年十二月，第321-322页；卷194，乾隆八年六月癸丑，第489页；卷207，乾隆八年十二月，第676页；卷397，乾隆十六年八月壬戌，第397页；卷1492，乾隆六十年十二月辛巳，第963-964页，中华书局1985年版。
④ 同治《新城县志》卷1，嘉庆十年大荒公禁栽烟约。
⑤ 陈支平：《清代江西粮食运销》，《江西社会科学》1983年第3期。

第四章　清代长江中游地区米谷流通与市场

　　清代长江中游三省为主要粮食输出区，而下游安徽、江苏及东南地区的浙江、福建四省，为江广三省米谷主要输出对象。长江流域米谷流通大致分作以下几段主要路线：第一段，湖南、四川米向湖北集中，再顺流而下运往安徽、江苏；第二段，江西米由九江出口，顺流进入安徽、江苏；第三段，长江中上游米谷集中于苏州枫桥一带，再转运至浙江、福建。

　　第一段线路，湖南、四川米运到湖北汉口集中后，会有一部分落地，供应当地的消费。此外，大宗粮食直接由汉口转运下游。当湖北灾歉时，会有较大部分为湖北省吸收。甚至有时湖北也有商人专程往四川、湖南买米。乾隆四十三年，四川总督文绥奏，"据川东道陈燮禀称，重庆下游商贩流通并无阻遏。并传询在重楚商，据称，皆系贩货赴川，销售获银买米。现在米船陆续下楚。"①

　　第二段线路，在乾隆后期也曾出现逆流的现象。乾隆五十年、五十八年，因湖北旱灾米贵，曾有数十万石江西米运往湖北。乾隆五十八年八月，穆克登奏，"奴才伏查，九江关向来经过米船均系上游之四川湖广及江西本省商贩运往下游江南等处售卖，并无自下游载往湖广上游之事。……查自六月初一日起至八月二十日止，过关往上游湖北米船共一千八百二十九只，均系客贩，并无执照……是现在湖广江南均在江西贩运。"②

_____

① 《宫中档乾隆朝奏折》第44辑，乾隆四十三年九月初十日四川总督文绥奏折，台北"故宫博物院" 1982年版，第743页。
② 宫中朱批奏折，乾隆五十八年八月二十一日江西广饶九南道穆克登奏报查办开粜仓粮接济湖北民食事，中国第一历史档案馆藏，档号04-01-35-1180-025。

第三段线路，以苏州米市为长江流域米谷贸易之终点。"四川湖广米船向以苏州为总汇之地。"① 当安徽粮价贵时，也会有较大部分在进入江苏以前被上游吸收。

长江中游三省内部，以湖南省为最稳定的粮食输出区。"新米入市，即为商贩转运出境，有去无来。"② 其次为江西省。"江西地方民知重农，凡仰事俯育并公私费用悉取给于稻谷，每于秋收后，将所获之谷出粜备用。商贾贩运不绝，源源流通。"③ 米贵之时，偶尔也需仰给于川、湘米。"江西虽素称产米，究不及川楚之多。丰稔年岁，互相流通，已不免有挹彼注兹之势。"④ 湖北省在中游地区的供应能力处于弱势，乾隆后期常需其他两省接济。除商米流通之外，还有官方采买船只往来于中下游之间。"惟是常年补仓米数，悉从江西湖广购买。九江界连四省，采买之船只络绎不绝。"⑤ 湖北的采买船只则集中于四川、湖南。

粮食体大价轻，水运是最便捷低廉的运输方式。长江中游内部水网密布、水运便利，粮食运输以水运为主；在水运条件相对不便的地区则采用水陆接运或者陆运。因此，本章结合水、陆运道对长江中游三省内部以及跨省之间的米谷流通运道进行梳理。⑥

① 《宫中档乾隆朝奏折》第 60 辑，乾隆五十一年六月十六日两江总督李世杰奏折，台北"故宫博物院"1982 年版，第 743 页。
② 《宫中档乾隆朝奏折》第 44 辑，乾隆四十三年八月二十五日湖南巡抚李湖奏折，台北"故宫博物院"1982 年版，第 629 页。
③ 《宫中档乾隆朝奏折》第 4 辑，乾隆十七年十一月廿二日暂署江西巡抚鄂容安奏折，台北"故宫博物院"1982 年版，第 388 页。
④ 《宫中档乾隆朝奏折》第 61 辑，乾隆五十一年九月十六日江西巡抚何裕城奏折，台北"故宫博物院"1982 年版，第 518 页。
⑤ 宫中朱批奏折，乾隆五年正月二十五日管理九江关务唐英奏请敕定采买米谷之船料事，中国第一历史档案馆藏，档号 04-01-35-018-0163。
⑥ 关于长江水系粮食流通路线已有多位学者进行过系统梳理。笔者试图在考察市场整合时引入米谷流通运道这一线索，文中将长江中游视为一个整体，着重细化跨省区的流通运道。事实上，这些不太被注意的运道对于清代前期长江中游市场布局的形成发挥了不可忽视的作用。

第一节 清代长江中游的米谷流通

一、主要运道

1. 湘江流域

湖南省内湘、资、沅、澧四条水道由南向北，连通九府四直隶州，汇于洞庭，其中，湘江水运能力居四水之首。湘江流域永州府及湘中地区衡州、长沙等府是著名产米区，汇集上游郴州等所产米谷，顺流而下，经洞庭湖输出。

永州府祁阳县有米谷输出。嘉庆《祁阳县志》载："祁邑素称产米之乡。询诸父老，二三十年前，客商贩米至湘潭汉镇者，岁率十余万石，故邑中银钱流通不匮。"① 衡州府衡阳、清泉、衡山县为米谷产区。"衡州府属之衡阳县，素称出米之区，有运下江南浙江者。"②

湖南省会长沙府是省内米谷交易最活跃地带。湘潭是湘江流域最大的米市。"湖南米谷自衡州而下，多聚卖于湘潭。大约视湖北、江南之时价为低昂，倏增倏减。"③ 长沙县，"所需者日用之常资，惟米谷充积，业商贩则碓户米坊而已……秋冬之交，淮商载盐而来，载米而去。"④ 宁乡县，"土产无珍奇，所宝惟谷，所运惟米。"米谷主要经船运至长沙靖江出售，直到清后期，输出数量仍然可观。"通计靖江行枭去米数，囊三四十万。"⑤ 攸县，"惟贩运米谷，往来衡湘，下洞庭。……且攸邑银钱，所由不匮，亦止恃此米谷流通。"⑥

① （清）陈玉祥：同治《祁阳县志》卷22，风俗，转引自嘉庆《祁阳县志》，《风俗》。
② （清）赵申乔：《赵忠毅公自治官书类集》卷6，《奏疏》，《续修四库全书》第880册，《史部·政书》，上海古籍出版社1996年版，第731页。
③ 乾隆《湘潭县志》卷13，《风俗》。
④ 嘉庆《长沙县志》卷11，《风土·商贾》。
⑤ 同治《续修宁乡县志》卷24，《风俗·习尚·商》。
⑥ 同治《攸县志》卷18，《风俗·商贾》。

2. 洞庭湖区

洞庭湖为湘、资、沅、澧四水所汇聚,吞吐长江水。考古显示,洞庭湖西北部是两湖平原最早开发地带之一。①南宋时,"自湖南至于鼎、澧,苟非歉岁,则商贾兴贩,舻舳如云。水溢则必由华容,水落则必出巴陵。"②经过明清的垸田开发,更是两湖平原重要的稻米输出区。常德府武陵县,"境内产鱼米油茶为最,黔蜀闽广江浙陕豫之商毕集。"③澧洲府津市是澧州最大的市场。"澧商埠以津市为扼要,自庸桑诸县,所出诸产,胥集于是,以贩运武汉而易外货,以散卖各地。"④

四水汇入洞庭后,达鹿角,过新墙河口,与荆江汇于岳州城下,再北至城陵矶出而为长江。岳州府作为湖南门户,承担了湘米进入长江流域米谷贸易的重要转运职能。康熙时期记载:"岳州之米自湖南来,七日之中,亦不下三十余万石计。"⑤有清一代,经岳州出口的湘米规模皆极为可观。据光绪二十四年《湘报》载云:"查岳州为湖南门户,出口货以谷米杂粮为大宗,每岁若逢畅旺,其数量将及五百万石有余,运至汉口销售。"⑥

另外,洞庭湖西岸与荆州府一衣带水,通过虎渡河等长江分水道,将洞庭湖米谷运往荆州。荆州石首县,"列货山,在县东三十里。下有小港,南通洞庭湖。每水潦泛溢,舟艇辄舣山下。商贾载货贩贸焉。"⑦这条史料记述了明代时荆州府与洞庭西岸地区的米布贸易已经很活跃。

3. 荆江流域

长江水道湖北段亦称荆江。长江出三峡,自宜昌府向东;横穿两湖平原,连接荆州与洞庭湖北部,中途纳入沮水等支流,带动两湖平原西侧米粮向荆州府汇集。荆州府为湖北省重要产米地,沙市是湖北西部最大的米谷集散地,吞吐荆州与洞庭湖部分地区米谷⑧,"商贾萃集,粮食充饶。"⑨

① 梅莉、张国雄、晏昌贵:《两湖平原开发探源》,江西教育出版社 1995 年版,第 27 页。
② (宋)王炎:《双溪类稿》卷 20,《上章岳州书》,收自王云五主编:《四库全书珍本三集》卷 271,台湾商务印书馆 1900 年版,第 21a 页。
③ 嘉庆《常德府志》卷 13,《风俗考》。
④ 民国《澧县县志》卷 3,《实业志·商业》。
⑤《康熙朝汉文朱批奏折汇编》第 2 辑,康熙四十八年湖北巡抚陈诜奏折,档案出版社 1985 年版,第 463 页。
⑥《湘报》,《中国近代期刊汇刊》第二辑,《郭鹏等为筹办学堂禀》,中华书局 2006 年版。
⑦ 同治《石首县志》卷 1,《方舆志·山水》。
⑧ 梅莉、张国雄、晏昌贵:《两湖平原开发探源》,江西教育出版社 1995 年版,第 247 页。
⑨《宫中档乾隆朝奏折》第 69 辑,乾隆五十三年八月十六日湖广总督华沅奏折,台北"故宫博物院"1982 年版,第 246 页。

荆门直隶州的米粮亦汇集于此。"沮水水量多时，民船可达长江，抵沙市。"① 其他还有公安县黄金口、石首县黄金堤等著名的米市。明代袁宏道《舟行黄金口同散木王回饮》诗如此描述："小港芦租户，低仓米税船。"② 石首县，"米市，县治西南，距城三里。旧与长街相连，为水陆并辏，诸货毕集之所。"该米市设于乾隆初年，乾隆二十年后因江水冲决，"贸易者皆迁于（县治南五里的）黄金堤。"③

值得注意的是，江、汉二水间存在多条水道，联系了襄阳、荆江乃至湖南洞庭湖区的米粮流通。自樊城顺襄河直下，可抵安陆府潜江县大泽口；自大泽口往南，又有支河抵达荆州府丫角庙。自襄阳至唐、白河，南下入南漳沮、漳二水，亦可通江陵县。荆江与洞庭之间亦有内河，澧州、常德的米谷可直通沙市。白杨潭，南达洞庭、北抵黄金堤，"南河往来贸易舟船多集于此。"④

荆江接入洞庭湖水系后蜿蜒向东北，进入武昌、汉阳二府，转向东南自黄州府出湖北。武昌梁子湖，西通金口，东通樊口，是重要产米区。嘉庆以前设有米行。⑤ 黄州府广济县，"山居资稻，水居资棉，属岁稔则山民百里负担而致稻水滨，斗米不能得一钱。"米粮贸易主要在县内三镇进行。"田镇、武穴、龙坪，商贾五方杂处，惟盐其大。"米由山乡运往滨江三镇，以易布、盐。⑥

4. 汉水流域

汉水发源自陕西汉中，由鄂西北向东南，于汉口汇入长江。汉水中游郧阳、襄阳二府平原谷地，多产米谷。襄阳县，"泥嘴，距城三十里，其西山多稻，聚米为市，舟车运载，襄樊资之。"襄阳府樊城镇扼鄂、豫、陕三省交通要道，为鄂西北最重要的市镇。由樊城顺流而下，可抵汉口；溯流而上，可与陕西汉中、兴安府相联系；自小江口入淅川，可抵商州；自唐白河连接河南，直抵赊旗镇。府内光化、襄阳、南漳、枣阳等县米粮、陕南米粮，乃至河南南部麦豆杂粮皆集中于此转运，并汇集汉水中下

① ［日］東亞同文會編：《中国省别全志：第9卷·湖北省》，第131页。
② 同治《公安县志》卷1，《地舆·山川》。
③ 乾隆《石首县志》卷3，《建置志·乡镇》。
④ 同治《石首县志》卷1，《方舆志·津梁附》。
⑤ 同治《江夏县志》卷5，《风俗志十·商贾》。
⑥ 康熙《广济县志》卷4，《物产》。

游产米区的米粮向汉口集中。安陆府天门县，"皂角扼杨须、柳家之冲，有水道自东南流入襄河，逶迤达于大江，通商贾。"交易以布、粟为主。①岳口镇临襄河，便舟载，也为米谷聚集地。德安府通过涢水接入汉水，安陆县城西有布市口、米市街，西门外有码头、街市。②云梦县万金桥，"县城东门外濠上，阛阓比栉，贸易米粮之所。"③

汉阳府居长江、汉水交汇处，汉口镇为湖北省最大商业市镇，"盖十府一州商贾所需于外部之物无不取给于汉镇，而外部所需于湖北者，如山陕需武昌之茶，苏湖仰荆襄之米……亦皆取给焉。"汉口也是省内最大粮食集散地。"谷、苞谷、大小麦、小米、黄豆、绿豆、红豆、黑豆、饭豆、芝麻，来自四川、陕西、湖南及本境襄阳、郧阳、德安诸府。"④

5. 赣江流域

赣江为江西省内最主要水道，与抚河、信江、饶河各水分别自西、南、东北三面汇入鄱阳湖区。赣江自赣州府发源，南流经吉安、临江、南昌进入鄱阳湖，经九江与长江相连。沿途皆属产米区，米谷即顺流而下。

赣州府，"如南昌、临江、吉安诸郡告急时，时输两关粟济之下流。""秋冬巨艘衔尾蔽江而下，果腹在邻封矣。"⑤各县米谷由贡水向府城集中。康雍时期兴国知县张尚瑗记载，"十一邑产谷之区，连舫建瓴下于赣郡，郡与省会旁郡盱吉，颇仰资南流而下者，兼达于闽广之汀潮，而汀潮盱吉之谷不复转给赣。"⑥吉安府安福等产米县分米谷顺支河达于郡治庐陵县，汇入赣江。庐陵县"南通黔南，西通湖湘，北通抚、建、临江，四方负贩辐集。"⑦濒江之南关商品交易尤其活跃，乾隆时有米巷、布绢巷、绒线巷等 57 条巷。⑧

此外，赣江中游袁州府有一支袁水自西向东，由清江县汇入赣江，且该河与湖南渌水相接，带动袁州府米谷及湖南醴陵一带米粮汇入赣江。清

---

① 乾隆《天门县志》卷 1，《地理考·市镇》。
② 道光《安陆县志》卷 4，《城池·街巷》。
③ 道光《云梦县志略》卷 1，《舆地·桥梁》。
④ （清）章学诚：《湖广通志检存稿》卷 1，武汉：湖北教育出版社 2002 年版，第 35 页。
⑤ 乾隆《赣州府志》卷 2，《地理志·物产》。
⑥ 同治《续修赣县志》卷 49，《艺文志》，（清）张尚瑗：《喜丰堂记》。
⑦ 乾隆《庐陵县志》卷 6，《风俗》。
⑧ 乾隆《庐陵县志》卷首，《街市图》；卷 5，《地舆志·坊都》。

江县樟树镇在明代已是"通八省之利"的药材巨镇，也是省内较大的粮食集散地，米谷"西仰袁（州），东仰虔（赣州）、吉（安）。"①本地的粮食贸易亦很活跃，"一朝谷贱不值钱，卖与商人舟百斛。"②

南昌府吸纳赣江水系米粮及府内修江上游米粮，自吴城镇进入鄱阳湖，由九江出口。吴城镇为重要米谷集散地，"米粟半仰河西，半恃他郡，每日为市，粮无隔宿。"③上游瑞州府米谷则顺锦江集中于市汊市。"濒河为市，西南通瑞河，东南通两广，下通省会以达于湖……商贾辏集，船往来如织，为本邑第一大镇，设有巡检把总。"④

6. 抚河流域

抚州府为江西省内另一著名产米区，米谷自支河聚集于府治临川。如产米区崇仁县，"南邻乐安，常年运谷入崇枭卖。东界宜黄，人夫贩籴，去谷无多。惟北通府治，舟楫络绎往来，每年秋熟，沿河商贾贩卖，可以朝发夕至。……每年宜黄搬运及装载往郡者，总计极不过二三十万石"。"自左港至白鹭渡，商贾搬运，往外枭卖者，亦复不少。"抚州与南昌之间时常进行米谷交换。"盖崇（仁）西接丰城，彼此盈缩，可以相济。"⑤大宗米谷则由临川县上顿渡向外运销，经抚河下游于鄱阳湖出九江。

7. 鄱阳湖区

鄱阳湖主要汇聚赣江水系的米粮，此外，赣东北抚河、饶河、信江流域所产米粮亦有一部分进入鄱阳湖，经九江出口。九江为江西省最大米市，其地处长江中下游之交，扼鄱阳湖与长江之交汇处，为江西省米谷输出之总门户，上游川楚地区米粮及本省出口粮食皆经此出口。乾隆五十年十一月初九日，江西广饶九南道穆克登奏，自八月二十一日起，至本月初八日止，计77天内江西省经九江关输出米60万余石⑥，流通规模可见一斑。

---

① 顺治《清江县志》卷8，《艺文》。
② 同治《清江县志》卷9，《艺文志》，(明) 秦铺《五劝歌》。
③ 乾隆《南昌府志》卷2，《疆域·风俗》。
④ 乾隆五十九年《南昌县志》卷2，市镇。
⑤ （清）葛士浚：《皇朝经世文续编》卷45，户政17，荒政中，文海出版社1972年版。
⑥ 宫中朱批奏折，乾隆五十年十一月初九日穆克登奏折，中国第一历史档案馆藏，档号：04-01-06-0003-007。

二、其他运道

江广三省周边以山地丘陵为主，稻米产量不多，但与两广、闽浙皖、贵州、陕西等省接壤，且有多条支流连接，其间也有向外的米谷流通。

1. 赣南—闽广

赣南米谷运往广东、福建。赣州东部、南部毗邻的广东潮州、嘉应州以及福建汀州皆属于缺粮区，因此有相当一部分赣米输往闽粤。江西与闽广商品流通主要有以下三条运道："出（广东）惠州、南雄者，则以南安大庾岭为出入；由（广东）潮州者，则以会昌筠门岭为出入；由福建汀州者，则以瑞金隘岭为出入。"①

大庾岭一路，赣州米谷自赣县汇聚，经章水船运至南安府大庾县，转陆运过梅岭，进入广东南雄、韶州。雍正四年，江西米向广东韶州"运去米谷甚多"②。乾隆二十九年，大庾县因广东"商民多来贩买"，使米价"不无腾贵"③。与广东连壤之龙南县，"歉则望信丰以下之籴，丰亦虞粤东诸邑之搬。"④

进入潮州的赣米，主要经贡水向东至省界转陆运，经会昌自湘水逆流而上至筠门岭抵福建武平，再由水运至广东潮州。"邑之东南与闽粤界连，彼地（潮州）稍稍不熟，即千百为群，络绎于湘乡筠门岭之间。载米舟楫，衔尾而至。"⑤"雍正五年丁未，潮州米贵，每日千余人在筠门岭及周田墟搬运"，致使会昌米贵。⑥另一部分运抵贡水上游瑞金，再过隘岭抵达福建长汀，或继续向南进入福建上杭、永定，以及广东潮州、嘉应州。直到光绪时期，该运道上米谷流通仍源源不绝。"江贩之米近日运至下坝、罗塘、新铺一带河道，直达嘉应大埔，每日千余担或数百担不等。"⑦据王业键、邓亦兵的估算，每年经贡水运入福建以及经章水进入广东省的赣米

---

① 同治《赣州府志》卷70，《艺文》。
② （清）官修：《朱批谕旨》第七册，雍正四年六月初四江西巡抚裴率度奏折，第25b页。
③《宫中档乾隆朝奏折》第1辑，乾隆二十九年五月二十八日江西巡抚辅德奏折，台北"故宫博物院"1982年版，第605-606页。
④ 光绪《龙南县志》卷8，《艺文志》。
⑤ 乾隆《赣州府志》卷2，《地理志·物产》。
⑥ 同治《会昌县志》卷27，《祥异志》。
⑦ 民国《上杭县志》卷36，《杂录》。

各有十万石。①

2. 湘南—两广

湖南米运往广东，其运路有二。其一，经永州府溯湘江上游进入广西，再沿西江进入广东。②乾隆四十三年，广东商人曾在永州府永明、祁阳等处买米。③其二，湘米经支流耒水达郴州，陆路至宜章，从宜章水运至广东。龚胜生估计每年湘米运往广东大致10余万石。④邓亦兵的估计更高些，仅从郴州一路每年运往广东的粮食已达10万石。⑤

3. 湘西—贵州

湘西地区的米粮流通主要依赖沅江。沅江自沅州府发源，北上辰州府、常德府，其支流南下入靖州。辰州、沅州、靖州等地处丘陵山地，粮食生产仅供自身消费以及小规模的粮食余缺调剂，基本无粮食下运。唯下游常德府为米谷丰产区，可接济上游缺粮区。辰州府，"向来买补常平仓谷，俱系差遣亲信家丁携价远赴常德府属之武、龙、桃、沅等邑产谷处所，照依时价公平产买运炉贮仓。"⑥

贵州与湘西接壤，人烟稀少，米价本贱。当其荒歉或遇兵事时，则需依靠湖南米资助。如乾隆二年，"自贵州用兵以来，楚省运黔军粮，前后共计四十余万"。⑦湖南每年运兵米2万石至贵州。⑧沅江输往贵州的米谷每年七月自常德府口岸集中，溯沅江而上，经辰州，过沅州，水陆兼运，进入云贵。⑨

4. 川湘—荆宜

湖北西部宜昌府水利条件较差，稻麦稀少。因有长江横穿府境，可以

---

① 邓亦兵：《清代前期内陆粮食运输量及其发展趋势》，《中国经济史研究》1994年第3期；王业键：《十八世纪福建的粮食供需与粮价分析》，《清代经济史论文集》第二册，稻香出版社2003年，第127页。

② 陈春声：《市场机制与社会变迁——18世纪广东米价分析》，中国人民大学出版社2010年版，第31页。

③ 《宫中档乾隆朝奏折》第43辑，乾隆四十三年兵部侍郎颜希深奏折，台北"故宫博物院"1982年版，第16页。

④ 龚胜生：《清代两湖农业地理》，华中师范大学出版社1996年版，第263页。

⑤ 邓亦兵：《清代前期内陆粮食运输量及变化趋势——关于清代粮食运输研究之二》，《中国经济史研究》1994年第3期。

⑥ 《湖南省例成案》，卷23《户律·仓库》，第10a页。

⑦ 《清高宗实录》卷39，乾隆二年三月壬子，中华书局1982年版，第701页。

⑧ 《清高宗实录》卷72，乾隆三年七月丙辰，中华书局1982年版，第15页。

⑨ 梅莉、张国雄：《两湖平原开发探源》，江西教育出版社1995年版，第152页。

从四川获取米谷。"楚省上接川江,宜昌一府……城市居民俱仰食川米。"乾隆四十四年,湖北米价贵,有六千五百余石川米运往宜昌府。① 湖南米是宜昌府另一主要食米来源。乾隆三十九年三月,"川粮少下",而"南省商米办络绎运到,市价平减,荆宜一带水乡,亦得附近购食。"②

5. 赣东北—皖浙闽山区

鄱阳湖东部米谷运往徽州府。江西北部饶州府与徽州府接壤,其间有昌江自祁门来,乐安江自婺源来,二水经饶州府于鄱阳县交汇入湖,是为饶河。浮梁县景德镇在宋代已是著名瓷都。唐英《陶冶图编次》载,乾隆时"工匠人夫不下数十余万,靡不藉瓷资生。"③ 因而浮梁、鄱阳、乐平等产米区米粮自昌江逆流而上大量运往景德镇,其中又有一部分运往徽州府。徽州府休宁、祁门、婺源、黟县四县缺粮严重,明代即仰赖邻境浙江、江西之米。徽州入境之米,"取道有二,一从饶州鄱、浮,一从浙江杭、严。皆壤地相邻,溪流一线,小舟如叶,鱼贯尾衔,昼夜不息。"④

信江上游经玉山县转陆路可达浙江常山,接入钱塘江水系,赣米也通过该条运道进入浙西。乾隆三年,江浙米贵。"浙、闽、江南之采买,自五月至今络绎不绝,其民贩船只由江西东自玉山县内河一路直达浙江杭州。"⑤ 乾隆时期,由于造纸、烟草种植、加工等手工业迅速发展,广信府成为省内新的缺粮区,饶州所产米谷也运往此处。乾隆《广信府志》:"郡境多山,产谷止敷本地民食,弋阳号称米乡,大半由饶之乐平、万年贩运,弋特聚集处耳。"⑥

此外,赣东建昌府新城、泸溪、广昌等县与福建邵武、建宁一带接壤,民间常有肩挑负贩私盐易米,往来其间。建昌米谷输入福建有两条路线:其一,由五福镇过杉关运至光泽、邵武;其二,由新城进入福建建宁、泰宁、宁化一带。但乾隆时期,建昌已是缺粮区。府治南城县乾隆时转而仰赖盱江下游抚州府的米粮。"(广昌、宁都、石城)三邑之谷不至盱者数十

① 《宫中档乾隆朝奏折》第47辑,乾隆四十四年三月初六日湖北巡抚郑大进奏折,台北"故宫博物院"1982年版,第79页。
② 《宫中档乾隆朝奏折》第35辑,乾隆三十九年三月十二月湖广总督陈辉祖奏折,台北"故宫博物院"1982年版,第286页。
③ 道光《浮梁县志》卷8,《食货·陶政》。
④ 康熙《徽州府志》卷8,《蠲赈》。
⑤ 葛全胜主编:《清代奏折汇编——农业·环境》,商务印书馆2005年版,第22页。
⑥ 乾隆《广信府志》卷3,《建置·储备》。

年，惟见纷纷于新谷方升之际，走抚州各处采买，船装排运。昔日之顺流而下者，今则溯流而上。"① 因此，该运道的米谷流通量实际并不多。

6. 鄂北—陕南、豫南

乾隆时期，江楚移民大量涌入秦巴山区，陕西南部汉中、兴安、商州等府开发成为新的产粮区，区域经济开发带动了汉江上游的商品流通，乾隆后期始，大量米谷自上游顺流而下运往荆襄、汉口。② 安康县谷米"岁下襄樊，其利数倍"③。安康知县王森文如此描绘，"襄阳贾，贩米下荆楚，帆樯蔽江江水急，西城万户余空釜。"④ 乾隆四十三年，湖北歉收，陕西"汉南各属运往湖广者亦复不少。"⑤

黄州府境北部黄安、罗田二县处大别山一带，产米不足，须河南汝宁、光州之米谷接济。"夫楚（黄安）人皆峣确，素无积聚。所倚为命者，光、罗、商、固数邻邑之灌输耳。"⑥ 河南光山、固始、商城、罗山等县米谷，肩挑车运进入湖北，络绎不绝。⑦

通过文献的梳理，基本勾勒出清代长江中游地区米谷流通的主要轮廓：长江中游产米区的米谷以长江为主干，构成了中游三省米谷输出的主要运道。江广三省产米区，分别沿着湘江—洞庭湖、赣江—鄱阳湖、汉水等支流水系带动产米区米谷进入长江；湖北省内通过江汉之间的内河水道建立起荆州与襄阳之间的南北向粮食流通运道。跨越省区，洞庭湖西岸与荆州地区通过虎渡河建立了一条重要运道，并进一步连接宜昌、襄阳等地区米谷市场；湘江、赣江二水之间，通过渌水—袁江的水道，将两条运道连接起来，形成湘米外运的另一条重要通道。以上运道互相连通，构成一片完整的大区域米谷流通网络。

江广三省周边以山地丘陵为主，稻米产量不多，但与两广、闽浙皖、

---

① 乾隆《南城县志》卷 1，《物产》。转引自：詹小洪：《明清江西农村市场初探》，硕士学位论文，中国社会科学院研究生院，1986 年，注释第 11 页。

② 萧正洪《清代汉江水运》，《陕西师范大学学报》（哲学社会科学版）1988 年第 4 期。

③ 嘉庆《安康县志》卷 10，《建置考》。

④ 咸丰《安康县志》卷 20，《文征丁集》。

⑤《宫中档乾隆朝奏折》第 46 辑，乾隆四十三年十二月二十三日陕西巡抚毕沅奏折，台北"故宫博物院"1982 年版，第 293 页。

⑥（清）英启：光绪《黄州府志》卷 36，《艺文志》，张希良"上开府大中丞张公书"（张希良，字石虹，黄安人，康熙乙丑进士）。

⑦《宫中档乾隆朝奏折》第 17 辑，台北"故宫博物院"1982 年版，第 283–284 页。

贵州、陕西等省接壤，且有多条支流连接，其间也有向外的米谷流通。赣南地区米谷由章水抵达大庾县，过梅岭向广东雄、韶地区输出，赣东南的米谷沿贡水向福建输出或转道进入广东。湘南米谷则顺湘江、宜章水向两广地区输出，湘西有常德府溯沅水而上运米到贵州。楚北荆襄地区与豫陕南部存在频繁的米粮互换。赣东北饶州府米谷经昌江向徽州府输出，或由信江接入钱塘江水系，进入浙西。

以往学者考察长江中游米谷流通时多关注长江一线，对区域内部的流通认识有所不足。本书发现长江中游的粮食外运还有另外两条重要辅道：其一，澧州、常德的米谷通过虎渡河运到荆州沙市，再由荆州沙市转运他处；其二，湖南省湘江流域一部分米谷经醴陵—渌水—袁江进入赣江水系，或于省内消费，或经鄱阳湖出口。这两条运道以往未引起研究者的关注，但其对长江中游流通结构及其市场的影响却十分重大。

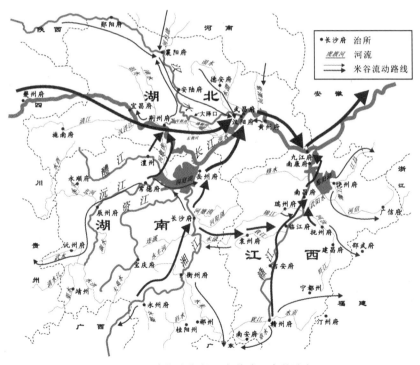

图4-1　清代中期长江中游地区米谷流向

第二节　清代长江中游重要米市

上文梳理了长江中游米谷流通运道，基本构成了一个完整的覆盖所有产米区的流通网络，而坐落在流通运道上的重要米市则构成这一网络的重要节点。限于目前所得资料，本书在前文研究基础上，仅对该区域米市做一个粗糙的划分。

参照许檀考察明清市场网络体系所设定的三大层级①，长江中游米谷米市亦可划为如下三个层级：第一级，流通枢纽型米市，在大区域乃至全国商品粮流通中作为转运枢纽城市，贸易范围可覆盖几个省；第二级，地区性米市，贸易范围跨越省区或一二条重要运道；第三级，基层米市，贸易范围至少覆盖相邻一二府、一条流通运道。

依据上述标准，长江中游具备流通枢纽型米市特点的有汉口、九江；地区性米市有湖南湘潭、巴陵、桃源县、津市、衡阳、渌口市，湖北荆州沙市、襄阳樊城、江西吴城镇、樟树镇等；基层米市有永州祁阳、郴州、鄱阳县、玉山县、庐陵县等。以下择要述之。

一、流通枢纽型米市

1. 汉口

汉口位于长江中游汉水入江口，通过长江可沟通洞庭水系的湘、沅等水，沿江而下可直达江西、安徽、江苏诸省，溯江而上可入四川盆地；溯汉水则可抵河南、陕西。经过明代中叶汉水改道，清初汉口已发展为九省通衢。康熙年间刘献庭记言："汉口不特为楚省咽喉，而云贵、四川、湖南、广西、陕西、河南、江西之货皆于此焉转输。"② 嘉通时范锴追忆，汉口"人烟数十里，贾户数千家，鹾商典库咸数十处，千檣万舶之所归，宝

---

① 许檀：《明清时期城乡市场网络体系的形成及意义》，《中国社会科学》2000 年第 3 期。
② （清）刘献廷：《广阳杂记》卷 4，中华书局 1985 年版，第 193 页。

货珍奇之所聚"①，成为长江中游最大的商业城市。粮食、木材、食盐、绸缎、布匹、药材、铜铅等都是汉口转输的大宗商品。②

汉口镇也是长江中游最大米谷集散地。"地当孔道，云贵、川陕、粤西、湖南，处处相通。本省湖河帆樯相属，粮食之行，不舍昼夜。"③米业为汉镇六大行业之首。"汉口镇为九省通衢，商贾云集，皆赖四川、湖南及本省产米州县运贩资食及江浙商贩之需，实为米粮会集之区。"④

省内各产米区米谷主要经由长江、汉水及支流涢水、澴水、溾水、举水、襄河等水道汇集汉口。此外，陆路还有附近农民以车拉肩运等方式运米过来。省外运米主要依靠长江水运：四川米谷顺江东下抵达汉口，之后换大船运往江浙；湖南米谷出洞庭湖，由长江北上运至汉口；乾隆后期以来，江西省米谷亦开始溯长江而上运达汉口。汉水流域，来自河南、陕西的米麦豆等粮食则由襄阳运下汉口。在清代长江中游米谷流通网中，汉口通过粮食贸易连接了长江上、下游两大区域以及汉水上游陕南、河南等地区，在全国商品米流通中地位举足轻重。罗威廉在考察19世纪汉口商业发展时，指出汉口依托它向长江下游输出米粮过程中发挥的重要作用而发展成联结全国商业网络的重要枢纽，⑤诚如其所言。

2. 九江

江西省最大米市在九江。九江府地处长江中下游之交，扼鄱阳湖与长江之交汇处，地理位置十分重要。明代政府即于九江设立钞关，为八大钞关中唯一设置于长江之上的。清代以来，随着长江沿线商品流通规模的迅速扩大，九江关税收也大幅增加，为清代前期长江各关中税收最高之榷关。⑥

粮食为九江关过关最大宗商品之一。长江中上游川楚湖广米谷以及江西本省所产米谷运往长江下游地区必经九江。因而九江既为江西米出长江的总门户，又为长江中上游米谷输出之重要流通枢纽城市。九江关征税，"惟茶、盐、竹木收税，其余一切船只止征船料，不收货税。总视所过船

---

① （清）范锴：《汉口丛谈》卷3，《中国方志丛书·华中地方·湖北省347》，成文出版社1976年版，第121页。
② 许檀：《明清时期城乡市场网络体系的形成及意义》，《中国社会科学》2000年第3期。
③ （清）贺长龄辑：《皇朝经世文编》卷40，《户政十五·仓储下》，"请设商社疏"，文海出版社1966年版，第1446页。
④ 《清高宗实录》卷247，乾隆十年八月己巳，中华书局1985年版，第192页。
⑤ ［美］罗威廉：《汉口：一个中国城市的商业和社会（1796~1889）》，江溶、鲁西奇译，中国人民大学出版社2016年版。
⑥ 许檀：《清代前期的九江关及其商品流通》，《历史档案》1999年第1期。

只之多寡，以定料银之盈缩。""而船只之多寡，又须视江浙、湖广米价之低昂。"① 米船料银占九江关船税极大比例。

九江关过关米谷流通量非常大。如乾隆五十年十一月初九日，江西广饶九南道穆克登奏，"查自八月二十一日起，至本月初八日止，自江西贩往湖北米船一千五百四十一只，约装米十八万四千九百石。自江西贩往安徽、江苏米船一千五百九十一只，约装米四十二万一千八百九十六石。又川省贩往江南米船一千一百六十四只，约装米三十七万四千六百九十八石。"② 乾隆五十年八月二十一日至十一月初八日共计 77 天，江西省内经九江关输出米 60 万余石。外加四川米 37 万余石经九江关输往下游，合计77 天内九江关通关米数 98 万余石。

二、地区性米市

1. 湘潭

"长沙为省会之区，商贾贸易，百货云集，咸从此地出入。"③ 清代长沙府为湖南省最重要的商业中心，也为最重要的米谷输出区，"秋冬之交，淮商载盐而来，载米而去。"④

但长沙商业主要集中于湘潭。长沙府治居湘江下游之东岸，"只因湘江之水由此归湖，汛流奔赴，滩浅岸远，不能泊舟。偶有停泊之船，骤遇水发，常至冲失。"⑤ 自长江而来的船只多停泊于湘潭。此外，自湘江上游而来的船只回程时皆需于湘潭县城南通济门外调换船头。有一首竹枝词正反映此情形。"上湘广货下湘盐，舟到湘潭尽换添。"⑥ 清代前期，湘潭已经发展为湖南省第一商镇，"自前明移县治以来，杨梅洲至小东门岸，帆樯橹集，连二十里，廛市日增，蔚为都会，天下第一壮县也。"⑦

① 宫中朱批奏折，乾隆二十七年六月初二日管理九江关税务舒善奏折，中国第一历史档案馆藏，档号 04-01-35-0335-021。
② 宫中朱批奏折，乾隆五十年十一月初九日江西广饶九南道穆克登奏折，中国第一历史档案馆藏，档号 04-01-06-003-007。
③ （清）陈弘谋：《培远堂偶存稿》，卷 38，《挑开南湖港橄》；卷 48，《勘估长沙月河橄》，载《清代诗文集汇编》281，第 201、第 406 页。
④ 嘉庆《长沙县志》卷 11，《风土·商贾》。
⑤ （清）陈弘谋：《培远堂偶存稿》卷 48，载《清代诗文集汇编》281，第 406 页。
⑥ 乾隆《湘潭县志》卷 6，《城池》。
⑦ 光绪《湘潭县志》卷 11，《货殖》。

光绪《湘潭县志》详细描绘了乾嘉时期城内街市："计城市街衢三重，长十五里，三乘之，四十五里，里三百步，率五步一桌子，卖之合面相向，计每桌日得百钱之利，日当糜钱五六百万，如此，岁费钱二百余万万。"①由此可知，城内商业集于三条街市，各长 15 里，共计 45 里。街内五步则有一商铺。以三百步为一里，则每里有商铺 60 家，合计城内三条街市共有商铺 2700 家。城外商业，由易俗河至小东门一带极盛。"城总市铺相连，几二十里……凡粮食、绸缎、布匹、棉花、鱼盐、药材、纸张、京广货物、竹木牌筏，皆集于此，为湖南一大马头。"②其货物自外省来的，有绸布、药材、广货、钱票、烟草、杂货等。自本省来的主要有米谷、茶叶、铁、竹木等货。有一首竹枝词这样描绘："宁乡巷到花桥米，拱极门来安化茶，挑上河街夸铁色，湘潭名久重京华。"③

湘潭米谷交易市场主要集中于城外河街以及县城以南的易俗河、渌口、朱亭三市。易俗河市在县南二十里，为县内最大米谷交易市场。"凡衡山后，红笋、稻米皆聚于此。"④关于乾嘉时期易俗河米市交易量，尚无确切记载，但方志中多有描述。嘉庆志载，"湖南谷豆，咸集于此（湘潭县），乃至下游舟载逆挽来致。富人建仓，辄倾万石，寄屯之息，岁至万金。"⑤光绪志载乾嘉时期湘潭商业经营额，"岁费钱二百余万万。""而百谷总集易俗场者，才略相等，本末均衡，费甚矣。"⑥据上述资料，大体可推知其交易额，以每千钱一两计，至少在万两以上，高可达二万两以上。

在湘潭经营粮食业的商人主要是湖南商人，最晚至康熙时期，粮食行业规模已属可观。在康熙四十七年，粮商共同创建了行业会馆五谷殿。"五谷殿，在十六总后，康熙四十七年，粮食坐行陈祥云、金以成等倡建。乾隆十三年，胡天修、留廷访、李镇魁纠同行重修。"⑦嘉庆年间又续修一次。"终清一代，湘潭五谷殿既为本县最大的商人团体，也是湖南最大的粮食行会之一。"⑧

外省赴湘潭从事粮食贸易者，有江苏、广东、江西等籍商人。来自苏

---

①⑥ 光绪《湘潭县志》卷 11，《货殖》。

② 乾隆《湘潭县志》卷 13，《风俗》。

③ 乾隆《湘潭县志》卷 6，《城池》。

④ 乾隆《湘潭县志》卷 5，《市镇》。

⑤ 嘉庆《湘潭县志》卷 39，《物产》。

⑦ 乾隆《湘潭县志》卷 9，《祀典·民祀》。

⑧ 方志远：《明清湘鄂赣地区的人口流动与城乡商品经济》，人民出版社 2001 年版，第 549 页。

州的商人携带绸缎布匹入湘，交换湖南的米谷。① 广东商人则主要从事广货与湘茶、湘米的交易活动，他们运来糖、盐等广货入湘，再从湘潭运走丝、茶以及大米。② 湘潭县的江西商人数量最多，"十室而九"。其帮会称"西帮"，下分药帮、米帮、布帮、纸帮等。③ 光绪志载，城外同春堂为西帮所设粮行。④

2. 桃源、津市

常德府地处湖南北部，府东部、东南部分属洞庭湖区。资、沅、澧三水皆于常德注入洞庭，为水陆要道。境内河渠纵横，水网密布，交通便利。外省商人聚集于此，米谷、棉花等贸易为大宗。⑤ "大江啮城，舳舻帆楫时相上下，商贾所聚，百货辏集。"⑥

武陵、桃源二县居沅水下游，该段水道平缓，水运便利。嘉庆志载："（武陵县）境内产鱼米油茶为最。黔蜀闽广江浙陕豫之商毕集。"⑦ 桃源商业更为发达。乾隆时期，江西、徽州、江苏、广东、山陕、福建等省商人皆在此设立会馆。乾隆十六年，众商帮修书院，捐资买育婴堂，在嘉庆《常德府志》详细记载了当时的商人捐资记录："乾隆十六年，常德各会馆帮修书院，捐买育婴堂。江西客总全兆瑛、彭廷佐等捐银三百两。盐客总陈鼎盛、王仁和等捐银二百五十两。徽州客总程旭、吴启祥等共捐银二百两。江南客总宾彬、吴毓澄等共捐银百两。广东客总黄源江、谭高昌等共捐银百两。山陕客总巨邦光、赵正玉等共捐银七十两。福建客总何思任、揭楚珍等，共捐银五十两。"⑧

据这份记录统计，江西、安徽盐商捐资达二百两以上，徽州商人集资捐银二百两；江南、广东等省商人捐银一百两；山陕、福建省商人捐银各七十两、五十两，在百两以下。由此推测，当时盐商与江西商帮势力最盛。在湖南经营米谷贸易的外省商人以淮扬盐商、江苏商人为主，广东商人也往往从事广货与湘米的对流贸易。从这几省商人在此事件中的活动可

① 张国雄：《明清时期两湖的移民》，人民教育出版社 1995 年版，第 336 页。
② 尹红群：《湖南传统商路》，收入湖湘文库编辑出版委员会，《湖湘文库》乙编 113，湖南师范大学出版社 2010 年版，第 269 页。
③ 方志远：《明清湘鄂赣地区的人口流动与城乡商品经济》，人民出版社 2001 年版，第 629 页。
④ 光绪《湘潭县志》，《建置二》，公田表。
⑤ 嘉庆《常德府志》卷 18，《物产考》。
⑥⑦ 嘉庆《常德府志》卷 13，《风俗考》。
⑧ 嘉庆《常德府志》卷 8，《建置考·公署》。

以推测，当时桃源县的米谷贸易量是有相当规模的。

津市是澧州最大的市场，石门、慈利诸县以及永顺府桑植等县物产，俱在此集中，山民日用所需米谷、盐铁、杂货等，也往往在此采买。"澧商埠以津市为扼要。自庸桑诸县，所出诸产，胥集于是，以贩运武汉而易外货，以散卖各地。"① 石门县，"南乡出谷，县城多仰给焉。道溪板船装运至津市。"②

3. 巴陵

岳州府位于洞庭与长江交汇之处，为湖南之门户，也是湘米外运之重要集散地。巴陵县为岳州府最重要米市。县南60里有新墙河，自西而东，于新墙河口汇入洞庭。"其河上接（华容）沙港与（巴陵）游港、龙湾港三港支分，可通舟者数十里。"便利的水运带动府内米谷向巴陵县集中与转运。粮食贸易集中于新墙河，船运业极为发达。米谷"为船户贩出，自磊石至鹿角，滨湖地亦然。遇市价稍昂，船运、步贩，不待青黄不接而仓困空矣。"③

城内的粮食贸易也十分活跃。"东乡东南门外，四五十里之近，贫民或贩米为业。鸡鸣而起，肩运入城，城市半赖接济。"④ 平江、临湘二县农民，也担米入城贩卖。城内设有碓坊，碾谷为米，于市场出售。"岳市籴止有米而无谷，米籴亦只郡城有碓房。"这些碓坊并建有粮仓，交易往往在附近完成，市价陡涨时，富人囤积仓储，待价高出售。

4. 沙市

荆州府沙市自唐代起即为荆州地区的商业重镇。清初王酿《江陵竹枝词》："沙市江边草市河，发船打鼓更鸣锣。内通襄汉外川广，载得离愁何处多？"清初在该处设有荆关，征收船料、竹木等税，其通关船舶多半为"湖北、湖南、四川载米船只。"⑤ 乾隆时期，"船料每年在三万两内外，数目不相悬殊。"⑥ 沙市则为荆关之主税口。乾隆时期，沙市与汉口并列为湖

① 民国《澧县县志》卷3，《实业》。
② 嘉庆《石门县志》卷18，《风俗》。
③④ 光绪《巴陵县志》卷52，《杂识二》。
⑤ 宫中朱批奏折，乾隆二十三年四月二十六日管理荆关税务丽柱奏折，中国第一历史档案馆藏，档号04-01-35-0330-012。
⑥ 宫中朱批奏折，乾隆十五年七月十三日荆关监督西宁折，中国第一历史档案馆藏，档号04-01-35-0325-047。

北巨镇①，"商贾萃集，粮食充饶。"② 湖北巡抚祖之望亦指出，"惟楚北汉口、沙市为水贩聚集之区，湖南水次米石运赴售卖者络绎不绝。"③

另外，通过襄河及其他内河水道，又将沙市与襄阳市场连接起来。康熙三十一年至三十二年（1692~1693 年）、雍正九年至十一年（1731~1733年）、乾隆五十一年（1786 年）皆从湖北运米入陕西。④ 乾隆十八年，湖北巡抚恒文指出，"江西、江南、浙江以及河南、陕西等省，遇有需米之处，向来多藉楚米接济。"⑤ 其运路，一沿汉水主道上溯，进入汉水上游再转运；一从荆州借道江、汉之间多条运河，跨越荆襄由南向北运，后者即为沙市—襄阳运道。嘉庆五年，为供应襄郧一带剿匪的两粤官兵军粮，以及赈恤荆州、安陆民食，便从此运道搬运洞庭湖、湘潭一带的米谷。⑥

5. 樊城镇

樊城镇为湖北北部的重要粮食集散地，一方面，樊城汇集襄阳府豆麦等粮食进入汉水下游；另一方面，樊城也是陕西南部、河南南部粮食之集散地。这一地区分布着均水、丹水、唐白河等诸条河流，沟通了湖北、河南、陕西三省粮食及其他商品流通的渠道。自樊城沿汉水上溯可达陕南。清前期，湖北米多资助陕南。乾隆时期，陕西南部农业日趋发达。"兴安一州，地给四千余里。从前多属荒山，后因两湖、安徽、江西、四川、河南等省民人，前来开垦，数年中，骤增户口数十万，弃地尽成膏腴。"⑦ 乾隆四十三年，两湖遭遇旱灾，米少价贵，汉中米多运往湖广。⑧ 此外，自均州溯丹水而上亦可抵达陕西商州。龙驹寨为陕西南部的米谷集散地。⑨

---

① 《清高宗实录》卷 187，乾隆八年三月，中华书局 1985 年版，第 417 页。

② 《宫中档乾隆朝奏折》第 69 辑，乾隆五十三年八月十六日湖广总督毕沅奏折，台北"故宫博物院"1982 年版，第 246 页。

③ 宫中朱批奏折，嘉庆五年六月初二日祖之望奏折，中国第一历史档案馆，档号 04-01-01-0478-006。

④ 谢美娥：《贩运者多：十八世纪湖北的粮价与粮食市场（1738~1797）》，第 339-344、第 368-371 页；邓亦兵：《清代前期商品流通研究》，天津古籍出版社 2009 年版，第 44、第 60-61、第 102 页。

⑤ 《清代宫中档奏折及军机处档折件》，乾隆十八年八月初六日湖北巡抚恒文奏折，台北"故宫博物院"藏。转引自谢美娥：《贩运者多：十八世纪湖北的粮价与粮食市场（1738~1797）》，第 339 页。

⑥ 宫中朱批奏折，嘉庆五年六月初二日祖之望奏折，八月十九日湖南巡抚姜晟奏折，中国第一历史档案馆藏，档号 04-01-01-0478-006、04-01-02-0066-013。

⑦ 《清高宗实录》卷 1087，乾隆四十四年七月，中华书局 1995 年版。

⑧ 《宫中档乾隆朝奏折》第 46 辑，乾隆四十三年十二月二十三日陕西巡抚毕沅奏折，台北"故宫博物院"1982 年版，第 293 页。

⑨ 郭松义：《清代前期商品粮数量估测》，《中国史研究》1994 年第 4 期。

"商州龙驹寨之舟楫由均口而下，直抵郡城。"① "有唐河、白河，源出河南，可通小舟。"② 河南南部粮食顺此路可达樊城。

6. 吴城镇

赣江水系商品米谷集中于南昌府，至吴城镇转运出江。吴城镇兴起于明中期，清代乾嘉时期达到鼎盛。清中期，吴城镇已有常住人口七万余，流动人口两万多。形成了"六坊八码头，九垄十八巷"的社区格局。③ 吴城镇商业以转运贸易为主。"吴城濒江瞰湖……凡商船之由南昌而下，由湖口而上，道路所经，无大埠头，吴城适当其冲。故货之由广东来江者，至樟树而会集，由吴城而出口；货之由湘、鄂、皖、吴入江者，至吴城而趸存，至樟树而销售。"④ 粮食为其转运重要商品之一，其粮食市号称"每日为市，粮无隔宿。"⑤ 近代南浔铁路修建以后，吴城镇商业迅速衰败。然而，据梁洪生考察的吴城镇的早期商会，清末民初时期，江西省商人在粮食、油、麻、夏布等传统产业与外省籍商人控制的金融、典当及盐业尚能形成平衡，可略推知其粮食贸易规模。

7. 渌口市

醴陵县渌口市位于渌水与湘江交汇处，渌水向东与袁江相连接，沟通湘江、赣江两条水运动脉。渌口市为沟通两条运道的重要米市。渌口市的发展在清以前的文献中记载不详，但清代中期以后有明显的发展。特别是咸丰以后，由于太平天国起义导致长江通道被切断，渌口成为连接湘赣闽广川黔的重要商业通道，大规模的湘米经渌口进入江西再转运各地。同治《醴陵县志》载："顾自咸丰三四年后，粤逆东下，大江梗塞，凡江浙闽广川黔诸商贾率道乎是，舟车往来，络绎不绝。"⑥ 清政府于此处设卡征税。"设大卡二，一县城，一渌市。分卡废置不一，而泗汾铺、柘塘坪，则扼小路之冲。"

据民国志载，渌口市的商业规模已经极为可观。其地"背山面河，与湘潭隔江为界。"其正街沿湘江而设。由渌口至湘潭，共分十九总，渌口

---

① 光绪《续辑均州志》卷 2，《舆地》。
② 光绪《襄阳府志》卷 1，《图说》。
③ 梁洪生：《吴城镇及其早期商会》，《中国经济史研究》1995 年第 1 期。
④ 傅春官：《江西商务说略》。
⑤ 乾隆《南昌府志》卷 2，《疆域》。
⑥ 同治《醴陵县志》卷 3，《赋役志》。

占 8 总，湘潭占 11 总。市内有商店数百家，其商货以米谷、竹木为大宗。醴陵县盛产米谷，米谷贸易集中于此。[1]

8. 赣县

赣县为赣南与广东之间的重要米市。康熙间，曾于赣关抽收船税以抵补兴国县 191 两商税、杂税，"令下水谷船每船纳银一钱"[2]，共实行了 20 年。据此推算，每年由赣关出大庾岭运往广东的谷船最少应有 1900 余只。赣州与吉安、赣州与广东雄、邵二府州水路多采用三板船。由赣州运米到吉安，"如籴谷一千石，集三板船止用三只。"[3] 赣州运米到南雄，为逆流，船只载重量大致在 200 担。[4] 每担以 100 斤计，那么康熙年间每年运往大庾—南雄—韶州一带的米谷数大致在 38 万担左右。该数字与陈支平所估大体相同。[5]

三、基层米市

本书所讨论的基层米市，至少位于一条米粮运道上，贸易范围涉及一二府州，且不局限于省域界限所约束。长江中游地区，这类米市有永州祁阳、郴州，江西鄱阳县、玉山县等。

永州府、郴州两个产米区位于湘南，分别与两广、江西接壤，为湘米输出两广运道上的重要米市。嘉庆《祁阳县志》载："祁邑素称产米之乡。询诸父老，二三十年前，客商贩米至湘潭汉镇者，岁率十余万石，故邑中银钱流通不匮。"[6]

郴州东南汝城县，为郴州产米区，供应州内资兴县外，尚有余粮向广东乐昌以及江西崇义输送。"稻为县属农产之一大宗，以南一区土田稍广，产米为尤多。以全县计算，丰年有四分之一产额，余售粤府城口乐昌地方及江西之崇义、本省之资兴，惟间遇歉收，有时反而向外县买籴接济。"[7]

鄱阳县地处鄱阳湖东岸，昌江、乐安江、信江与鄱阳湖交汇处，是沟

---

① 民国《醴陵乡土志》卷3，《乡镇》。
② 乾隆《赣州府志》卷18，《赋役志·关权》。
③ 乾隆《庐陵县志》卷44，书，（明）胡接辉"上太守吴公书"。
④ ［日］松浦章：《清代内河水运史研究》，董科译，江苏人民出版社2010年版，第387页。
⑤ 陈支平：《清代江西粮食运销》，《江西社会科学》1983年第3期。
⑥ 同治《祁阳县志》卷22，《风俗》，转引自《嘉庆祁阳县志》，《风俗》。
⑦ 戴鞍钢、黄苇主编：《中国地方志经济资料汇编》，汉语大辞典出版社1999年版，第68页。

通景德镇与江西各干支流及长江商品流通的重要转运港口。景德镇瓷器，祁门、婺源的茶叶，顺昌江、乐安江下运至鄱阳换船装载。而府内所产粮食及抚河、信江乃至南康、南昌等府的粮食则由鄱阳湖换小船，上运景德镇，乃至安徽省的徽州府。徽州有的粮食商人专门赴江、浙买运米谷，由水路运至徽州当地米铺、米行销售。黟县、婺源的商人，还专门在吴城、饶州等地设立米号。歙县盐商则在江西贩盐买米，运回本地。①

信江上游经玉山县转陆路可达浙江常山，接入钱塘江水系。乾隆三年，江浙米贵。"浙、闽、江南之采买，自五月至今络绎不绝，其民贩船只由江西东自玉山县内河一路直达浙江杭州。"②浙江产米之江山县的米谷亦运往玉山。"田间小民当今农隙之时，南运浦城，西运永玉，负载相望。"③玉山县成为浙赣交界的粮食集散地，南昌、饶州、抚州等地米谷也经由此路进入缺粮的杭州府。

长江流域流通干道以外，还有多条辅助运道，连通区域周边地区。如宝庆府邵阳县，坐落资江源头，水路可达湘潭，通汉口。县境盛产米粮，可经水运至汉口出售。沅州府黔阳县，位于潕水、沅江交汇处，为贵州、湖南商业往来必经地，也是重要米市。辰州府浦市，集中了湘西地区的米粮贸易。乾隆《辰州府志》载，"泸溪有浦江，水路要津也。舟楫拥，鬻贩鳞集，沿河下上，络绎不绝"。④

第三节　长江流域的米价差与米谷流通量的变化

在前文中，笔者以长江中游为中心，整理了长江流域米谷的主要流通路线，即以长江为纽带，联通江广三省内河水系，汇聚长江中游地区的米粮，并合并四川省东下的粮食，从汉口九江出口运往长江下游地区。这条线路共连接了沿江沿海七个省份，途经夔关、武昌厂、九江关、芜湖关、浒墅关等户部关；其中，夔关、浒墅关征税以米粮税为主；九江关征税以

---

① 曹国庆：《明清时期江西的徽商》，《江西师范大学学报》（哲学社会科学版）1988年第1期。
② 葛全胜主编：《清代奏折汇编——农业·环境》，商务印书馆2005年版，第22页。
③ 同治《江山县志》卷11，《艺文》，康熙四十五年姜亨肇"上朱梁父夫子求开米禁书"。
④ 乾隆《辰州府志》卷40，《艺文纂疏》。

船料税为主，但米船居其大半。当每年关期结束时，以上三关的税关监督在总结税收盈绌时，总是特别强调这一年长江上下游的气候、收成情形与税收的关系。

而跨区域的米价差是反映和说明这种关系的一种很好的指标。根据一价定理，在自由竞争的市场上，去除运费等交易成本因素同种商品在不同区域之间价格相等，则达到商品市场的均衡状态，如果出现价格差，则会产生区域贸易，直到价格差被消除，贸易停止，重新达到均衡状态。区域价格差是刺激商人追逐利益的前提条件；区域价格差的变化对于流通规模起到重要影响，往往造成流通扩大或紧缩的直接原因；价格差的形成背景反映了宏观经济环境变化的深层次原因。

清代长江流域的米粮市场会受到官府截漕、常平仓采买、平粜、地方遏籴等政策的影响，不完全符合这一理论设定的"自由竞争"的前提。但是总体来说，乾隆时期长江流域的粮食流通是以商运为主，官府干预只占极小部分。因而，本书利用区域米价差探讨粮食流通量的变动，一价定理仍有一定的适用性。

围绕着价格差又衍生出一系列的问题：乾隆时期长江中游与下游米价差是如何变化的？粮食流通量的盈缩与两地米价差的增减是否保持一致性？两地米价差维持在何种程度上商人可以获利？带着这些问题，笔者辑录了乾隆时期九江关、浒墅关的税收资料，并结合长江中下游江西、湖南、湖北、安徽、江苏、浙江等省的米价差的变动，以探讨长距离的米谷流通量的变化以及长江中游米谷供应能力的变化。

一、九江关过关粮食量的变化

九江关位于长江流域流通线路的中点，是中、上游米谷运往下游的必经之路。乾隆时期，九江关税收主要依赖过关米船数之多寡。"九江关征收船料，每年税银之盈缩，实视所到船只之多寡，而所到船只中，又有大小之别，如船大则料自多，船小则料自少。历来货物，米船俱系大船，人船俱系小船。岁时丰歉，气候阴晴，即有不同过关船只。"[1] 而过关船只数

---

[1]《宫中档乾隆朝奏折》第3辑，两江总督尹继善乾隆十七年五月二十日奏折，台北"故宫博物院"1982年版，第95页。

之多寡又取决于中游与下游米价差之高低。"九江关上接湖广，下通江浙，唯茶、盐、竹、木收税，其余一切船只只征船料，不收货税。总视所过船只之多寡，以定料银之盈缩，而船只之多寡，又须视江浙、湖广米价之低昂。"①

乾隆三年，长江下游地区发生歉收，米价高涨。这一年，九江关过关米船数增多，税收额也较平时丰裕。江西巡抚陈弘谋奏折："今查乾隆三年分，前管关务广饶九南道李根云任内，江广岁熟，米价不过九钱、一两不等，又时值江浙等属偶遇歉收，米价每石售至一两五六钱不等，是贩米一石可获利三四钱，商人贩卖者甚多，舟楫云集，络绎相继。所以，自乾隆三年八月十七日至四年四月二十六日，计八个月零十日，其过关之船共有五万三千零三十二只，征收料银共三十一万二千九百三十四两零。"②

据陈弘谋的说明，江广三省与江浙地区米价相差五六钱，与利用米价数据计算所得米价差相吻合。然而，我们还需要得到运费的确切资料以验证他所称"贩米一石可获利三四钱"是否确实。恰好乾隆三年，江西负责协济米谷十万石运往江南赈粜一事，巡抚岳濬在奏折中详细说明了由江西运米往江南所需运费，据此我们可以对运费有较确切的估算。

"据布政使阿兰泰详，据派谷碾米各府县造册申报，砻夫碾米一项，系照民间做米之例，每石给银三分。查碾米十万石，给过砻夫工食银三千两。其运送水脚银共二千三百八十五两九分六厘。又挑米水次下船，用过挑脚银一千两七钱。通共给夫工脚价银六千三百八十五两七钱九分六厘。此外又原委押运官南昌县县城李垕、瑞州府经历钮国振等押米二万八千石自江省起至江南仪征地方，止计程一十六站。因时值岁暮，船只稀少。每石需水脚银八分一厘四毫零。共给过水脚银二千二百八十一两四分。及运至凤凰滩地方，河水浅阻，重载难行，雇船起剥米八千四百石至青山处所，计程三站半。每石米需水脚银九厘七毫，共用剥浅银八十一两四钱八分。通共给委员水脚剥浅银二千三百六十二两九钱二分。再查押运官……共六员，每员给盘费银六十两，共三百六十两。兵丁十名，每名给盘费银十两，共给银一百两。通共给盘费银四百六十两。以上府县用过砻夫工食

① 宫中朱批奏折，乾隆二十七年六月初二日管理九江关税务舒善奏折，中国第一历史档案馆藏，档号04-01-35-0335-021。
② 宫中朱批奏折，乾隆七年六月十八日，江西巡抚陈弘谋奏折，中国第一历史档案馆藏，档号04-01-35-0335-021。

水脚挑脚并委员用过水脚剥浅及员弁兵丁盘费等项，通共用过银九千二百八两七钱一分六厘。"①

根据岳濬的奏报可知，来自江西的仓谷从碾米、挑运、装船、下水、雇船起剥，直到抵达江南，每石米需要支付舂夫工食银、运送水脚银、挑米下船挑脚银、水脚剥浅银、押运人员盘费等项费用，合计 0.165 两/石。综合岳濬、陈弘谋二人的陈述可得，由长江中游运米至下游江浙，运费在 0.165~0.2 两/石。

乾隆四年分关期，中下游米价差 0.521~0.587 两/石，扣掉运费 0.165~0.2 两/石，商人可获利 0.3~0.4 两/石。因此，乾隆四年分仅八个月零十日内，九江关过关船只 53032 只，税收额达 31 万余两。

大规模的米谷输出，使得本地米价逐渐拉高。乾隆三年十月十五日，江西南昌镇总兵李君贤奏，"虽浙、闽、江南之采买，自五月至今络绎不绝，其民贩船只由江西东至玉山县内河一路直达浙江杭州，北至九江府长江一路直抵江南安庆。……江西从前未经别省搬运，其米价至贵八九钱，本年如此搬运，其米价仅长至一两有零。"② 乾隆五年分，长沙、汉阳、九江三府中米价格都上涨了 0.1~0.2 两，中下游米价差缩减至 0.258~0.347 两/石。扣掉运费，商人运米可得利润 0.1~0.2 两/石，较乾隆三年少了一二钱。

米价差的缩减，引起粮食流通量的减少，使得当年九江关税收也相应减少。当年的九江关监督唐英对此做出了解释："乾隆三年上江偶有歉收之处，江广米价尚不甚昂，故除奉文采买之外，各处买米之商贩过关者甚多。自四年迄今，江浙与江广米价不甚悬殊，商人贩卖利薄，所以过关者较少。此四年分一年之盈余有逊于三年分八个月零十日所报之数也。"③

此后在九江关乾隆六、七、八年分关期内，中下游地区的米价差基本维持在 0.3~0.4 两/石，略有浮动，税收银在 35 万两左右，与乾隆五年分税收水平相当。乾隆八年，尽管中下游地区米价差再度拉大，然而江西省米价亦高涨，致使这一年过关粮食量并未出现大的增长。这几年的情况正如陈弘谋所说，"江广虽丰稔，奉官采买者甚多，致米石不甚价贱。上江

---

① 宫中朱批奏折，乾隆五年八月初八日江西巡抚岳濬题事，中国第一历史档案馆藏，档号02-01-04-13319-003。
② 葛全胜：《清代奏折汇编——农业·环境》，商务印书馆 2005 年版，第 22 页。
③ 宫中朱批奏折，乾隆七年正月十五日管理九江关务唐英奏折，中国第一历史档案馆藏，档号04-01-35-018-1306。

虽遇歉收，而商贩之米石赴彼，其米价亦不甚昂贵，故除奉文采买之外，商人贩卖利薄，过关之船甚少。"①

乾隆二十四年，下游地区再次因水灾导致歉收米贵，而中游地区气候、收成属于正常水平。乾隆二十五年分，九江与苏州府米价差为0.679两/石，税收银444106两，较二十四年分高出33980两。乾隆二十六年分，两地米价差为0.404两/石，米价差较二十五年分缩减了0.275两，税收银也减少48198两。九江关税务舒善奏，"乾隆二十五年分比乾隆二十四年份多收正银三万三千九百八十两有零，缘偶值乾隆二十四年江浙米价昂贵之后，湖广米价平减，贩运米粮船只络绎不绝。是以征收船料较多上届。今乾隆二十六年份当乾隆二十五年江浙各处丰收之后，本年米价平减，兼之是年湖广偶值偏灾，米价稍昂，商贩运米前赴江浙不能获利。是以往来贩运米粮船只甚少。较上届乾隆二十五年分少船一万六千六百五十余只。遂致征收船料较上届短少正银四万八千一百九十八两有零。"②

乾隆三年与二十五年江广地区皆获得丰收，同时下游急需米谷接济，基本可以排除产米区气候、收成因素对于流通量的负向影响。这两年米价差较平时高出二三钱，势必促使商人更愿意往湖广买米，从而刺激流通量扩张。由上可见，影响乾隆前期长江中游米价变动的各种因素中，商人贩运的作用最为明显：一旦长江下游与中游地区米价差拉大，贩米利润增多，商贩米谷的流通量就明显增多；扩张的流通量进一步导致两地米价差趋于缩减，商人会快速对这一信息做出反馈，从而减少流通量；这种过程反复持续，最终使两地米价趋于均衡。

二、浒墅关过关粮食量的变化

四川与江广米谷经过九江关后，进入流通的第三段，浒墅关位于长江干道流通的终点。"四川、湖广商船系由长江顺流南下入镇江口，从丹阳、常州一带直抵浒墅关。"③浒墅关征税以米税为大宗。"查浒墅关每年所收

---

① 宫中朱批奏折，乾隆七年六月十八日江西巡抚陈弘谋奏折，中国第一历史档案馆藏。
② 宫中朱批奏折，乾隆二十七年六月初二日管理九江关税务舒善奏折，中国第一历史档案馆藏，档号04-01-35-0335-021。
③ 军机处上谕档，乾隆五十六年六月初四日第2条，中国第一历史档案馆藏，盒号719，册号2。

税银，米粮税约居大半，杂货等税，每年多寡不甚悬殊，故每年盈余之多寡总在米粮数内。而米粮客贩，惟有江广及安徽等省船只，自北而南经过浒关，接济苏杭等处，从无苏杭米船自南而北经过浒关者。是以凡遇江广、安徽等省丰收，米粮较苏杭价贱，则米船南下过关者必多。若苏杭米价平减而江广米价不能甚贱，则南来过关者必少。再淮扬一带米粮价贵，则江广米船就近在上游粜卖，过浒关者亦少。浒关盈缩总在于此。"① 浒墅关粮税银的变动能够反映出长江中上游运往下游米谷流量的变化。

杨建庭以乾隆三十三年至五十年浒墅关米税银估计乾隆时期平均每年经浒墅关的米近 500 万担。② 根据杨建庭所辑录的浒墅关米税银表，乾隆三十二年至五十一年，浒墅关米税银在 16 万~28 万两浮动；乾隆四十二年米税银数最高，为 280087.8 两，乾隆四十三年米税银为 165028.7 两，接近最低水平。乾隆四十二年，中游三省皆获丰收，中游三府与苏州米价差为 0.4~0.68 两/石。乾隆四十三年，湖南、湖北遭遇严重旱情，仅江西获得丰收，中下游米价差为 0.165~0.356 两/石，较上年缩减了 0.3 两/石。

舒文对乾隆四十三年米税银短缺情形做出了解释，"查米船来自四川、湖广、安徽，缘今年春夏得雨稍迟，以致收成歉薄，各该处米价贵于江浙，兼之江宁镇江常州各属地势本高，又因得雨稍迟，米价比苏州更贵，商贩趋利如鹜，因上游获利较多，即有客贩米谷亦俱于上游价贵之处分售，此米船较少于往年之情形。……并咨明湖北督抚二臣，兹据覆称：湖北各属雨泽愆期，收成歉薄，湖南同一被旱，兼之川米不能流通，现在米价倍于往年，转有自江西江南运米来楚者甚多，即咨查上游米豆必经各关亦俱称船只比往年较少，此米豆征收短少之实在情形也。"③

这份奏折说明，乾隆四十三年，中游地区只有江西省有粮食运往下游。因此，乾隆四十二年、四十三年浒墅关过关米税银数大致反映了中游丰收年份与灾异年份运往长江下游的米谷流通量。浒墅关税则规定，"米、小麦、豆每担征税四分。"④ 据此可以折算出，乾隆四十二年浒墅关过关米数为 700.2 万石；四十三年分过关米数为 412.6 万石。

① 宫中朱批奏折，乾隆二十六年七月十八日浒墅关监督安宁奏折，中国第一历史档案馆藏。
② 杨建庭：《清代前期浒墅关与苏州粮食市场》，《城市史研究》2014 年 00 期。
③ 《宫中档乾隆朝奏折》第 44 辑，乾隆四十三年九月十七日舒文奏报关税钱粮折，台北"故宫博物院"1982 年版，第 812–814 页。
④ 故宫博物院编：《钦定户部则例》卷 74，浒墅关税则，海南出版社 2000 年版。

乾隆四十二年，江苏巡抚杨魁奏报了当年正月至腊月底浒墅关通关米谷数量，全部折成米有585.1万石。如表4-1所示。

表4-1　乾隆四十二年浒墅关通关米谷数

单位：石

乾隆四十二年	过关米谷数	合计米	日过关米数
正月至二月十七日	米 269350 谷折米 102690	372040	8087.83
二月十八日至三月初二日	米 126973 谷折米 42379	169352	11290.13
三月初三日至三月底	米 369000 谷折米 86000	455000	16851.85
四月初一日至四月二十六日止	米 1255000 谷折米 145000	1400000	53846.15
四月二十七日至五月底	米 778000 谷折米 79000	857000	25969.7
六月初一日至七月十五日	米 392795 谷折米 108761	501556	11399
七月十六日至九月三十日止	米 273357 谷折米 204695	478052	6460.16
十月初一日至年底	米 797200 谷折米 820800	1618000	18179.78
合计	米 4261675 谷折米 1589325	5851000	16528.25

资料来源：《宫中档乾隆朝奏折》第37辑，第882页；第38辑，第65、第66、第538页；第39辑，第486页；第40辑，第360页，台北"故宫博物院"1982年版。

据表4-1可知，乾隆四十二年正月至四月，浒墅关通关米谷数逐月增加，至四月达到顶峰；五月至九月，过关米谷数量逐月减少；十月至年底，过关量有所回升。

乾隆四十二年四月份，过关米谷量最高。杨魁奏，"自四月初一日至二十六日止，又共过关米一百二十五万五千余石，并谷折米十四万五千余石。因漕艘渡江完全，商船即衔尾进口，是以四月内贩运过关粮食尤云集充盈。现在栈房积贮既多足数，各处接济之用，凡本地殷户藏米待价者亦乐于出粜，益觉流通。"① 四月初一日至四月二十六日共 26 天内，过关米谷折成米有 140 万余石，占全年过关量 23.93%。

七月至九月底，由于江苏丰收，本地新谷上市，导致过关量明显缩减。杨魁奏，"江苏地方本年秋收丰稔，合计通省收成九分有余。……新米既已上市，而外贩粮食核计过关数目，……自七月十六日起，至九月三十日止，共有过关米二十七万三千三百五十七石，谷折米二十万四千六百九十五石。"② 是年七月至九月 77 天内，过关量折米为 478052 石，仅占全年过关量 8.17%。

乾隆四十二年份奏报的过关米谷量是乾隆朝唯——份完整年份的通关米数的清单，并且，这一年刚好跨越乾隆四十二年、四十三年分米税银数最高、最低两个关期，过关米数略高于两关期以米税银折算的通关米数额之半。也就是说，在浒墅关，一般情况下，会有 500 余万石的流通量；在中游丰收时期，流通量可达 700 万石；中游灾异时期，输出量也有 400 万石。

乾隆十七年、五十一年是中游三省的两个价格峰值年。对应浒墅关关期来看，乾隆十七年为税收的较高年份，乾隆五十一年为税收的最低年份，两者形成了鲜明反差。下文取这两个关期进行考察。

乾隆十七年分，浒墅关税收银 544804.668 两，比十六年分多收银 117168.964 两。乾隆十七年安宁奏，"（浒墅关）上年浙省歉收，米贵。江广各省贩运赴浙者多，是以较之上届多至一十一万有奇。"③ 同年，九江关税收也较上年多出 8592 两。④ 从米价差来看，乾隆十六年分，中游三府与苏州米价差为 0.299~0.575 两/石；乾隆十七年分，米价差为 0.594~0.855 两/石。十七年分米价差较上年高出 0.3 两/石，这一年，商人贩米可获利 0.4~0.65 两/石。如此高的利润刺激了长江中游向下游的米谷流通量扩张，导致九江关税收增加了 8592 两，浒墅关税收增加了 11 万余两。同时，大

① 《宫中档乾隆朝奏折》第 38 辑，乾隆四十二年五月初七日江西运抚杨魁奏折，台北"故宫博物院"1982 年版，第 538 页。

② 《宫中档乾隆朝奏折》第 40 辑，乾隆四十二年十月初八日江苏巡抚杨魁奏折，台北"故宫博物院"1982 年版，第 360 页。

③ 《宫中档乾隆朝奏折》第 4 辑，乾隆十七年十月初六日安宁奏折，台北"故宫博物院"1982 年版，第 76 页。

④ 《宫中档乾隆朝奏折》第 2 辑，乾隆十七年三月十六日管理九江关务忠色奏折，台北"故宫博物院"1982 年版，第 445 页。

规模的粮食输出并伴随局部地区的灾歉，导致中游米价迅速上涨，在乾隆十七年达到乾隆前期的最高值。

乾隆五十一年分，苏州与江西米价差 0.811 两/石，差价较乾隆十七年高出 0.217 两/石。而乾隆五十一年分，浒墅关税收仅 281620.976 两，为乾隆时期税收最低值。[1]原因是乾隆五十年湖北、安徽受灾严重，汉阳米价为 2.307 两/石，江西米价为 1.86 两/石，安庆米价为 2.734 两/石；汉阳、安庆已经达到甚至赶超了苏杭的米价，而汉阳米价高出湖南 0.5 两/石，高出江西 0.45 两/石；因此有很大部分流入湖北、安徽，导致运往苏杭地区的米谷大量减少。

由上述考察可见，在乾隆后期，除了中、下游米价差对长江流域米谷流通量造成直接影响外，还出现了另一个突出的因素，即中游地区内部的粮食供应情况出现了变化。下文便对这一因素展开考察。

三、长江中游三省粮食供应能力的变化

早在 20 世纪 80 年代，方行先生曾利用文献资料讨论了苏州与湖南米价差的变动，指出康熙至道光年间两地米价差呈逐渐缩减趋势，并将其归于人口的增长、交易环节的缩短、交通条件的改善。[2]在这一部分，笔者取乾隆时期长沙、汉阳、九江与苏州四府米价进行比较，通过探讨米价差的变动来考察长江中游地区米谷供应能力的变化。

由图 4-2 可见，乾隆年间，长沙、汉阳、九江与苏府米价差的变化大体分为四个阶段：

第一阶段，乾隆三年至二十一年（1738~1756 年），米价差呈上升趋势。乾隆三年分，汉阳、长沙与苏州米价差为 0.48~0.535 两/石（九江府无数据）。乾隆二十一年分米价差达到最大，为 1.11~1.48 两/石，较乾隆四年分米价差平均多出 0.8 两/石。这一期间也有波动，乾隆十一年，米价差缩减至 0.12~0.3 两/石，是这一阶段的最低水平。

第二阶段，乾隆二十一年分至乾隆三十八年（1756~1773 年），米价差

① 《宫中档乾隆朝奏折》第 64 辑，乾隆五十二年六月初七日四德奏折，台北"故宫博物院"1982 年版，第 609-610 页。
② 方行：《清代前期湖南农民卖粮所得释例》，《中国经济史研究》1989 年第 4 期。

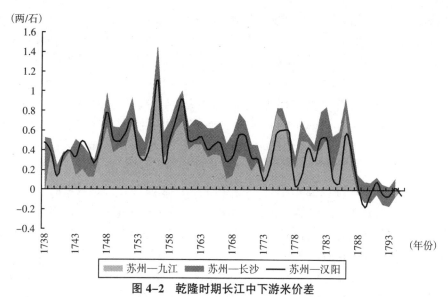

图4-2 乾隆时期长江中下游米价差

注：长沙、九江、汉阳米价数据来源于《清代粮价资料库》；苏州米价来源于：Yeh-chien Wang，
"Secular Trends of Rice Prices in the Yangtze Delta.1638-1935"，in Thomas G. Rawski and Lillian M.
Lieds，*Chinese History in Economic Perspective*，Berkeley：University of California Press，1992.

逐渐缩减。乾隆二十一年，米价差为 1.11~1.48 两/石；乾隆三十八年，米价差为 0.097~0.236 两/石；缩减了 1 两/石以上。

第三阶段，乾隆三十九年至乾隆五十二年（1774~1787 年）这一期间，米价差出现剧烈的波动。乾隆四十一年、五十一年，米价差曾高涨至 0.6~0.9 两/石，但在乾隆四十三年、五十年，苏州与汉阳米价差缩减至接近 0 的水平。

第四阶段，乾隆五十三年分至六十年分（1788~1795 年），这一阶段苏州府米价在 1.37~1.62 两/石；然而，九江米价在 1.5~1.6 两/石的高水平，达到甚至超出苏州米价，汉阳米价在 1.37~1.66 两/石变动，长沙米价在 1.3~1.47 两/石左右。因此，九江、汉阳与苏州米价降至最低，而苏州与长沙米价差也停留在 0.15 两/石以内的水平。

王业键曾经提出过乾隆末期苏州米价可能不实的问题。[①] 从档案材料来看，乾隆时期最后阶段米价差在-0.2~0.17 两/石浮动，商人无利可得。

① Yeh-chien Wang，"Secular Trends of Rice Prices in the Yangzi Delta.1638-1935" in Thomas G. Rawski，Lillian MLieds，*Chinese History in Economic Perspective*，Berkeley：University of California Press，1992，pp.35-68.

然而，据这一阶段浒墅关税收资料显示，税收银在 50 万两以上，乾隆五十五年分达到乾隆朝最高水平。是以，笔者认为，最后阶段的苏州府米价数据可参考性不高。下文，仅对乾隆五十三年以前的米价差变动展开探讨。

乾隆时期，长沙一直是四府中米价最低的地区。乾隆时，长沙米价最低值为 0.765 两/石，最高值为 1.765 两/石，一般在 1~1.2 两/石。乾隆三年至五十三年，长沙与苏州府米价差最低值为 0.236 两/石，最高值曾达 1.48 两/石，多数时候在 0.4~0.7 两/石波动，扣掉 0.2 两的运费，可得 0.2~0.5 两/石的利润。九江府一般为中游三府中米价最高地区。乾隆时，九江米价最低值为 1.025 两/石，最高值为 1.98 两/石，一般在 1.3~1.4 两/石。九江与苏州米价差最低值为 0.105 两/石，最高值曾达 1.167 两/石，一般在 0.3~0.5 两/石，扣掉运费，每石有 0.1~0.3 两的利润。汉阳府米价波动最大。最低值为 0.817 两/石，最高值为 2.19 两/石，一般在 1.2~1.4 两/石。中游三府，以汉阳府与下游米价差波动最大。乾隆中期以前，汉阳与苏州米价差大多在 0.3~0.5 两/石，最高时曾达 1.11 两/石。但在乾隆四十三年、五十年受到灾害冲击，次年汉阳米价皆在 2 两/石以上，达到与苏州府一样的高价。

价格差分析表明：乾隆时期湖南省一直是稳定的米谷输出区，有余粮输出，商人贩运也可获利；湖北在乾隆后期频繁的灾害冲击下，米价剧烈上涨，几与下游相仿；江西省虽然自身粮食产量仍然充足，但贩米利润不及湖南，在米谷贸易中处于居中地位。在本书第二章中，曾经利用人口、耕地、粮食总产量数字估计了乾隆三个时段的中游三省的余粮量。江西、湖南省在乾隆后期仍有数百万石的余粮量，湖北省稻麦产量已无法满足内部需求，很少有粮食输出。通过上述米价差的分析，进一步加深了这一印象。

乾隆后期几次大型灾荒，使湖北省内米谷供求的紧张情况格外凸显。乾隆四十三年，湖北遇旱灾。湖广总督三宝奏，"近年楚北屡丰告庆，间阎恃稔岁为常，不事盖藏。故偶歉则取资于江西、湖南等处。而川省尤所仰给。沿流之荆州、武昌、汉阳为商贾辐辏、五方云集之地，而汉口一镇最称巨镇。向来江岸米船日计万石内外，则贩售无虞翔踊，否则市侩易于恃盈居奇。"[1] 这段话中透露出两个信息：第一，湖北省偶歉必资外省米谷

---

① 《宫中档乾隆朝奏折》第 44 辑，乾隆四十三年七月二十九日湖广总督三宝奏折，台北"故宫博物院"1982 年版，第 383~385 页。

方可接济，并且对外来米谷的需求量非常大，但凡外米不来或者来得少了，米价就难以平减；第二，乾隆后期湖北除吸收四川、湖南米粮之外，又新增了江西这一粮食来源地。而江西米谷会溯流而上运往汉口的前提，是湖北米价已经开始超越江西米价了。

乾隆五十年，湖北遭遇水灾，汉阳米价高出长沙 0.5 两/石，高出九江 0.45 两/石，导致江西米谷大量输出自九江逆流而上接济湖北。是年江西米谷运往湖北达数十万石。乾隆五十年穆克登奏，"查自六月初一日起截至八月二十日止，过关往上游湖北米船共一千八百二十九只，均系客贩，并无执照。因九江关只征船料，所有装载货物，除盐茶之外，例不纳税，故不能扦查米数。约计每船载米自百余石至二三百石不等。"[①] 每船按120石计，则约有219480石。十一月初九，穆克登又奏，"自八月二十一日起，至本月初八日止，自江西贩往湖北米船一千五百四十一只，约装米十八万四千九百石。"[②] 由六月初一至十一月初八日，共 156 天，江西运往湖北米数 40 万余石，平均每天 2592 石米。乾隆五十八年，湖北荆襄出现旱灾，又招商赴江西买米。[③]

通过上述考察表明，湖北省在乾隆后期基本失去了米谷输出的价格优势，在受到灾害冲击时，需要从四川、湖南、江西购买米谷。

江西省的情况比湖北略好一些。在乾隆后期两次大灾中，江西米谷仍然源源不断地向外输出。然而，大规模输出也使江西省米价高涨。乾隆五十一、五十二两年，江西收成良好，然而米价仍贵。乾隆五十一年，九江米价 1.83 两/石，南昌高达 2.07 两/石；五十二年，九江米价 1.98 两/石，南昌 1.886 两/石。

在中游三省中，湖南省是最为稳定的粮食输出省。前人研究中，曾指出乾隆后期湖南米谷市场萎缩，湘米输出由长江下游转向湖北与广东。[④]但据嘉庆时期一份档案显示，直到嘉庆中期，广东仍然难以被称作湘米输

① 宫中朱批奏折，乾隆五十年八月二十一日江西广饶九南道穆克登奏折，中国第一历史档案馆藏，档号 04-01-35-1180-025。

② 宫中朱批奏折，乾隆五十年十一月初九日江西广饶九南道穆克登奏折，中国第一历史档案馆藏，档号 04-01-06-0003-007。

③ 宫中朱批奏折，乾隆五十八年八月十七日湖广总督特成额奏折，中国第一历史档案馆藏，档号 04-01-06-000。

④ 张丽芬：《湖南省米粮市场产销研究（1644~1937）》，硕士学位论文，台湾大学历史学研究所，1992 年。

出之主要市场。

嘉庆十六年五月，广东米贵，广东巡抚松筠请求免除广西桂林平乐梧州及广东肇庆、韶州各关厂米税，以鼓励湖南米商运米赴粤。此事引起嘉庆帝的疑惑。"但定例每谷百斤纳税银一二分不等，其为数甚属有限，何至商民等皆裹足不来，恐其中另有别故。"因此，皇帝谕令湖南巡抚景安调查湘米运往粤东的情况，得到如下回复：

"据长沙府知府张凤枝等传到商贩马顺丰、碓户陈聚泰等查询，金称湖南产米以长沙、衡州二府为最。向来商人在该府等属买米贩运，自省城经由湖北以达江浙，系长江顺流而下，大船可装千余石，小船亦载数百石，中途无须换船盘壖，虽有关税数处，而为数甚属有限，均可核入成本，尚能获利。若运至广东，其道有二：一由郴州而至广东，系逆流挽运，且自郴州至宜章县并无水道，必须陆运，需费浩繁。而自宜章县前进，溪河浅窄，船小异常，更兼滩河层叠，贩运甚为艰难。一由广西而至广东，计自长沙衡州二府运至广西交界之全州，程途千有余里，亦均系逆水，且须经由陡河，每遇船多水涸之时，必须守候，动辄经旬累月，至自广西以下，虽属顺水，而险滩林立，运费实属不赀等情。奴才复加访察，实缘自湖南贩米前赴广东，道途纡折，该商等虑成本太重，不能获利。是以专赴江浙，不赴粤东。并非因有些微关税裹足不前。"①

这条资料明白地显示，直到嘉庆中期，运米赴广东的运道条件仍然如故，运输成本过高，获利无多，并非商人首选的贩米路线。沿长江水道运往下游，仍旧是湖南米谷输出之主要运道。也就是说，长江下游作为湖南米谷输出的主要市场这一情况，在嘉庆时期仍然没有改变。

本节通过长江中下游米价差与税关档案的结合考察，探讨了乾隆时期长江流域米谷流通量的变化，得到如下结论：

第一，长江中游地区米谷输出具有强烈的市场导向性。对九江关的考察发现，商人贩运对中游地区米价变动造成了重要的影响。米价差增加，会刺激米谷流通量扩张，带动九江关税收增加；流通量的扩张促使米价差缩减，中游米谷流通量也相应减少，引起九江关税收减少。对浒墅关的考察同样论证了这点。

---

① 宫中朱批奏折，嘉庆十六年五月二十一日湖南巡抚景安奏折，中国第一历史档案馆藏，档号04-01-01-0527。

第二，乾隆时期长江流域的米谷流通量处于较高水平。对浒墅关的考察得到，乾隆时期浒墅关过关米数在 400 万~700 万石，一般有 500 余万石。

　　第三，乾隆后期，影响长江流域米谷流通量的重要因素除了中下游米价差以外，还有中游三省内部供求关系的变化。通过分析乾隆时期长沙、汉阳、九江与苏州府米价差的变动，进一步论证了：乾隆后期湖北省已经失去了米谷输出的优势，在灾年转变成为米谷输入区；大量粮食外运也导致江西省的粮价在丰年也居高不下。中游三省中，湖南省是最为稳定的粮食输出省，直到嘉庆时期，湖南省米谷的主要市场仍然是长江下游地区。

第五章 长江中游地区的市场整合

本书第三章在讨论米价周期波动时，围绕价格峰值年刻画了长江中游与上、下游之间的互动关系，笔者所关注的长江中游地区米价，除受到本省人口、气候、收成、消费等因素影响外，更大程度上还受到上、下游地区之米谷供求的影响。在探讨各省内部区域间米价变动之差异时，我们也很容易发现，较之非粮食输出地带，处于粮食输出地带的米价更容易受到市场影响，产生较剧烈的波动。第四章，通过考察中游的米谷流通路线与米谷贸易量的变化，也发现江广三省之间有着密切的联系。

在得到上述结论之后，自然而然便延伸出了新的问题，在长江中游这一跨越三省的大区域内部，是已经形成了一个统一的粮食市场，还是各自为政？如果存在这样一个统一市场，那这市场的核心在哪里，边缘在哪里，辐射范围有多广？

如何确切清晰地回答以上问题，已经超出了纯粹以传统文献为主的研究能力范围。因此，在本章，笔者引入计量经济学方法，对长江中游37个府州的乾隆朝米价数据进行计量分析。

本着循序渐进的宗旨，我们首先探讨跨府区的地区差价与跨省区的地区差价，以验证文献资料所论述的米谷流通。由于各府州所处地理环境以及稻作农业发达程度有所不同，各府州米谷余缺情况有很大差异，反映在价格上就体现在各地区的米价差值。考察府际米价差，可以间接反映府际米谷流通方向以及规模；考察省际米价差，可以间接反映大区域间米谷流通的规模与变化。继之，通过价格差相关分析和协整分析两种分析方法考察江广三省米价同步性变动，对区域粮食市场整合情况做进一步探讨。

目前，这两种量化方法在市场整合研究中已有较广泛应用，对其技术优缺点也有了较充分的讨论。大体来看，由于量化分析技术的不足带来的问题可分为两种：其一，忽视制度、气候、交易成本等因素造成对市场整合度的评价过高，甚至可能出现假性整合；其二，某些量化分析显示不整合的区域可能实际上在逐渐向整合发展。①

针对这些问题，目前研究者多从技术路线上下功夫，设计更为复杂精细的计量方法，将地理距离、交易成本、制度、气候等影响价格同步性的因素纳入模型，进行更为严格的稳健性检验。②众所周知，并非所有影响因素都能找到合适的可供量化分析的数据，因此仅靠建立经济学模型考察市场整合，其解释的有效性仍需进一步推敲。另外，量化分析方法存在的固有缺陷，也使得量化分析与历史的实证分析进行有机结合越发重要。本书尝试从史料出发，将历史文献与数据结合考察，为辨识量化的市场整合研究提供一些新的思考路径。

第一节　分省的市场整合考察

本书所考察的长江中游地区包含湖南、湖北、江西三省，在地理区位、经济开发程度、经济结构特点方面各有特色。首先，对江广三省米谷市场整合进行分省考察；其次，对江广三省进行整体考察；最后，对长江中游米谷市场格局进行总体把握。③

一、湖南省

在乾隆前、后期，长江中游三省米价皆有较大波动，乾隆中期20年价格波动相对平稳。乾隆二十八年，长江流域及东南地区皆获得丰收。④

---

① 周章跃、万广华：《论市场整合研究方法——兼评喻闻、黄季〈从大米市场整合程度看我国粮食市场整合〉一文》，《经济研究》1999年第3期；Paul L. Fackler, Barry K. Goodwin, Spatial Price Analysis, Handbook of Agricultural Economics, Elsevier, 2001, pp.971-1024.

② 目前从文献中见于应用更为精密的计量模型有空间转换模型、状态空间模型、门阈误差修正模型等。

③ 本章节部分内容已经发表，参见赵伟洪：《清乾隆朝湖南省米谷流通与市场整合》，《中国经济史研究》2015年第1期；赵伟洪：《乾隆时期江西省米谷流通与市场整合》，《中国社会经济史研究》2016年第4期。

④ 《宫中档乾隆朝奏折》第17辑，第46、第681页；第18辑，第238、第254、第591页；第19辑，第134、第177、第226页，台北"故宫博物院"1982年版。

我们取乾隆二十八年（1763 年）各府州年度米价数据进行比较，如图 5–1 所示。①

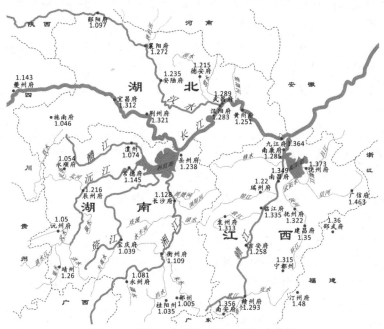

图 5–1　乾隆二十八年长江中游各府米价

湖南省内 9 府 4 直隶州，湘南三府米价最低。乾隆二十八年，永州、郴州、桂阳三处年均米价皆在 1 两/石左右。永州府居湘江上游，米价为 1.081 两/石，中游衡州府米价稍高一点，年均价为 1.109 两/石，至下游长沙府，米价为 1.128 两/石，其米价依次递增，但相邻各段米价差仅为 0.2 钱/石。

沅江流域，辰州府米价最高，为 1.216 两/石，每石米比下游常德府高 0.071 两，比下游沅州府高 0.156 两，无疑沅州、常德二府米谷会被吸引至辰州府来。洪江地区，靖州米价为 1.26 两/石，高出沅州府 0.21 两/石，靖州会同县商业人口集中，由沅州搬运至会同的米谷当不在少数。再观察清江上游的镇远府米价发现，乾隆二十八年均价为 1.109 两/石，每石比沅州高 0.59 钱，二府间可能从事米谷、竹木互易。但镇远府米价低于辰州、

————————

① 为方便起见，这里将公历 1736 年米价代替乾隆二十八年米价，由于取年度平均，这种改变后的差异不会对我们的探讨构成明显的影响。

常德二府，由此观之，乾隆时期由常德、沅州向贵州省搬运米谷的行为，主要是出于军事需求，而非正常的商业需求。

至于为何沅江流域米价差会高出湘江流域许多，也可以略作探讨。从交通方面来说，沅江中上游的水运条件较湘江中上游稍差些。加之，湘西多少数民族，自雍正时期完成改土归流后，在政治上获得与内陆地区同样的条件。其经济开发较省内其他区域亦稍晚。加之山地气候寒冷，农作条件也不及湘中、湘南以及洞庭湖区，因此开发程度可能无法与湘江流域同日而语。

资江上游宝庆府米价为 1.039 两/石，每石米价比常德府低 0.106 两，但资江水运极不便，宝庆米极少下运。同时，宝庆与湘西的辰州、沅州的经济联系相对密切一些，这两处米价皆高于宝庆府，辰州府米价比宝庆府高出 0.177 两/石，两地间贸易也可以使商人获利。

接下来，我们进一步对各府进行价格差相关分析，以初步获得各府州之间的市场相关度。以往研究者衡量关系强度使用的标准有所不同，陈春声关于广东米价的研究取相关系数 0.9 以上为强相关、0.8~0.89 为较强相关、0.79 以下的为较弱的相关。这种标准划分比较精细，但对于湖南米价的情况而言则属过高。王国斌取 0.65 以上作为存在相关性的标准，较之前者则过于粗疏。本书参考以上两种标准，取 0.8 以上为强相关性、0.79~0.6 为弱相关性、0.59 以下则无相关性。

由价格差相关分析结果显示，共 9 对在 0.8 以上，呈强相关性。其分布，沿水系有湘江流域长沙与衡州、永州与桂阳州，沅江干流辰州与沅州，洞庭湖区岳、长、常之间以及澧州与岳州，呈强相关性；跨流域宝庆与沅州、衡州与岳州，呈强相关性。

表 5-1　湖南各府州中米年平均价格差相关系数

	长沙府	岳州府	常德府	澧州	衡州府	宝庆府	辰州府	永州府	沅州府	靖州	永顺府	郴州	桂阳州
长沙府	1												
岳州府	0.88	1											
常德府	0.88	0.86	1										
澧州	0.79	0.85	0.78	1									
衡州府	0.8	0.8	0.71	0.71	1								
宝庆府	0.67	0.72	0.59	0.61	0.74	1							

续表

	长沙府	岳州府	常德府	澧州	衡州府	宝庆府	辰州府	永州府	沅州府	靖州	永顺府	郴州	桂阳州
辰州府	0.68	0.65	0.62	0.7	0.64	0.67	1						
永州府	0.68	0.68	0.63	0.59	0.73	0.64	0.46	1					
沅州府	0.57	0.64	0.52	0.58	0.61	0.8	0.83	0.54	1				
靖州	0.45	0.49	0.41	0.4	0.57	0.73	0.48	0.51	0.67	1			
永顺府	0.49	0.58	0.42	0.57	0.58	0.77	0.74	0.45	0.79	0.52	1		
郴州	0.6	0.54	0.48	0.56	0.79	0.56	0.49	0.71	0.47	0.42	0.44	1	
桂阳州	0.52	0.48	0.42	0.43	0.63	0.48	0.28*	0.8	0.28*	0.31	0.32	0.69	1

注：* 代表在 5% 水平上显著，其他参数均在 1% 水平上显著。

共 31 对相关系数在 0.6~0.79，呈弱相关性。沿水系有湘江上游永、郴、桂与下游衡、长二府，沅江上游沅州与靖州、下游常德与辰州，洞庭湖区澧州与常德、长沙二府，呈弱相关性；跨水系有宝庆与湘沅二水长、衡、永、辰、靖等府州，沅江流域辰、沅与澧江永顺、澧州，以及湘、沅二水干流几个府州之间，呈弱相关性。

其余 38 对相关系数在 0.6 以下，不具相关性。沿水系有湘江长沙与桂阳州，沅江干流沅州与常德，支流靖州与辰、常二府，以及资江、澧江流域，不具相关性；跨水系有湘西靖州、永顺与洞庭湖区、湘江流域，湘南郴、桂与宝庆、洞庭湖区、沅江流域，以及湘、沅二水大部分府州间，不具相关性。

由价格差与价格差相关分析表明：洞庭湖区各府州的米价存在高度的相关性，湘江、沅江两条水系内部存在显著的价格相关性，而资江、澧江流域内的价格相关性并不突出。此外，湘、沅二江干流诸府间也存在一定的相关性。

进一步的协整检验结果表明，[①] 共 18 对关系呈显著价格协整且存在显

----

① 对年度价格序列取对数，进行单位根检验，结果表明，13 个价格序列均为非平稳序列，其一次差分序列为平稳序列，可以进行协整检验。将 13 个价格序列两两一组做回归，取回归式的残差做 ADF 检验，如果检验通过，则进一步建立误差修正模型，以检验是否存在 Granger 因果关系，检验结果见表 5-2、表 5-3。关于协整程度的解释，可参考李翎帆的博士学位论文：Li Ling-Fan, Bullion, Bills and Arbitrage: Exchange Markets in Fourteenth to Seventeenth Century Europe London School of Economics and Political Science, 2012.

著正向短期关系。① 沿水系有湘江流域长—衡—永、衡—永—郴诸府州间，沅江流域靖州、常德与沅州，洞庭湖区岳州、常德与长沙，呈强整合；跨水系有宝庆与郴州，永顺与辰州、沅州，岳州与湘、沅干流衡州、永州、沅州，湘、沅二水长沙与辰州、沅州，靖州与郴州，呈强整合。

共 37 对关系呈显著价格协整，但不存在显著正向短期关系（简称"弱整合"）。沿水系有湘江支流桂阳州与永、郴，郴州与长沙，沅江沅、靖与辰州，辰、靖与常德，洞庭湖区澧州与长沙、常德，呈弱整合；跨水系有宝庆与湘、沅干流部分府州，岳州与宝庆、湘、沅支流，澧江与湘、沅部分府州，以及湘、沅二水间大部分府州，呈弱整合。

共 23 对关系不构成价格协整（简称"未整合"）。沿水系有桂阳州与湘江干流长、衡二府，洞庭湖区常德、澧州与岳州，以及资江流域、澧江流域，未整合；跨水系有宝庆与周边衡、桂、辰州等，岳州与辰州、郴州，永顺与常德、湘江流域，以及湘、沅二水间长沙与靖州、沅州与郴州，未整合。

两种方法所得结论的相同部分说明了湖南米市场整合的大体情况。湘江干流长、衡、永与支流郴州以及洞庭湖岳州、常德构成市场整合。沅江流域分作两块：沅江上游辰州、靖州与沅州，下游常德、沅州与辰州形成市场整合。此外，湘西永顺、辰州、沅州，湘南桂阳州、永州、郴州，以及宝庆与周边长沙永州、沅州、靖州等，建立了局部密切的经济联系。澧江、资江流域米价不整合。

协整检验与相关分析结果不同的部分，主要是关于洞庭湖区整合度以及湘、沅二水之间整合度的估计。协整分析结果表明，洞庭湖区并非相关系数所反映的高度的市场整合——常德、澧州与岳州米价不整合，而澧州与长沙、常德米价变动不构成短期正向关系。当我们回归文献资料，可能的解释是，也许我们确实高估了 18 世纪湖南洞庭湖区的整合度。前文已述及，常德府的米谷输出并非全部进入洞庭，还有一部分溯沅江，过辰州、经沅州运往贵州省。正因为常德府米向西南地区的输出，导致了常德与岳州米价的不整合。② 至于澧州与岳州的不整合，可能与澧州沟通湖北

---

① 为简化表述，本书将兼具长期价格协整关系与正向短期同步关系的价格协整关系标注为"强整合"，仅具备长期价格协整关系者为"弱整合"，对未建立协整关系者视为"未整合"。

② 在后文中笔者取 1739~1794 年这段数据检验岳州与常德的关系，呈弱整合度。也许更准确的表达方式应该是常德与岳州的关系非常趋近于整合。

的另一运道有关。荆江自荆州府有支流虎渡河，南下直抵澧州属观音港，其间二百二十里水程，此段属"内河平水"，舟楫络绎，为商贾通津。[1] 若澧州有一部分米谷经此水道，越过岳州府直接进入湖北，势必会影响澧州与岳州两地的价格协整。关于湘、沅二水的关系，协整分析显示存在较密切的经济联系，相关分析结果则无法支持这一判断。可能是两条运道以长沙为节点形成了间接联系，也可能是资本流动、经济地位等长期因素趋近导致的影响。目前尚未见文献资料可以证明，姑且存疑。

图 5-2　湖南省米谷市场整合关系（1738~1795 年）

将计量分析结论与米谷流通运道相对照，便发现湖南省主体的整合区域恰好与湖南米流通的几条运道重合：湘江干流与洞庭湖区这一整合区对应湘米进入长江的主运道，湘江上游衡—永—郴这一整合区对应湘米溯湘江南下流入两广两条运道，沅江常德—辰州—沅州这一整合区对应湘米进

---

[1] 《宫中档乾隆朝奏折》第 31 辑，乾隆三十三年期成额、定长奏折，台北"故宫博物院" 1982 年版，第 5、第 55 页。

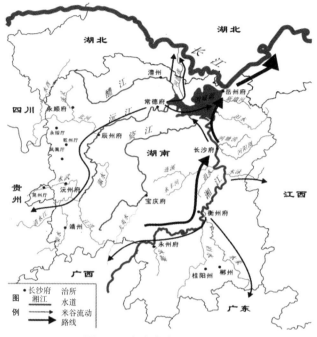

图 5-3 湖南省米谷流通运道

入云贵这条运道。文献资料与计量分析皆验证了湖南省的米市场是以对外输出主导形成的市场整合。长沙府是湖南省最重要的米谷市场。其原因有三：其一，湘江流域所产谷石超过沅、澧二水米谷产出之和，[1] 同时湘江运输能力也超过资、沅、澧三江；其二，长沙府米价的上涨趋势强于全部府州；其三，长沙府与洞庭湖、湘江所有参与省外米谷贸易的府州皆构成显著的协整关系。岳州府作为湘米外运的门户，成为最大的米谷中转地。常德府武陵、龙阳、桃源及澧州津市也属于规模较大的米谷市场。

省内活跃的粮食余缺调剂，也促进了局部市场整合的形成。辰州府为缺米区。辰溪县每年仓谷采买，"或赴上游之芷江、麻阳、黔阳、溆浦等处，或下游之常德、桃源地方，扁舟购买。"[2] 沅州府黔阳县新路市，为"米码头"，辰州府龙潭乡民赴此籴米。[3] 加之沅水此段为常德米运往贵州

---

① 张人价：《湖南之谷米》，"湖南十足年稻谷产量估计表"，湖南经济调查所1936年版，第25-27页。
②《湖南省例成案》卷23，《户律·仓库》，第10b页。
③（清）姚文起：乾隆《黔阳县志》卷9，《市镇》。

必经之路，两种因素共同解释了沅江下游常德、沅州与辰州的价格整合。沅江上游的整合则主要是因为一部分沅州米供应靖州所致。靖州会同县洪江镇，为滇黔粤楚四达之通衢，商人会馆林立。此地商民"俱系黔阳、芷江二县各处乡民挑负往洪售卖，以供客商居民日食。"① 此外，还有大量商民自洪江往黔阳等县受廛迁市，这些人也需从市场买米。② 黔阳县托口市，在乾隆时已出现了私立的米牙。③

湘西、湘南山区的粮食交流也很活跃。沅江有支流北河入永顺府境，永顺府的米谷可经由此路进入辰州府乾州厅。乾州厅有旦武营："阛阓数间，米盐布匹，贸迁有无，其值最昂，故货亦不缺。"④ 但永顺府原本所产不多，米谷输出亦当有限。湘南山区，桂阳州蓝山县有余粮可供给永州宁远县。⑤ 另外，桂阳州又向永州新田县买米。⑥

常德与宝庆不整合，这验证了资江流域很少有米谷外运。宝庆府城步县、邵阳县属余粮区，但所在资江上游"水急滩险，舟楫难通"，贩米出境，"撑驾者不过秋子船，所贩不过稻谷四五十石。"⑦ 宝庆与长、岳、靖、沅等府州的整合则表明宝庆与周边可能存在一定程度的经济关系。⑧ 自邵阳县乘水路可达长沙⑨湘潭至宝庆陆路有姜畲市，"烟民三百余户"。⑩ 宝庆通沅州陆路设有新路市，为"米码头"。⑪ 又据史料载，宝庆府"一有荒歉，止藉祁、衡。"⑫ 宝庆与衡、永二府也存在米谷交流。

运用计量分析结合文献资料考察湖南省米谷市场整合，最终得到如下结论：第一，湖南省米谷市场整合的主体区域与湖南米外运的几条运道重合。湘江流域与洞庭湖区因对汉口、长江下游的米谷贸易构成了显著的市场整合，长沙府是最重要的米谷市场。湘江上游与广东的粮食流通运道，

---

① 光绪《会同县志》卷2，《建置志·市镇》；《湖南省例成案》卷23，《户律·仓库》。
② 雍正《黔阳县志》卷3，《市镇》。
③⑪ 乾隆《黔阳县志》卷9，《市镇》。
④ 乾隆《永顺县志》卷1，《地舆志·市村》。
⑤ 民国《蓝山县图志》卷21，食货上；民国《宁远县志》卷17，《食货》。
⑥ 同治《桂阳直隶州志》卷6，《工志》。
⑦⑫ 道光《宝庆府志》，《末卷中·捃谈二》。
⑧ 王国斌、濮德培取1737~1777年这一湖南米价变动相对平稳的时段计算价格差相关系数，宝庆与岳州的相关系数小于0.65，其相关性被剔除掉。笔者对1738~1795年、1738~1777年两个时段作协整检验的结果都支持宝庆、岳州两地的协整，但两地不存在正向短期关系。也许是由于两地人口、货币等长期因素的影响所导致两地的协整关系。
⑨ 光绪《邵阳县乡土志》卷4，《地理·商务》；康熙《湘乡县志》卷1，《市镇》。
⑩ 乾隆《湘潭县志》卷5，《市镇》。

表 5-2　湖南省协整检验残差项 T 值（1738~1795 年）

	长沙府	常德府	岳州府	澧州	衡州府	永州府	宝庆府	辰州府	沅州府	靖州	郴州	桂阳州
常德府	-5.2***											
岳州府	-4.89***	-2.96										
澧州	-4.32***	-4.75***	-2.98									
衡州府	-3.96**	-4.4***	-4.15***	-3.25								
永州府	-4.04**	-4.52***	-4.12***	-4.14***	-3.83**							
宝庆府	-5.8***	0.58	-4.59***	斜率远离1	-2.45	-4.06**						
辰州府	-4**	-5.41***	斜率远离1	-3.95**	-3.63**	-3.67**	-2.75					
沅州府	-5.76***	-5.05***	-2.99*	-4.35***	-2.92*	-4.12**	-3.63*	-3.9**				
靖州	斜率远离1	-7.43***	-5.72***	-5.78***	-6.86***	-5.24***	-4.83***	-5.44***	-4.08**			
郴州	-3.83**	-4.72***	斜率远离1	-3.87**	-3.46*	-4.5***	-3.89**	-4.68***	-0.74	-4.77***		
桂阳州	斜率远离1	0.1	-4**	斜率远离1	-2.98	-4.24**	斜率远离1	-3.64*	-3.04*	-4.12**	-3.28*	
永顺府	斜率远离1	斜率远离1	-3.39*	斜率远离1	-2.41	-4.17**	-3.41*	-3.59*	-3.33*	斜率远离1	斜率远离1	-2.86

注：①残差 ADF 值显著性水平：*** 表示 1%水平显著；** 表示 5%水平显著；* 表示 10%水平显著。
　　②根据一价定理，如果两地米价构成市场整合关系，其回归式斜率应该接近 1，否则便认为两地市场尚未完成整合，标注"斜率远离 1"。

以及沅江流域由常德府溯流而上与贵州的米谷流通运道，也形成显著的价格协整。这证明了湖南米谷流通的显著市场导向性。第二，洞庭湖区的整合度较以往学者所认为的低，[1]原因在于常德溯沅江向贵州输出米谷，而澧州经虎渡河可直接与湖北建立经济联系。第三，跨府州的小规模粮食余缺调剂促进了局部地区的整合，如湘西山区永顺—辰州—沅州、湘南山区永州—桂阳—郴州，建立了密切的经济联系。宝庆府顺资江很少有米谷下运，但与周边长沙、衡州等可能存在一定的经济联系。总体而言，乾隆时

---

[1] R.BinWong, Peter C.Perdue, "Grain Markets and Food Supplies in Eighteenth-Century Hunan", in Thomas G. Rawski, Lilian M. Li eds, *Chinese History in Economic Perspective*, Berkeley: University of California Press, 1992, pp.126-144.

表5-3　湖南省基于协整的误差修正模型参数值

	长沙府	常德府	岳州府	澧州	衡州府	永州府	宝庆府	辰州府	沅州府	靖州	郴州	桂阳州
常德府	-0.712 5+											
岳州府	-0.503 2+	未整合										
澧州	-0.4744 6-	-0.9137 2-	未整合									
衡州府	-0.4101 1+	-0.5042 滞后项不显著	-0.438 9+	未整合								
永州府	-0.544 5+	-0.6003 滞后项不显著	-0.5086 9+	-0.389 滞后项不显著	-0.4612 5+							
宝庆府	-0.6726 1-	未整合	-0.5097 1-	未整合	未整合	-0.5538 4-						
辰州府	-0.374 2+	-0.866 1-	未整合	-0.5547 7-	-0.4248 滞后项不显著	-0.3769 滞后项不显著	未整合					
沅州府	-0.5622 2+	-0.3923 2+	-0.2872 2+	-0.4959 滞后项不显著	-0.208 2-	-0.3007 7-	-0.2523 3-	-0.4098 滞后项不显著				
靖州	未整合	-0.7858 1-	-0.6339 5-	-0.4381 4-	-0.8349 1-	-0.6123 1-	-0.5729 1-	-0.6669 1-	-0.566 4+			
郴州	-0.3464 滞后项不显著	-0.5258 1-	未整合	-0.3916 1-	-0.3737 1+	-0.6024 9+	-0.275 8+	-0.51 1-	未整合	-0.4005 3+		
桂阳州	未整合	-0.2855 滞后项不显著	未整合	未整合	未整合	-0.4747 2-	未整合	-0.2859 1-	E t-1 不显著	-0.3762 1-	-0.3703 2-	
永顺府	未整合	未整合	-0.3543 5-	未整合	未整合	-0.3343 6-	-0.2646 1-	-0.3663 8+	-0.2472 8+	未整合	未整合	未整合

注：①误差修正模型设计为：$dlnP1_t = \sum_{i=1}^{t-1}\alpha_i \cdot dlnP1_{t-i} + \sum_{i=1}^{t-1}\beta_i \cdot dlnP2_{t-i} + \gamma \cdot E_{t-1} + \nu_t$。式中 lnP1、lnP2 表示两地物价取自然对数，E_{t-1} 表示两地物价格取对数作协整回归所得残差项的一阶滞后项。

②表格上方为当 E_{t-1} 显著时取自然对数值。γ 的值。γ 一般为负值，当其绝对值越大，代表协整强度越高。

③表格下方为具有显著性的 $dlnP2_{t-i}$ 滞后期数 i，的符号 β，的符号（当 $dlnP2_{t-i}$ 有多项呈显著时，仅标注最近一期滞后后符号）。如果 $dlnP2_{t-i}$ 显著且 β，为正值，说明两地价格具有显著正向短期关系。

④当协整回归式中残差 E 的 ADF 估计值低于临界值，即视为拒绝协整，标注"未整合"。

期，湖南省米谷市场通过向省外输出以及省内局部地区的余缺调剂，已经构成了相当程度的整合。

二、湖北省

上文对湖南省市场的考察，大体为本书确立了研究的规范。接下来，笔者采用同样方法，分别考察湖北、江西两省内部的市场整合情况。

湖北省内水运交通，依凭汉水、长江二条主要河流向汉口集中。汉水一线，郧阳府米价最低。乾隆二十八年，郧阳府米均价为 1.097 两/石，襄阳府米价为 1.272 两/石，两地米价差为 0.157 两/石。郧阳府房县属于米谷输出区，顺汉水运赴襄阳府樊城镇，扣除运费之外仍能获利。下游安陆府米价为 1.235 两/石。安陆府米价较襄阳府低 0.037 两/石，是以襄阳本地所产米谷不会运往安陆。襄阳府农业以旱地作物为主，盛产小麦，产米相对较少，加之樊城镇商业发达，人口密集，因此其米价高于相邻地区。汉水下游汉阳府米价为 1.283 两/石，比安陆府米价高 0.048 两/石，比北部德安府高 0.068 两/石。德安、安陆两处皆为产米区，米谷顺水向汉阳府汇集。

长江流域荆州、汉阳、武昌、黄州诸府属产米区，荆州、汉阳两处为大宗米谷集散地。乾隆二十八年，黄州米价为 1.251 两/石，较汉阳府低 0.032 两/石。黄州府米谷会溯长江运往汉口。荆州、宜昌府米价皆高出汉阳府。乾隆二十八年，荆州府由于水灾的影响，米价为 1.321 两/石，为是年湖北省米价最高府，可能难有米谷到达汉阳。但是荆州府也为湖南、四川米的中转站。前已述及，湖南澧州米多价低，有大宗米谷向沙市集中，再转运汉口。宜昌府在荆州府上游，农作物以玉米为主，稻麦稀少，食米皆自外来。宜昌食米主要依靠四川来的米谷。夔州府米价为 1.143 两/石，比宜昌府低 0.169 两/石。但宜昌府所能消化米谷数不多，大宗川米会向下游荆州、汉阳汇集。因此，由荆州府沙市运往汉阳的米谷很大部分是来自四川、湖南两地。

接下来，取乾隆三年至乾隆六十年（1738~1795 年）间湖北十府中米年度米价，进行价格差相关性检验，得到 45 对关系（见表 5-4）。

共 12 对关系相关系数在 0.8 以上，呈强相关性。武昌、汉阳、安陆、荆州 4 府两两之间，共有 6 对关系，皆构成强相关；黄州与武昌、汉阳、德安三府，德安与安陆、武昌、荆州三府，也构成了强相关。

共 17 对相关系数在 0.6~0.79，呈较弱相关性。其分布，有宜昌与长江流域武、汉、荆、黄四府，襄阳与施南以外 8 府，黄州与荆州、汉阳，德安与汉阳、宜昌，宜昌与郧阳府，构成较弱的价格差相关。

剩余 16 对相关系数在 0.59 以下，缺乏相关性。施南与省内 9 府皆不具显著相关性；郧阳与宜昌、襄阳以外 7 府皆不具显著相关性；宜昌与施南、安陆、德安三府不具显著相关性。

表 5–4　湖北各府州中米年平均价格差相关系数表（1738~1795 年）

	武昌	汉阳	黄州	荆州	宜昌	安陆	德安	襄阳	施南	郧阳
武昌	1									
汉阳	0.91	1								
黄州	0.83	0.76	1							
荆州	0.85	0.86	0.78	1						
宜昌	0.74	0.62	0.65	0.68	1					
安陆	0.86	0.82	0.8	0.83	0.58	1				
德安	0.8	0.75	0.86	0.85	0.61	0.8	1			
襄阳	0.71	0.63	0.67	0.78	0.65	0.7	0.76	1		
施南	0.22	0.18	0.21	0.28	0.25	0.23	0.16	0.2	1	
郧阳	0.55	0.45	0.54	0.58	0.63	0.58	0.55	0.67	0.29	1

注：以上全部通过 1% 显著性检验。

综合地区差价的讨论与价格差相关分析，可以发现，价格差相关系数在 0.8 以上、具有强相关性的关系对，由湖北省中东部的汉阳、武昌、黄州、安陆、德安、荆州六府所构成。以上诸府农作条件优越，属于主要产米区，且交通便利。除以上六府外，值得注意的是宜昌府与襄阳府。襄阳府与上述六府以及宜昌府构成了稍弱的价格差相关，而宜昌府同长江下游的荆州、汉阳、武昌、黄州诸府也形成了稍弱的价格差相关。

进一步的协整检验结果表明（见表 5–5、表 5–6），共 11 对关系呈现强整合关系。武昌与汉阳之间，武、汉二府分别与黄州、荆州、安陆、德安四府，以及德安与安陆，襄阳与郧阳，构成强整合。

共 16 对关系呈现弱整合关系。宜昌与荆江下游 4 府，襄阳与江、汉沿线各府，郧阳与武昌、汉阳、安陆、宜昌 4 府，黄州与安陆、德安、荆州 3 府，构成弱整合。

其余 18 对关系未构成价格协整。施南与省内其他 9 府，宜昌与汉水流域襄阳、德安、安陆 3 府，荆州与安陆、德安、郧阳 3 府，郧阳与黄州、德安 2 府，武昌与襄阳，皆未整合。

表 5-5　湖北省协整检验残差项 T 值（1738~1795 年）

	武昌	汉阳	黄州	荆州	宜昌	安陆	德安	襄阳	施南
武昌	1								
汉阳	−6.19***	1							
黄州	−4.82***	−5.86***	1						
荆州	−3.51*	−4.28**	−3.55*	1					
宜昌	−3.86*	−4.32***	−4.5***	−4.28**	1				
安陆	−3.33*	−4.5***	−3.64*	−3.14	斜率远离1	1			
德安	−3.49*	−5.23***	−3.64*	−2.65	−2.84	−4.35***	1		
襄阳	斜率远离1	−5.33***	−4.36***	−3.64*	斜率远离1	−4.39**	−4**	1	
施南	−1.9	斜率远离1	斜率远离1	斜率远离1	斜率远离1	斜率远离1	斜率远离1	斜率远离1	1
郧阳	−4.56***	−6.48***	−1.02	0.94	−3.47*	−3.6*	−1.87	−4.69***	斜率远离1

注：①残差 ADF 值显著性水平：*** 表示 1%水平显著；** 表示 5%水平显著；* 表示 10%水平显著。
②根据一价定理，如果两地米价构成市场整合关系，其回归式斜率应该接近 1，否则便认为两地市场尚未完成整合，标注"斜率远离 1"。

综合相关分析、协整分析方法所得结论之共同部分，可见鄂中地区荆州、汉阳、武昌、黄州、德安、安陆 6 府间，形成了价格强相关与强整合；汉水上游，郧阳府与襄阳构成了价格弱相关与强整合；襄阳与核心 6 府中的汉阳、荆州、安陆、德安 4 府，宜昌与长江流域武、汉、荆、黄 4 府以及鄂西北的郧阳府，构成了价格弱相关与弱整合；施南府与其他 9 府，宜昌与汉水流域襄阳、安陆、德安 3 府，既不构成明显价格相关，亦不具协整关系。

表5-6　湖北省基于协整的误差修正模型参数数值

	武昌	汉阳	黄州	荆州	宜昌	安陆	德安	襄阳	施南
汉阳	-0.5827 3+								
黄州	-0.4586 4+	-0.7605 9+							
荆州	-0.3915 8+	-0.2517 8+	-0.1855 7-						
宜昌	-0.3104 1-	-0.4401 2-	-0.4524 1-	-0.415 2-					
安陆	-0.2187 7+	-0.5442 7+	-0.5154 2-	未整合	未整合				
德安	-0.3345 7+	-0.5019 1+	-0.4184 2-	未整合	未整合	-0.5277 7+			
襄阳	未整合	-0.5101 2-	-0.4489 2-	-0.3406 滞后项不显著	未整合	-0.3598 2-	-0.3443 1-		
施南	未整合	未整合	未整合	未整合	未整合	未整合	未整合	未整合	
郧阳	-0.4636 滞后项不显著	-0.4642 2-	未整合	未整合	-0.3777 2-	-0.3144 2-	未整合	-0.4336 1+	未整合

注：① 误差修正模型设计为：$dlnP1t = \sum_{i=1}^{t-1}\alpha_i \cdot dlnP1_{t-i} + \sum_{i=1}^{t-1}\beta_i \cdot dlnP2_{t-i} + \gamma \cdot E_{t-1} + \nu_t$，式中 lnP1、lnP2 表示两地物价取自然对数，d 表示一阶差分，E_{t-1} 表示对两地价格取自然对数作协整回归所得残差项的一阶滞后项。

② 表格上方为当 E_{t-1} 显著时回归系数 γ 的值，一般为负值。γ 的绝对值越大，代表协整度越高。

③ 表格下方为具有显著性的 $dlnP2_{t-i}$ 滞后期数 i，+/-符号代表期数 i，的符号（当 $dlnP2_{t-i}$ 有多项呈显著性时，仅标注最近一期滞后项符号）。如果 $dlnP2_{t-i}$ 显著且 β_i 为正值，说明两地价格具有显著正向短期相关关系。

④ 当协整回归式中残差 E 估计值的 ADF 估计值低于计算临界值，即视为拒绝协整，标注"未整合"。

图5-4　湖北省米谷市场整合关系（1738~1795年）

图5-5　湖北省米谷流通运道

　　结合图5-4、图5-5来看省内市场区的分布：沿江、汉两河流域，武昌、汉阳、黄州、荆州、德安、安陆6府已经构成了一大块整合的市场区，这一市场区的核心是武昌与汉阳二府；沿长江流域，宜昌府与下游4府构成了稍弱的市场整合；沿汉水上游，郧阳与襄阳形成了整合的市场，襄阳与核心 6 府中武昌府以外地区也建立了一定的市场联系。然而，襄阳与安陆，荆州与安陆未构成整合，则似乎与汉水流域的流通情况并不相符。笔者采用 1741~1790 年时段数据进行检验，①与原有结果一致，排除了原始数据缺失对量化分析造成的影响。再进一步考虑到乾隆后期极端气候对湖北米价的冲击，笔者对上述区域乾隆四十九年以前（1741~1784年）米价协整关系进行检验，得到襄阳、荆州皆与安陆构成强整合，荆州、襄阳构成弱整合。由此看来，乾隆后期的极端气候对湖北省局部粮食市场的价格变动产生了显著影响。

对鄂西地区襄阳、郧阳、宜昌三府略作探讨。从价格差来看，郧阳府为西部三府中米价最低地区，米价为 1.097 两/石，较宜昌府低 0.215 两/石，郧阳米谷可能流入宜昌。但宜昌府仅北部兴山县没有长江经过，巴东等四县皆在长江沿线。四川夔州府米价为 1.142 两/石，比宜昌府米价低 0.17 两/石。很显然，宜昌府从夔州获取米谷会更稳定、更便利，米源也更充足。加之，乾隆时期，湖北省在长江沿线的荆州、汉阳、武昌等府同样依赖于四川米谷的资助，平均每年有 300 万石米经夔关输出。因此，宜昌府可能通过川米东下间接与下游荆州等府建立起稍弱的市场关系。

鄂西北襄阳府以旱作为主，产米较少，产麦颇多；郧阳地处山区，稻麦兼植，但总量不会有很多。然而，这里与陕南、河南接壤，彼此粮食交流非常密切。河南省为华北重要的粮食输出区，南阳府赊旗店为北方杂粮输出与南方稻米输入的重要粮食市场。②商州龙驹寨也是重要的粮食集散地。③乾隆四十三年湖北旱灾时，陕南米大量输往湖北。是年，陕西巡抚毕沅奏，"关中西凤邠乾暨山南至汉兴商等属，今年秋收丰稔，民间粮食丰饶。缘豫晋壤境毗连，商民从渭河泛运贩卖较多，而汉南各属运往湖广者亦复不少。"④

陕西汉中府早已是重要产米区。清代，随着大量川楚移民迁入，兴安州、商州迅速开发成新的产粮区。"兴安一州，地给四千余里。从前多属

---

① 王业键等：《清代粮价资料之可靠性检定》，《清代经济史论文集》（二），台湾稻香出版社 2013 年，第 289–315 页。据该研究表明，1741~1790 年粮价数据遗失率和重复率最低，可信度最高。

② 许檀：《清代河南赊旗镇的商业——基于山陕会馆碑刻资料的考察》，《历史研究》2004 年第 2 期。

③ 郭松义：《清代粮食市场和商品粮数量的估测》，《中国史研究》1994 年第 4 期。

④《宫中档乾隆朝奏折》第 46 辑，乾隆四十三年十二月二十三日陕西巡抚毕沅奏折，台北"故宫博物院"1982 年版，第 293 页。

荒山，后因两湖、安徽、江西、四川、河南等省民人，前来开垦。数年中，骤增户口数十万，弃地尽成膏腴。"①

襄阳是陕南粮食输出市场之一。乾隆初期，陕南地区米价已明显低于襄阳府，至乾隆中后期米价差还有拉大之势。乾隆四年，襄阳获得丰收，中米价格比兴安、汉中二府稻米高出 0.2~0.3 两/石，比商州米价高 0.1~0.3 两/石。乾隆五十三年（1788 年），襄阳与陕南各府米价差为 0.3~0.4 两/石，较 50 年前拉开了 0.1 两/石。乾隆四十三年（1778 年），湖北旱灾期间，襄阳与陕南米价差曾高达五六钱至七八钱。因此，乾隆时期襄阳已经成为陕南米谷输出的重要对象。

嘉庆《安康县志》载，"流水铺之流水店、大道河之月池，皆有囤户积粟以待籴贩，而锁龙沟南之火石沟尤为聚会要地。岚河自火石沟以下可通小舟，故籴贩者皆囤积，逆旅待时赁舟东下。衡口多稻，有力者于稻未刈获，乘穷民空乏贱价预籴，名曰买青，盖即五月粜新谷之计。收成则载月河小舟运郡……岁下襄樊，其利数倍。"②

结合上述分析，笔者认为，湖北西部宜昌、郧阳、襄阳三府通过从四川、陕西、河南等粮食输出区的粮食输入与湖北中部各府州建立了稍弱的市场联系。③沿汉水郧阳府与襄阳府形成密切市场整合，郧阳与宜昌也可能存在粮食交流，但从流通量来说，只属于小规模的余缺调剂的范围。至于鄂西南的施南府，由于开发较晚、农作条件较差、境内又没有大型河流经过，相对独立于湖北省粮食市场圈之外。正如《恩施县志》所称，"邑之谷米，外贩不至，一邑之粮向济一邑之食。"④

最终得到湖北省市场整合情况如下：乾隆时期，湖北中东部以汉阳、武昌为核心的六府通过直接的米谷流通，形成了整合的米市场。而西部郧阳、襄阳与宜昌三府通过川、陕、豫等外部米粮输入与汉阳、荆州等府建立间接的米谷流通，在外围形成了弱一级的整合市场；鄂西北三府内部通过粮食调剂也形成了一定的市场联系。施南府由于存在流通的种种限制而未能与以上市场圈建立较密切的联系。对湖北省市场整合的考察也表明，

①《清高宗实录》卷 1087，乾隆四十四年七月，中华书局 1985 年版，第 610 页。
② 嘉庆《安康县志》卷 10，《建置考上》。
③ 本书未及考察湖北省小麦的流通，因而上述观点仍有待进一步的论证。
④ 同治《恩施县志》卷 7，《风俗志·地情》。

该省整合市场与其粮食流通运道基本一致。

三、江西省

依照自然地理以及流通情况，可将江西省大致划分为赣南、赣江中下游、鄱阳湖、赣东北四块区域，其中前三个区域沿赣江分布，是粮食主要输出区。首先从赣江中下游来分析。乾隆二十八年，吉安府米价为 1.258 两/石，下游临江府为 1.335 两/石，南昌府为 1.349 两/石，依次递增。临江米价较吉安府高 0.077 两/石，南昌米价较吉安高 0.091 两/石，米谷自然由吉安顺流而下运抵临江、南昌二府。赣江中游又有袁江、锦江两条支河汇入。袁州府米价为 1.313 两/石，运往临江，每石米可获利 0.022 两。瑞州府米价为 1.22 两/石，为乾隆二十八年省内最低价。瑞州米谷顺锦江运往南昌获利颇高，每石可赚差价 0.129 两，往临江府每石亦可赚 0.115 两。

由南昌往下即进入鄱阳湖区。南康府米价为 1.285 两/石，九江府米价为 1.364 两/石。九江府米价居全省第三位，排前两位的是广信、饶州二府。九江府米价比南昌府高 0.015 两/石，比临江府高 0.029 两/石，比抚州府高 0.042 两/石。三府所集中的米谷自鄱阳湖汇集于九江，仅少部分落地，大多数即由九江关运往长江下游。

抚河流域内，抚州府米价为 1.322 两/石，建昌府为 1.35 两/石。自建昌府溯盱江而上至浒湾镇买米，每石差价 0.028 两。由抚州顺流而下，抵南昌，每石米有 0.027 两差价。福建省邵武府与建昌毗邻，邵武府米价为 1.36 两/石，与建昌府只差 0.01 两。因当年福建省也获得丰收，由杉关出入的米谷可能不多。

广信、饶州二府米价最高，这里集中了江西两个最大的工商业市镇，造纸、烟草加工等行业聚集了数万工人，乾隆时，河口镇、景德镇人口在十万以上，属于江西省重要的粮食消费区。乾隆二十八年，广信府米价为 1.463 两/石，饶州府米价为 1.373 两/石，分列各府价格第一、第二位。饶州府在鄱阳湖东岸与南康府都昌县接壤。南康府米价为 1.285 两/石，每石米价较饶州府低 0.088 两。由都昌搬运米谷至鄱阳县，水运便捷，亦可获利。此外，昌江上游的徽州府米价为 1.816 两/石，较饶州府足高出 0.443 两/石，徽州商人至景德镇贩米回本地售卖，利润极厚。

赣南地区开发晚于其他各处，明中期时成为新的米谷产区，米谷时常顺赣江向吉安、南昌输送。直到清初，赣南仍属省内米价低廉地区。康熙五十年五月，江西"省城米价每石卖银八钱至八钱三四分不等。"[①] 南安、赣州米价"每石卖银六钱二三分不等。"[②] 赣南米价与南昌相差 0.2 两/石。但乾隆时期这一米价差明显缩小。乾隆二十八年，赣州府米价为 1.293 两/石，南昌府为 1.349 两/石，相差仅 0.056 两/石。另外，南安大庾县又与广东接壤，广东商民时常过来搬运。南安府米价为 1.356 两/石，较赣州府米价高出 0.063 两/石，乾隆时期有大量赣州米谷经南安向广东输出。

宁都州在赣东南，与福建接壤，原本属赣州管辖，乾隆十九年后始独立成州。瑞金为烟草生产重地，米谷稀缺。宁都州米价 1.315 两/石，米谷由赣州输往此处，每石可获利 0.022 两。自宁都往东属福建汀州府，米价为 1.48 两/石，每石比赣州府高 0.187 两，比宁都州高 0.165 两；由汀州府至嘉应州，每石米又有 0.213 两的差价，这也就解释了为何由赣州至汀州、由汀州至嘉应州，商贩搬运米谷络绎不绝。

我们从文献资料了解到，江西省内存在四条主要的流通路线：第一条，米谷由赣江、抚河经九江输出；第二条，由赣州、南安向广东输送；第三条，由赣州、宁都向福建、广东输送；第四条，由饶州府向徽州府输送。从米价差来看，商人从任一条线路贩米皆可获利。同时，随着赣南与赣江中下游米价差的缩减，赣南米谷的主要市场开始产生变化，闽粤二省成为输出的重点对象。

宁都州自乾隆二十年（1755 年）后始有米价数据，故而先对江西省内 13 府进行价格差相关分析与协整分析，再加入宁都州进行讨论。对乾隆四年至乾隆五十九年（1739~1794 年）江西省 13 府中米平均价作价格差相关分析，得到共 78 对关系，见表 5-7。

共 40 对价格差相关系数在 0.8 以上，其中南昌与南康、饶州二府，临江与建昌、抚州二府相关性达到 0.9 以上。其分布，沿水系有鄱阳湖区九江、南康、饶州与信江广信府四府之间；九江、南康与赣江中下游南昌、临江、瑞州、袁州四府间；赣江流域南昌、临江、吉安与瑞州诸府间；抚河流域内部建昌与抚州。跨水系有抚州与南昌、瑞州、临江等府；

---

① 《宫中档康熙朝奏折》，康熙五十年五月十三日江西巡抚郎廷极奏折，台北"故宫博物院"1977 年版，第 466~467 页。
② 《宫中档康熙朝奏折》，康熙五十年江西巡抚郎廷极奏折，台北"故宫博物院"1977 年版，第 515 页。

抚州、建昌与广、饶二府间；广、饶二府与吉安、临江、瑞州三府，建昌与临江，构成了较强相关性。

共 23 对价格差相关系数在 0.6~0.79，其分布：沿水系有赣江流域南安、赣州、吉安、袁州诸府间，袁州与临江、南昌、瑞州府；九江与赣州、南安、吉安、抚州等府；南康与吉安、抚州二府。跨水系有建昌与九江、瑞州、吉安、袁州、吉安、赣州等六府；袁州与广、饶二府，构成稍弱相关性。其余 15 对价格差相关系数在 0.59 以下，不构成价格差相关，其分布，赣州、南安与九江、吉安、建昌、袁州四府以外地区，皆不构成明显的价格相关。

再对各府与宁都州中米均价作价格差相关分析发现：宁都州与赣州、南安、袁州三府的相关系数在 0.6~0.79，呈稍弱的相关性；宁都州与其他 10 府系数皆在 0.59 以下，不构成明显的相关性。

经上述价格差相关分析得到，鄱阳湖区内部，鄱阳湖与赣江中上游地区，赣东北抚河、饶河、信江流域间，赣东北与赣江中下游地区间，分别构成了较强价格差相关。赣南地区形成了稍弱的价格差相关，但与其他大部分地区的关系较为疏离，不构成明显相关性。

表 5–7 江西省中米价格差相关系数（1739~1794 年）

	九江	南昌	南康	饶州	广信	临江	吉安	赣州	袁州	抚州	瑞州	建昌	南安
九江	1												
南昌	0.83	1											
南康	0.82	0.91	1										
饶州	0.8	0.93	0.85	1									
广信	0.81	0.88	0.83	0.89	1								
临江	0.81	0.88	0.83	0.89	0.88	1							
吉安	0.78	0.84	0.76	0.86	0.81	0.86	1						
赣州	0.64	0.52	0.5	0.51	0.49	0.57	0.66	1					
袁州	0.81	0.77	0.82	0.77	0.76	0.78	0.79	0.63	1				
抚州	0.77	0.82	0.79	0.86	0.86	0.9	0.81	0.54	0.75	1			
瑞州	0.82	0.84	0.85	0.8	0.84	0.88	0.84	0.46	0.79	0.81	1		

续表

	九江	南昌	南康	饶州	广信	临江	吉安	赣州	袁州	抚州	瑞州	建昌	南安
建昌	0.76	0.89	0.83	0.89	0.86	0.91	0.79	0.62	0.74	0.89	0.79	1	
南安	0.71	0.57	0.59	0.57	0.55	0.59	0.67	0.74	0.68	0.56	0.53	0.57	1
宁都州	0.55	0.47	0.57	0.41	0.45	0.5	0.57	0.64	0.71	0.44	0.59	0.48	0.65

注：以上数值皆在1%水平上显著。

再进一步利用协整分析进行检测，如表5-8、表5-9所示。

共28对关系呈现强整合。其分布：沿水系，赣江流域临江与袁州、瑞州、吉安等府，南昌与袁州二府，九江与南昌、临江、吉安等府，南康与瑞州、袁州、临江，南安与赣州府；鄱阳湖东岸与饶、信、抚河交汇处，建昌、抚州、南康、饶州、广信首尾相接，构成显著协整关系。跨水系，饶州、抚州与袁州，南安府与袁州、九江、抚州、建昌、广信等府，皆构成强整合。

共60对关系仅具有弱整合关系。其分布：沿水系，赣江南昌与吉安、临江府，南昌与瑞州、南康府，南安、赣州与吉安、临江、南昌；鄱阳湖东岸九、南、广、饶、抚、建等府间。跨水系，宁都州与南赣以外各府，南赣与鄱湖及赣东北诸府，南昌与广、饶、抚、建等府。

共3对关系未构成协整。瑞州与南安府未整合，宁都州与南安、赣州未整合。

表5-8　江西省协整检验残差项 T 值（1739~1794 年）

	南昌	九江	南康	饶州	广信	瑞州	临江	袁州	吉安	南安	赣州	抚州	建昌
南昌	1												
九江	-4.21**	1											
南康	-4.55***	-4.54***	1										
饶州	-4.61***	-4.98***	-4.74***	1									
广信	-4.84***	-5.39***	-4.57***	-5.97***	1								
瑞州	-5.64***	-5.21***	-5.52***	-4.19**	-4.1**	1							
临江	-4.89***	-3.59*	-4.97***	-3.75*	-5.11***	-3.61*	1						
袁州	-4.34***	-5***	-4.46***	-3.43*	-5.7*	-4.27***	-4.37***	1					

续表

	南昌	九江	南康	饶州	广信	瑞州	临江	袁州	吉安	南安	赣州	抚州	建昌
吉安	-4.29**	-3.36*	-3.75**	斜率远离1	-4.49***	-3.74**	-3.7**	-3.75**	1				
南安	-4.5***	-3.39*	-4.4***	-4.42***	-4.82***	-2.88	-5.1***	-4.38***	-5.13***	1			
赣州	-4.21**	-4.45***	-7.5***	-6.44***	-6.25***	-4.43***	-6.55***	-6.43***	-3.79**	-4.456***	1		
抚州	-4.78***	-3.51**	-4.64***	-4.17**	-4.51***	-3.73**	-3.94**	-3.997**	-3.38	-5.41***	-6.52***	1	
建昌	-3.88**	-6.97***	-4.37***	-4.19**	-5.48***	-4.44***	-4.2**	-5.43***	-3.85*	-4.23**	-5.69***	-3.85**	1
宁都州	-5.26***	-4.73***	-3.71*	-5.68***	-5.37***	-4.29***	-4.92***	-4.81***	-4.44***	斜率远离1	-2.81	-4.28***	-6.92***

说明：①残差 ADF 值显著性水平：*** 表示 1%水平显著；** 表示 5%水平显著，* 表示 10%水平显著。

②根据一价定理，如果两地米价构成市场整合关系，其回归式斜率应该接近 1，否则便认为两地市场尚未完成整合，标注"斜率远离 1"。

表5-9　江西省基于协整的误差修正模型参数值

	南昌	九江	南康	饶州	广信	瑞州	临江	袁州	吉安	南安	赣州	抚州	建昌
九江	-0.3881 7+	1											
南康	-0.5511 5-	-0.3932 2+	1										
饶州	-0.4991 12-	-0.6592 1-	-0.5936 8+	1									
广信	-0.428 2+	-0.8363 1-	-0.3909 6-	-0.5598 10+	1								
瑞州	-0.6806 滞后项不显著	-0.6494 1-	-0.5949 1-	-0.4495 8+	-0.4156 13-	1							
临江	-0.806 12-	-3.59 2+	-0.5436 17-	-0.4182 3-	-0.3244 12-	-0.3499 1+	1						
袁州	-0.63 7+	-0.5721 2-	-0.571 16-	-0.467 7+	-0.7264 1-	-0.3678 5+	-0.451 14+	1					
吉安	-0.367 7-	-0.2768 10+	-0.4252 2-	未整合	-0.5783 10-	-0.3927 2-	-0.255 2+	-0.4785 2-	1				
南安	-0.3281 5-	-0.3488 2-	-0.4749 3+	-0.4359 6-	-0.4777 3+	未整合	-0.5161 8+	-0.3965 5+	-0.54 5-	1			
赣州	-0.486 6-	-0.5256 6-	-0.6482 6-	-0.8698 6-	-0.7375 6-	-4.43*** 2-	-0.7054 1-	-0.6074 滞后项不显著	-0.3917 6-	-0.4151 2+	1		

	南昌	九江	南康	饶州	广信	瑞州	临江	袁州	吉安	南安	赣州	抚州	建昌
抚州	-0.61143-	-0.4022 滞后项不显著	-0.44958+	-0.483415-	-0.18252-	-0.410514+	-0.43051-	-0.29569+	-0.35063-	-0.33539-	-0.52091-	1	
建昌	-0.36902+	-1.22151-	-0.54516-	-0.4603 滞后项不显著	-0.47198+	-0.43971-	-0.47457-	-0.454116-	-0.39186-	-0.39458+	-0.64911-	-0.27565+	1
宁都州	-0.4661-	-0.661-	-0.3361-	0.4071-	-0.8411-	-0.1569-	-0.8551-	-0.4211-	-0.4111-	未整合	未整合	-0.571-	-0.7561-

注：①误差修正模型设计为：$dlnP1_t = \sum_{i-1}^{t-1} \alpha_i \cdot dlnP1_{t-i} + \sum_{i-1}^{t-1} \beta_i \cdot dlnP2_{t-i} + \gamma \cdot E_{t-1} + \nu_t$。式中 lnP1、lnP2 表示两地物价取自然对数，d 表示一阶差分，E_{t-1} 表示对两地价格取自然对数作协整回归所得残差项的一阶滞后项。

②表格上方为当 E_{t-1} 显著时系数 γ 的值。γ 一般为负值，当其绝对值越大，代表协整强度越高。

③表格下方为具有显著性的 $dlnP2_{t-i}$ 滞后期数 i，+/-符号代表系数 β_i 的符号（当 $dlnP2_{t-i}$ 有多项呈显著性时，仅标注最近一期滞后项符号）。如果 $dlnP2_{t-i}$ 显著且 β_i 为正值，说明两地价格具有显著正向短期关系。

④当协整回归式中残差 E 的 ADF 估计值低于临界值，即视为拒绝协整，标注"未整合"。

结合上述分析，江西中部、北部多数府州彼此间皆建立了较为密切的市场联系，而赣南地区与之稍显疏远。具体而言，赣江中下游吉安、临江、南昌等府，连接袁州、瑞州，与九江构成了整合市场；赣江上游南、赣二府构成整合市场，与吉安府建立了稍弱的市场联系；抚河流域内，抚州与建昌二府构成整合市场；赣东、赣北地区，南康、饶州、广信、建昌、抚州等府间形成了整合市场。

以上，基本构成江西省整合市场的主体。很显然，赣江流域内，九江为最重要的出口市场，沿途所有产米区皆与九江构成显著整合关系，西部袁、锦、修等支河米谷同样汇入赣江向外输出。然而，鄱阳湖区饶州、广信二府与九江、南昌府缺乏短期的价格同步关系。联系赣东北地区来看，抚河流域内部形成了市场整合，并且抚州、建昌、广信、饶州与南康府建立了一个首尾相接的整合市场圈。据流通运道的分析可知这一区域与闽、浙、徽州联系密切。下文对这一区域市场再做分析。

抚河上游建昌府在乾隆时期已是省内严重缺粮区，主要依靠抚州府米谷支持，由此构成两府间市场整合。加以毗邻福建缺粮区，两地间平时常有米盐交换，偶尔也有大量粮食入闽的情况，如雍正时曾运十五万石江西米供应福建平粜。① 乾隆五十二年两湖协济闽米二十万石，"渡鄱阳湖，抵吴城镇换船"，"俱在江西五福地方挽运入闽。"②

广信府河口、玉山二县在明代已是重要造纸工业区。③ 清前期，广丰、玉山等又发展为重要的烟草种植、加工区域，于是广信府成为省内新的缺粮区，饶州米谷便运往信江流域。乾隆《广信府志》："郡境多山，产谷止敷本地民食，弋阳号称米乡，大半由饶之乐平、万年贩运，弋特聚集处耳。"④ 此外，信江上游经玉山县转陆路可达浙江常山，接入钱塘江水系。乾隆三年，江浙米贵。"浙、闽、江南之采买，自五月至今络绎不绝，其民贩船只由江西东自玉山县内河一路直达浙江杭州。"⑤ 浙江产米之江山县的米谷亦运往玉山。"田间小民当今农隙之时，南运浦城，西运永玉，负载相望。"⑥ 玉山县成为浙赣交界的粮食集散地，南昌、饶州、抚州等地米谷也经由此路进入缺粮的杭州府。

南康与饶州而非南昌构成显著的市场整合，可能与赣北地区的瓷业经济密切相关。景德镇制瓷业在雍乾时期达到顶峰，其"窑户、陶工佣工多出（鄱阳、都昌）二邑。"⑦ 明代即有大量都昌人口往景德镇佣工。明末清初，都昌人已在景德镇建立都昌会馆，形成景德镇最早的行帮组织，称都帮。雍乾时期，都帮与徽帮、杂帮呈三足鼎立之势。都帮控制了景德镇的瓷业，徽帮则掌控了陶土、瓷器、粮食及日用百货的流通以及钱业。⑧ 而徽州为严重缺粮区，米价常较饶州府高出四五钱，饶州府乃至鄱阳湖区粮食有不少被徽商转运回当地售卖。黟县、婺源的商人，还专门在吴城、饶州等地设立米号。⑨ 以故，南康、饶州与徽州可能通过瓷器、粮食等商品的对流构建了区域性的整合市场。

① 《朱批谕旨》第十八册，雍正四年八月初一日江西巡抚汪漋奏折，第5b页。

② 《宫中档乾隆朝奏折》第66辑，乾隆五十二年十月廿二日安徽巡抚书麟奏折，台北"故宫博物院"1982年版，第21页。

③ 万历《江西省大志》卷8，《楮书》。转引自许檀：《明清时期江西的商业城镇》，《中国经济史研究》1998年第2期。

④ 乾隆《广信府志》卷3，《建置·储备》。

⑤ 葛全胜主编：《清代奏折汇编——农业·环境》，乾隆三年十月十五日江西南昌镇总兵李君贤奏折，商务印书馆2005年版，第22页。

⑥ 同治《江山县志》卷11，《艺文》，康熙四十五年姜亨肇《上朱梁父夫子求开米禁书》。

⑦ （清）唐英著，张发颖、刁云展整理：《唐英集·陶人心语续选》卷7，《重修新桥碑记》，辽沈书社1991年版，第233页。

⑧ 梁淼泰：《明清景德镇城市经济研究》，江西人民出版社1991年版，第230—233页。

⑨ 曹国庆：《明清时期江西的徽商》，《江西师范大学学报》（哲学社会科学版）1988年第1期。

结合上述分析，清代前期赣东北地区的手工业发展与经济作物的发展导致建昌、广信等府转化为缺粮区，吸纳饶州、抚州等产米区米粮；加之闽浙徽州的粮食需求及彼此密切的经济交流，从而构建了赣东北的区域性市场，并对鄱阳湖区粮食市场结构造成显著影响。

最后，南安与赣州构成了显著价格整合，但赣南与其他地区的量化分析结果似有差异。南安府与其他六府构成显著协整关系，但因南安与相邻的吉安府未构成显著整合，以上关系难以成立。文献显示，宁都州依赖赣州米谷，但两地米价未能构成协整。或许赣米经贡水运往南安、广东，或通过赣江运往下游这两条主要线路，是造成两地米价在量化分析中关系不显著的原因。而宁都州与其他地区的密切关系则可排除。

通过量化分析与文献分析相结合，得到乾隆时期江西省内市场整合情况如下：赣江流域及袁、锦、修等支流区域与鄱阳湖南康、九江府之间构成了整合的米谷市场；赣南地区内部构成整合市场，与赣江中下游构成稍弱市场关系；赣东、北部构成了一个与闽浙赣皖联系密切的整合市场圈。赣米输出运道与江西省市场整合格局基本对应。

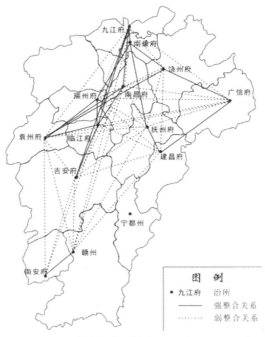

图5-6 江西省米谷市场整合关系（1739~1794年）

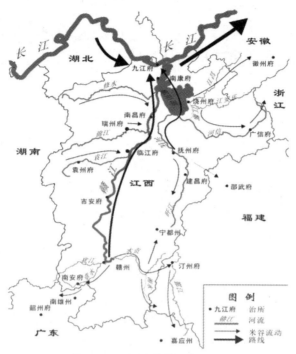

图 5-7 江西省米谷流通运道

以上对湖南、湖北、江西三省米谷市场整合进行了分别考察，得到三省内部整合区域大致如下：湖南省洞庭湖区与湘江流域，湖北省江、汉二水中下游地区，江西省鄱阳湖区与赣江水系、抚河流域。结合大量文献表明，省内整合区域与粮食流通运道具有较高一致性。三省周边地区，湘西、湘南、赣南、赣东北地区则分别与贵州、两广、闽浙及陕豫南部地区间通过内部粮食交流与跨区米谷贸易也建立了跨省的市场联系。

就量化的整合分析结果来看，江西省米谷市场的整合度要高于湖广两省。除去宁都州尚有疑问，其他府州之间几乎都存在或强或弱的价格协整关系。湖南省湘、沅二水之间的市场关系相对较弱，而湖北省长江、汉水二水上游与中下游的市场联系似乎也略弱。从农业开发的时间先后以及经济发展成熟度来看，这一结果与史实基本相符。

第二节　乾隆时期长江中游米谷市场的总体格局

　　第一节着重对江广三省内部的米谷市场进行了分别考察，论证了整合市场区域与粮食流通运道基本较高的一致性。这一节则着重探讨跨省区的市场关系，与分省研究形成互补，以勾画出长江中游市场的整体布局。[①]

　　长江中游米粮以长江下游地区为其主要输出市场。结合这一特点，本节选取区域内主要产米区且位于流通要道上的 23 府州（见图 5-8）进行重点考察，从而定位其市场空间格局。[②] 江广三省周边[③]，湘南、赣南地区、抚河流域虽亦属产米区，但其与闽粤、浙西、徽州等地区的联系也较为密切，故而分开考察。湘西、鄂西北等地区在后文的考察中也会有所涉及。

一、长江中游地区的市场整合分析

（一）利用价格差相关分析得到的整合市场分布

　　长江中游 23 府州共形成 253 对价格关系，其中 28 对湖北省内，15 对湖南省内，36 对江西省内，174 对跨省区关系。首先，利用价格差相关分析对区域市场整合情况作初步探讨（见表 5-10）。[④]

　　分省区来看，长江中游湖区平原丘陵地区中，中米均价各自在省内构成了较强的价格差相关。湖北省汉水、长江构成的丘陵平原地带与西部宜昌、襄阳地区，8 府共 28 对关系，相关系数在 0.62~0.92，中位数为 0.76；武昌—汉阳相关系数最高，宜昌—安陆最低。湖南省洞庭湖平原与湘江干

---

① 本节部分内容已发表，参见赵伟洪：《乾隆时期长江中游米谷市场的空间格局》，《中国经济史研究》2017 年第 4 期。

② 这 23 府州包括：湖北 8 府，武昌、汉阳、黄州、荆州、宜昌、德安、安陆、襄阳；湖南 5 府 1 州，澧州、常德、岳州、长沙、衡州、永州；江西 9 府，九江、南昌、南康、饶州、广信、临江、吉安、袁州、瑞州；以上区域粮食主要输往长江下游。

③ 周边地区主要包括：湖南郴州、辰州、沅州、永顺 4 府，桂阳州、靖州 2 直隶州，江西南安、建昌、抚州 4 府与赣州直隶州，湖北郧阳、施南 2 府。

④ 该节量化部分涉及多达 23 地区、253 对数据，限于篇幅，且为凸显重点，采用文字叙述为主，表格、地图为辅的形式展开分析。

图 5-8 长江中游 23 府州示意图

表 5-10 长江中游 23 府州米价差相关系数统计（1739~1794 年）

	湖北	湖南	江西	两湖	湘赣	鄂赣	跨省计	合计
相关系数值分布	0.62~0.92	0.62~0.89	0.76~0.93	0.42~0.86	0.41~0.75	0.32~0.75	0.32~0.86	0.32~0.93
中位数	0.76	0.8	0.83	0.71	0.61	0.59	0.61	—
最高系数关系对	武昌—汉阳	长沙—常德	南昌—饶州	长沙—武昌	长沙—南昌	武昌—南昌	长沙—武昌	南昌—饶州
最低系数关系对	宜昌—安陆	永州—澧州	袁州—广信	永州—安陆	永州—瑞州	襄阳—瑞州	襄阳—瑞州	襄阳—瑞州
强相关对数（0.8↑）	13	8	28	7	0	0	7	56
弱相关对数（0.6~0.79）	15	7	8	29	28	34	91	121
不相关对数（0.59↓）	0	0	0	12	26	38	76	76
合计	28	15	36	48	54	72	174	253

流地区，5 府 1 州共 15 对关系，相关系数在 0.62~0.89，中位数为 0.8；长沙—常德相关系数最高，永州—澧州相关系数最低。江西省赣江中下游与鄱阳湖区，9 府共 36 对关系，相关系数在 0.76~0.93，中位数为 0.83；饶州—南昌最高，袁州—广信最低。从上述结果看，23 府州各自在省内构成了价格相关区域（见图 5-9）；横向比较来看，江西省价格差相关性显著高于两湖地区，表明江西省内米粮市场关系更为紧密，这一判断与江西、两湖开发先后及开发程度相吻合。

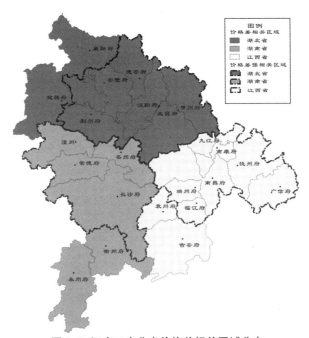

图 5-9 江广三省分省价格差相关区域分布

在 174 对省际相关关系中，7 对系数在 0.8 以上，包括武昌、汉阳与湖南洞庭湖区四府，构成了强相关性（见图 5-9），黄州与常德也构成强相关。91 对系数在 0.6~0.79：洞庭湖区与湖北武昌外七府，衡州与武昌、汉阳、荆州、安陆四府；鄱阳湖九江、南昌、饶州与荆江干流、洞庭湖区各府州，九江、南康、饶州、广信与衡州、永州二府；临江与湖北襄阳以外七府；赣江中游支袁州、吉安、瑞州等府与湘江干流间，如临江、瑞州与长沙，吉安与长沙、衡州，袁州与衡州，构成稍弱的价格差相关。76 对系数在 0.59 以下，包含永州、衡州与湖北大部分地区间；安陆、襄阳、澧州、常德与江西大部地区间；袁州、瑞州、广信与湖北、湖南大部分地区间，视作缺乏相关性。

　　综合差相关分析的所有结果来看，长江中游三省23府构成了如下关系：长江干道联系洞庭湖、鄱阳湖的平原湖区形成一片价格相关区域（见图5-10），其中武昌、汉阳与洞庭湖四府呈强相关，鄱阳湖与洞庭湖之间相对较弱；湘江、汉水、赣江各支系中上游分别与各自省内核心区域构成较强的相关关系（见图5-9）；此外，洞庭湖、湘江下游与汉水中游，武昌、汉阳与赣江中游存在弱相关关系，湘、赣中游存在弱相关关系（见图5-11）。

图5-10　长江中游价格差相关区域分布1

（二）利用协整分析得到的整合市场分布

　　接下来，再对三省米价进行协整分析。长江中游23府州，共计253对，63对构成强整合，其中30对属省内协整，33对属跨省区；152对构

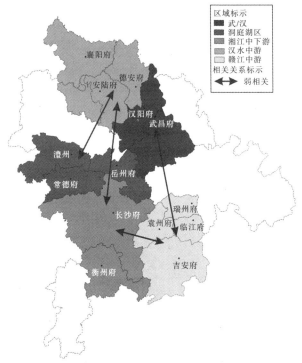

图 5-11 长江中游价格差相关区域分布 2

成弱整合,其中 44 对属于省内协整,108 对属跨省区;38 对属于未整合,5 对属于省内,33 对跨省区(见表 5-11)。

表 5-11 长江中游 23 府州米价协整分析统计(1739~1794 年)

	湖北	湖南	江西	两湖	湘赣	鄂赣	跨省计	合计
τ 值分布	−2.95~ −5.93***	−2.79~ −5.16***	−3.36*~ −5.97***	−2.42~ −4.95***	−3.66*~ −6.76***	−3.3~ −6.26***	−3.3*~ −6.76***	−2.42~ −6.76***
强整合对数	10	5	15	11	11	11	33	63
弱整合对数	15	8	21	21	38	49	108	152
未整合对数	3	2	0	16	5	12	33	38
合计	28	15	36	48	54	72	174	253

注:表中 τ 值仅包含回归式斜率接近 1 的协整关系之残差 τ 统计量,其他情况皆视为未整合;τ 值未通过显著性检验者亦视作"未整合"。τ 值显著性水平表示如下:*** 表示 1% 水平显著;** 表示 5% 水平显著,* 表示 10% 水平显著。

湖南洞庭湖区与湘江干流构成了整合的粮食市场。然而，澧州与岳州未整合，表明洞庭湖西岸似乎并未与东岸构成统一由岳州出口的市场。江西省 9 府共 36 对关系中，15 对呈强整合，21 对呈弱整合，0 对呈未整合。相比两湖，江西的米谷市场似乎更为成熟。不过赣东北饶州、广信与九江、南昌等缺乏正向的短期同步变动，则表明鄱阳湖区或许并未构成统一由九江出口的统一市场。

　　湖北省 8 府除襄阳以外各府皆与武昌、汉阳建立了强整合关系，验证了汉口为湖北之中心市场。

　　省际 174 对关系中，共 33 对呈强整合，108 对呈弱整合，33 对呈未整合。

　　33 对强整合关系包括：湖广两省间，澧州—武昌、荆州，常德—武昌、襄阳，岳州—黄州，长沙—武昌、荆州、宜昌、德安、安陆，衡州—武昌；湖北与江西两省间，九江—荆州、宜昌，南昌—汉阳、荆州，饶州—黄州、宜昌，广信—黄州、荆州，临江—武昌、汉阳、荆州；湖南与江西之间，澧州—临江、袁州，岳州—九江、吉安，长沙—南昌、临江、袁州，衡州—饶州、临江、吉安、袁州，构成强整合。

　　108 对弱整合关系包括：荆江干流武昌、汉阳、黄州、荆州四府与湖南、江西大部分地区；洞庭湖、湘江干流与鄱阳湖、赣江大部分地区构成弱整合；湖北宜昌、德安、安陆、襄阳四府与九江、赣江中下游构成弱整合。

　　33 对未整合关系包括：湖北宜昌、德安、安陆、襄阳四府与湖南岳州以及江西南康、饶州、广信未构成整合（饶州—宜昌除外），与衡州、永州亦有部分未整合；澧州与汉阳、黄州、德安、南康、广信、瑞州，常德与宜昌、安陆、吉安未整合。

　　对江广三省米价所采用的两种量化分析手段都表明，湖北省长江主干所经各府与湖南洞庭湖区及九江、江西赣江中下游水系构成了突破省际界限的整合市场区域。值得注意的是，协整分析得到的江广地区市场整合度高于相关分析：协整分析得到跨省强整合关系 33 对，未整合关系 33 对；相关分析得到强相关关系 7 对，不相关对数 76 对。从整合市场空间分布来看，上述差异突出体现于以下两块区域：其一，长沙、澧洲与湖北荆州、宜昌、德安、安陆等府构成了强整合，澧洲与荆州、武昌米价形成强整合，然而与岳州、汉阳未整合——这似乎与以往所认知的洞庭湖区米谷由岳州出口向汉口汇聚的印象有所差异（见图 5-12）；其二，湘江中下游长、衡二府与赣江水系袁州、临江、南昌三府构成了强整合，而在价格差相关分析中呈现弱相关性（见图 5-11、图5-13）。此外，江西赣江水系与湖北襄阳、安陆、德安、宜昌四府价格差相关系数多在 0.59 以下，而协整分析测度到彼此间有一定的弱整合关系。

图 5-12　洞庭湖—荆襄地区整合市场空间分布①

通过量化分析得到，长江中游 23 府州并非简单的以汉口、九江为中心构成区域市场，这与以往认为的江广粮食主要通过长江干道汇聚输出的印象并不完全一致。因此，有必要从量化分析结果有效性以及历史文献考察两方面做进一步论证分析。

---

① 该图原载于赵伟洪：《乾隆时期长江中游米谷市场的空间格局》，《中国经济史研究》2017 年第 4 期，图 4，第 45 页。原图有误，其中常德与岳州府构成弱整合关系，当用虚线表示时，特于此处纠正。

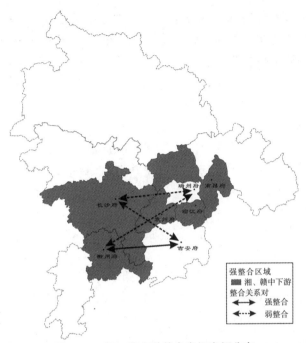

图 5-13　湘、赣中游整合市场空间分布

（三）长江中游市场整合的影响因素分析

诸多先行研究表明，气候变迁、粮食收成、农业结构变化、仓储制度、人口增长等因素有可能影响区域米价同步变动，从而影响对市场整合的测度。据前文的讨论也发现，气候因素对湖北局部地区市场关系检测造成了明显影响。故而下文着重就气候因素对长江中游米价同步变动可能产生的影响略作探讨。

对省际价格变动的考察显示，乾隆时期长江中游地区在价格峰值年米价多呈同步上涨趋势，在其前一二年往往有范围较广的旱、涝灾害发生。其中颇令人在意的是，乾隆后期，特别是乾隆五十年（1785 年）以后，极端气候年份，鄂中东部平原区米价上涨幅度高于江广任何区域。乾隆五十年，鄂中东部发生较严重的旱灾，汉阳、安陆等地价格骤涨至 2 两/石以上，特别是安陆府较上年涨幅达 0.5 两以上，为湖北省之最高价区。而荆州、襄阳等府州米价变动较为平缓。

笔者取 1741~1784 年湖北省米价数据做协整分析，得到安陆与荆州、襄阳皆构成强整合，其他各府仍然以武昌、汉阳为中心构成整合市场。乾隆五十年及以后安陆府米价的异常变动可能是造成 1739~1794 年荆襄地区三府米价不整合的主要原因，但考虑湖北大部分地区米价相关分析与协整分析结果并未因更换数据时段发生改变，故而气候对乾隆时期湖北市场整合的影响是局部性的。谢美娥的研究也表明，气候变迁、粮食生产收成对18 世纪湖北米价长期变动与短期变动趋势的作用都较为明显，但其影响并不如预计的那样显著。[1]

再进一步对 1741~1784 年江广三省省级价格同步性进行量化分析。据价格差相关分析，相较于 1739~1794 年新增衡州与常德、袁州与江西鄱阳湖区 5 府共 6 对省内强相关关系，九江—汉阳、衡州—襄阳两对跨省强相关，以及湘赣中游衡州、袁州、瑞州与荆江干流地区等几对弱相关关系；但其区域市场分布仍大致相同。又据协整分析显示，去除乾隆五十年以后数据，湖广两省的整合关系未受到显著影响；江西与湖北之间，原有 11对强整合关系，变为 3 对强整合。[2] 进一步结合收成、流通情况来看，乾隆五十年湖南、江西两省收成正常，因湖北发生严重旱情，致使运往下游的粮食流通量锐减，乾隆五十一年分浒墅关税收额为乾隆时期最低。[3] 将粮食收成、流通情况与米价的量化分析结合来看，乾隆五十年及以后的气候灾荒可能导致江西粮食向湖北输出增加，从而导致湖北与江西粮食市场关系的加强。

乾隆时期，长江中游农业经济结构出现稻麦复种制的推广与山区杂粮的普及两个重要变化。稻麦复种制在湖北的推广最为显著，但据谢美娥的考察，小麦对平抑湖北米粮市场的作用亦不可高估。[4] 而山区杂粮种植则主要在活跃山区粮食市场方面发挥积极作用。[5] 故而，农业结构变化对粮价同步性分析造成的影响也是有限的。此外，仓储制度对区域市场整合也可能有一定促进作用。据魏丕信、王国斌等的研究，湖南省仓储额在乾隆时期基本保持稳定，而常平仓在乾隆后期出粜率明显下降[6]，故而常平仓

① 谢美娥：《贩运者多：十八世纪湖北的粮价与粮食市场（1738~1797）》，台北：明文书局 2012 年版，第 328 页。
② 1741~1784 年鄂赣两省间有武昌—南昌、九江—宜昌、黄州—饶州 3 对强整合关系。
③ 杨建庭：《清代前期浒墅关与苏州粮食市场》，《城市史研究》第 30 辑。
④ 谢美娥：《贩运者多：十八世纪湖北的粮价与粮食市场》，台北：明文书局 2012 年版，第 191-212 页。
⑤ 赵伟洪：《清乾隆朝湖南省米谷流通与市场整合》，《中国经济史研究》2015 年第 1 期。
⑥ Pierre-Etienne Will, R. Bin Wong, James Lee, Nourish the People: The State Civilian Granary System in China: 1650-1850, The University of Michigan, 1991, pp.409-415.

制度对湖南区域市场整合的影响可能逐渐减弱。又据任放的考察，明清长江中游社仓、义仓设于市镇较为普遍。[1]那么，其仓储制度的运行与市场间可能也存在一定的内生关系。

综合上述考察，粮食流通仍然是促进长江中游市场整合的最重要因素。下文结合文献分析，通过流通运道的考察，对量化分析结果可信度做进一步甄别，从而得到乾隆时期长江中游米谷市场的空间格局。

二、跨省区的运道与市场

长江中游产米区的米谷以长江为主干，联系湘、赣、汉江三水与洞庭、鄱阳二湖，构成米谷输出的主要运道。此外，还存在这样几条重要运道，一条运道连接洞庭湖西岸与荆宜地区，进而从南北方向连接湖湘与荆襄地区，还有一条从东西方向沟通湘、赣二水地区。这两条运道以往并未引起学者的注意，然而，它们对长江中游区域市场格局的构建产生了重要影响。下文对这些运道与区域市场分别论述。

（一）洞庭湖西岸与荆宜地区

清中期的《湖北水道图说》记载："大江自四川东流入境。经宜昌府。……又东南经荆州府。……一水南出曰虎渡河。又一水西南出曰华容河。俱入湖南境。大江亦入湖南境。折东北。复自湖南入境。经汉阳府。"[2]其实，至迟在北宋时期，湖南、江西所产粮食即由长江的分水道进入湖北荆襄地区。[3]明代以来荆州棉布织造获得长足发展，洞庭湖与荆州府间的米布贸易便极为频繁。[4]洞庭湖与荆州之间联系主要依赖长江穴口多条分流，运道与河道变迁息息相关，故个别水道时有兴废。但据清中期及以后文献记录，两地之间的商贸呈现愈加紧密的趋势。

《公安县志》记录了虎渡河水道："虎渡，支分江水。自江陵弥陀寺、李家口入公安界；过三穴桥、黄金口、港口渡，汇于孙黄河水，东南流四

---

[1] 任放：《明清长江中游市镇经济研究》，武汉大学出版社 2003 年版，第 241–255 页。
[2] （清）贺长龄：《皇朝经世文编》卷 117，各省水利四，《近代中国史料丛刊》第 74 辑，文海出版社 1966 年版，第 4119 页。
[3] （宋）李曾伯：《可斋杂藁》卷 19、卷 18，《奏襄樊经久五事》："今粮米自江西、湖南出产之地，运至荆、鄂间，已涉经旬"，《四库全书》第 1179 册，集部第 118 册，台湾商务印书馆 1986 年版，第 391 页。
[4] 康熙《荆州府志》卷 4，《山川》。

十五里至泗口,下与澧水会入洞庭。"① 检索方志,可见乾隆时期虎渡河水道所经各处皆成商货转运或贸易市镇。"弥陀寺市,在江南,距城五十里,贸贩所集,最为繁盛。"② 三穴桥,"虎渡江水支流迳此。阔伟为一邑之最。……桥外止通轻舠,货运沙市,至此起脚。"③ 黄金口市,"道光以前商贾云集,一市而开数典。"④ "港口渡,在新城东一里。孙黄诸水与虎渡江合南入洞庭,置榷关于此。"⑤

清初在荆宜地区设有工部税关荆关,征收船料、竹木等税,其通关船舶多半为"湖北、湖南、四川载米船只。"⑥ 乾隆时期,"船料每年在三万两内外,数目不相悬殊。"⑦ 港关属荆关的分税口之一,专门征收虎渡河之竹木、船税。该条商道的商业情况,可从乾隆三十三年期成额、定长的奏折中了解一点。"自荆州进虎渡口,抵湖南澧州属观音港一带河道,臣等于公安道中往来送兵时,见虎渡口以南舟楫络绎,复委宜昌总兵陈辑、荆宜施道金祖静两次逐细察看,实系内河,商贾通津,无虞阻隔。"⑧

由商品来源可查知该条商道所辐射的经济区域。据嘉庆三年湖北巡抚奏报,"以前有两广商民贩运货物,由湖南湘潭出虎渡口,至荆州、四川一带售卖,俱在荆关报税。"⑨ 可知,这一商道的重要意义,当高于以往研究所判断的。虎渡河运道不但沟通了洞庭湖与荆宜、四川,甚而两广、江西地区商品亦多从此运道进入川、楚、陕等地区。

荆州既是产米区,也是重要的粮食集散地。乾隆十六年春,湖北米贵,阿里衮奏报,一面开仓平粜,"一面檄行宜昌、荆州等府,将四川、

---

① 同治《公安县志》卷1,《地舆·形胜关隘附》。
② 乾隆《江陵县志》卷9,《乡镇》。
③ 同治《公安县志》卷2,《营建·津梁》。乾隆朝《荆州府志》、《公安县志》中已见三穴市、黄金口市,转引自方志远:《明清湘鄂赣地区的人口流动与城乡商品经济》,第535-538页。
④ 同治《公安县志》卷2,《营建·乡市》。
⑤ 同治《公安县志》卷2,《营建·津梁》。
⑥ 宫中朱批奏折,乾隆二十三年四月二十六日管理荆关税务丽柱奏折,中国第一历史档案馆藏,档号04-01-35-0330-012。
⑦ 宫中朱批奏折,乾隆十五年七月十三日荆关监督西宁折,中国第一历史档案馆藏,档号04-01-35-0325-047。
⑧ 《宫中档乾隆朝奏折》第31辑,乾隆三十三年六月十六日期成额奏折,台北"故宫博物院"1982年版,第55页。
⑨ 军机处录副奏折,嘉庆三年二月二十五日湖北巡抚汪新折,中国第一历史档案馆藏,档号03-176-001。

湖南商船催赴汉口。"[1] 该条奏文中隐含了这样两条信息：其一，荆州、宜昌集聚了四川、湖南之商（米）船；其二，荆宜所聚湖南之米船系由洞庭湖经抵荆宜地区，再运往下游之汉口。又据该年管理荆关税务丽柱奏报："至船料一项，亦因内河之水入春以来渐长渐消，载米之宝庆等类大船亦比往年甚减，是以（乾隆十六年分）盈余短少。"[2] 由此可知，洞庭湖西部地区粮食系由虎渡河等内河水道运往荆州地区销售，其内河水道在水涨时期可通行宝庆等类大型米船。再如乾隆三十九年春陈辉祖所奏，"荆州、武昌、汉阳人烟繁庶，亦恒藉四川、湖南客米流通。近因川粮少下，正二月间北风时作，南舟稀到，……一时不无米贵之势。该司吴虎炳议详饬属嗣汉阳、荆州二处将义仓及备贮等粮发粜。南省商米亦络绎运到，荆、宜一带水乡，亦得就近购食。"[3] 这条资料进一步点明，来自洞庭湖西部地区的湖南商米与川米同为荆、宜市场之主要市米来源。

由于川粮下运也必经荆关，因此我们无法从荆关所收米船税中对虎渡河商道向沙市集中的粮食流通量进行直接推测。但透过荆州与洞庭湖西部地区的米价差来看，澧州等产米区粮食运到荆州出售较运往汉口可能获利相当甚至更多。以乾隆二十八年（1763 年）中米价格为例（是年长江中游各处气候、收成皆正常），由澧州载米运至荆州，得差价 0.247 两/石。商人运米至沙市，再换取棉布回湖南出售。澧州与荆州襟带相连，又属内河水道，无须避风。从地理距离与便利程度来看，较岳州—汉口一线运费更为省俭，是洞庭湖西岸米谷出省的捷径。此外，商人顺荆江由荆州经运汉口，或者上溯至宜昌府出卖，亦可获利。如果由澧州载米运往岳州府，得差价 0.164 两/石；再运抵汉阳，差价 0.209 两/石，再扣除成本，获利不及荆州一路。

最后对照米价的协整分析结果，澧州与岳州府未整合，但与湖北荆州、宜昌形成了显著的市场整合，这一情况与运道相符。长沙与荆、宜两府也构成整合，这验证了澧州米谷最重要的输出对象是荆州，而长沙府与洞庭湖西岸的粮食也并不全以岳州、汉口为粮食集散地。

[1]《清高宗实录》卷386，乾隆十六年四月庚辰，中华书局1985年版，第77页。

[2] 宫中朱批奏折，乾隆十六年六月二十七日管理荆关税务丽珠奏折，中国第一历史档案馆藏，档号 04-01-35-0327-039。

[3]《宫中档乾隆朝奏折》第35辑，乾隆三十九年三月十二日湖广总督陈辉祖奏折，台北"故宫博物院" 1982年版，第286页。

表 5-12   洞庭湖—荆宜地区整合分析（1739~1794 年）

	荆州	宜昌	岳州
长沙	+	+	+
澧州	+	−	○

注：+表示强整合，−表示弱整合，○表示未整合。

对运道的考察支持了协整分析的结果，由此可以判断，虎渡河运道对洞庭湖区市场与荆宜地区市场的构建，至迟在乾隆时期已经形成。直到 20 世纪 20 年代，仍然保持着这一水运情况。"湖南省籍的南船来往于沙市、宜昌与湖南各地之间，从湖南航往宜昌方向时装载湖南生产的大米，从宜昌方向返航回湖南时则装载四川省的物产、胡麻粕以及各类洋货。"[1]

岳州府在湖南省的经济地位或许不似以往定位的那般高。乾隆时期米价的协整分析，也表明洞庭湖区并未以岳州府为核心建立一个整合的市场圈，并且岳州府与湖北省的经济关系也主要局限于荆江一带。据 1869 年德国地理学家李希霍芬的观察，"虽然岳州的位置十分重要，但是令人奇怪的是，岳州并不是湖南省的商贸重镇，更南边的湘潭才是。主要是因为广东的货物大都运往湘潭，然后再经运河运往常德府，之后再往西运往四川。或者经洞庭湖以西的水域通过太平口运往湖北沙市。这两条路线都绕过了岳州，因为在运河航行不像在其他的河流上那样，不怎么依赖风向。"[2]这段文字直接点明了岳州经济地位被洞庭湖西侧的运道所削弱。从乾隆时期虎渡河活跃的商品流通来看，这种削弱效应在乾隆时期已经出现了。

（二）洞庭湖与荆襄地区

洞庭湖西部、荆州府与湖北汉水流域的联系，主要依赖江、汉二水之间的多条分支水道。据鲁西奇的考证，这一区域的水道连通已有千年以上的历史。魏晋时期，有杨水一支，发源自江陵湖泊，连通汉水，成为漕运要道；北宋时开通荆南运河，南起江陵城东，北至沙洋附近，其水道"可胜二百石舟"[3]，将湖南所产粮食运至襄阳。此后，汉水虽几经改道，但这

---

① ［日］松浦章：《清代内河水运史研究》，董科译，江苏人民出版社 2010 年版，第 50-51 页。
② ［德］费迪南德·冯·李希霍芬：《李希霍芬中国旅行日记》上册，李岩、王彦会译，商务印书馆 2016 年版，第 322 页。
③ 张季芳：《修渠记》。转引自鲁西奇、潘晟：《汉水中下游河道变迁与堤防》，武汉：武汉大学出版社 2004 年版，第 119 页。

一区域内河水运仍旧保持畅通。[1]

乾隆时期成额、定长曾对这一运道做过仔细勘察。"湖北自吕堰至樊城一站以下，有襄河一道，由襄阳顺流而下，直达安陆府潜江县属之大泽口，计水程六百一十里，为商舶往来通津。其自大泽口迤南，有支河一道，直抵荆州府江陵县属之丫角庙，计水程一百十五里。河面尚宽，虽间有淤浅一二处，亦可行舟。其自丫角庙盘过荆堤起旱一站，计程一百里。渡荆江而南进虎渡支河，直达湖南澧州属之观音港，计程二百二十里，亦属内河平水。"[2] 在两人另一份折子中提到："出大泽口即入襄阳大河。逐细察看，河身深广，水势畅流，帆樯联络。"[3]

乾嘉时期，官方采买、调运皆通过此水道向襄阳输送粮食。乾隆五十一年，官府曾自四川买米，运济湖北武昌、汉阳、黄州、荆州、襄阳各府。"惟襄阳府在楚省之上游……由荆州内河就近拨往，以期迅速。"[4] 嘉庆五年秋，亦由该运道输送湖南米谷运往荆、安地区。"上谕荆州、安陆与湖南境壤毗连，湖南本年收成九分有余，粮价自贱。著该署督于附近荆州、安陆处所碾动仓谷，犹水路运往接济……臣汪新前次奏明，在湖南买米十万石，现据委员来南陆续采办，已饬令市米较多之湘潭、湘阴等县会同来员公平购买。"[5]

除去政府采买以外，该商道也沟通两湖与四川三省的粮食与棉布贸易。清初于荆宜地区设立工部税关，以沙市为主税口。乾隆时期，沙市与汉口并列为湖北巨镇[6]，"商贾萃集，粮食充饶。"[7] 湖北巡抚祖之望亦指出，"惟楚北汉口、沙市为水贩聚集之区，湖南水次米石运赴售卖者络绎不绝。"[8] 沙市以外，另于其东、南、西、北四个方向分别设立十个分税

① 鲁西奇、潘晟：《汉水中下游河道变迁与堤防》，武汉大学出版社 2004 年版，第 104–132 页。

② 《宫中档乾隆朝奏折》第 31 辑，乾隆三十三年六月初十日期成额奏折，台北"故宫博物院"1982 年版，第 5 页。

③ 《宫中档乾隆朝奏折》第 31 辑，乾隆三十三年六月十六日期成额奏折，台北"故宫博物院"1982 年版，第 55 页。

④ 《宫中档乾隆朝奏折》第 60 辑，乾隆五十一年六月十九日湖北巡抚图萨布奏折，台北"故宫博物院"1982 年版，第 784 页。

⑤ 宫中朱批奏折，嘉庆二年八月十九日湖南巡抚姜晟奏折，中国第一历史档案馆藏，档号 04-01-02-0066-013。

⑥ 《清高宗实录》卷 187，乾隆八年三月，中华书局 1985 年版，第 417 页。

⑦ 《宫中档乾隆朝奏折》第 69 辑，乾隆五十三年八月十六日湖广总督毕沅奏折，台北"故宫博物院"1982 年版，第 246 页。

⑧ 宫中朱批奏折，嘉庆五年六月初二日祖之望奏折，中国第一历史档案馆藏，档号 04-01-01-0478-006。

口，合计荆关口岸共十一处，其中 6 处设于滨江口岸，5 处依傍内河。内河各关税口岸设置，如北关草市、田关、周关、杨关 4 关，设于"通达汉沔各处之小河内"；港关，设于"通达湖南小河"处。①

图 5-14　清代中期洞庭西部—荆襄地区水道与粮食流通

资料来源：地图信息来自谭其骧主编：《中国历史地图集》（清时期），中国地图出版社 1987 年版，第 3-4 页；鲁西奇、潘晟：《汉水中下游河道变迁与堤防》，《清代江汉之间河道源流示意图》、《清代襄河堤示意图》，第 147、第 362 页。据鲁、潘的考证，明清时期，汉水由潜江大泽口分出夜汉河、芦洑河两条分水道，沟通江、汉；清中期以后，水道及其称谓略有变化，主要有西荆河、东荆河、通顺河三支，其中西荆河为主支，直通丫角庙。图中对虎渡河、西荆河分别加粗以示强调。

从税关口岸分布可知，荆关税源，除长江干道的商品流通以外，还有南北商道的商品流通税。而内河各口即主要征收洞庭—荆襄地区南北水道上的船料、竹木税，往来装载粮食、棉花、棉布等货物的商船则构成船料税的最主要来源。

---

① 宫中朱批奏折，乾隆四十七年七月初四日湖广总督陈辉祖奏折，中国第一历史档案馆藏，档号 04-01-35-0346-022。

清后期的资料中对这条水道的商业情况有更为详尽的记载。1869年，李希霍芬乘船由上海到湖北，便观察到潜江与江陵之间活跃的商品流通。"在长江和汉江之间有无数的运河，有些被湖盆地隔断……大量货物经长江和汉江运来，在这一地区卸下来再搬运到较小的船上，被运到周围各地。在沙洋以南2海里外就有这样一个转运地，长1.5公里。车马和苦力们将货物运到汉江边，在那里早就有船在等候。夏天则不须如此麻烦，因为那时有大泽口附近的一条运河直接把货物运到荆州府。"①

　　经由江、汉分河道，又进一步将湖湘地区连接起来。"汉江中下游，由南向东南方向转弯处，有重要市镇沙洋，是汉口和樊城之间最大的贸易地。这里停靠着500多艘船，平均每艘装载了2000公斤的货物。此地的重要性还体现在，它连通了汉江流域和长江上较大的贸易城市沙市。来自四川和运往四川的货船都在沙市停靠，而它对面就是太平运河，此运河流往洞庭湖流域并且以此连通起湖南，尤其是湘潭地区。"② 这条资料所描述的内容极好地反映了这条南北运道的延续性及其商业功能的发挥。

表5-13　洞庭湖—荆襄地区整合分析（1741~1784年）③

	长沙	澧州	常德	岳州	荆州
荆州	+	+	-	-	—
安陆	+	-	-	○	+
襄阳	+	-	-	○	-

注：+表示强整合，-表示弱整合，○表示未整合。

　　米价的协整结果显示，澧洲与荆州构成了强整合，与安陆、襄阳形成了弱整合关系，常德与荆襄地区也形成了弱整合关系。这一分析结果也与文献所描述的商道情况相符合，由此可以确定，洞庭湖西侧与荆襄地区形成了整合市场。此外，长沙与荆襄三府米价也构成强整合，说明该条商道可能将湘江中下游也纳入其市场范围内。

---

① ［德］费迪南德·冯·李希霍芬：《李希霍芬中国旅行日记》上册，李岩、王彦会译，商务印书馆2016年版，第323页。

② ［德］费迪南德·冯·李希霍芬：《李希霍芬中国旅行日记》上册，李岩、王彦会译，商务印书馆2016年版，第322页。

③ 此处采用1741~1784年协整检验结果，以剔除乾隆50年安陆等府的价格突变点。

（三）湘、赣二水之间

以往学者对湘、赣二水之间的商品流通关注不多。然而，由明清商书记载可见，两条水道之间也建立了紧密的经济联系。

明人所辑《天下水陆路程》中记录了从湖口县由袁州府至衡州府的水陆路程。[①]清初《广阳杂记》也记录了由衡州、长沙至南昌的路线。"长沙至江西路程。自长沙至湘潭县九十里。至渌口九十里。至醴县三十里。至湘东一百里。起旱至萍乡县三十里。至卢镇九十里。觅舟至宜风五十里。至袁州府五十里。又觅舟至分宜县九十里。至新喻县九十里。新喻属临江。至黄土镇七十里。至临江府五十里。至樟树镇三十里。至丰城县八十里。至市叉镇到江西省城南昌府。共一千零四十里。"[②]

康熙时期，赵申乔也曾勘察过湖南至江西的水路，"臣查长沙府属湘潭之渌口进小河，抵醴陵县，九十里至江西界之湘东市，有一线水路，四十里至萍乡县，旱路五十里至泸溪，方可下船到江西。再自湘潭县而上，至衡州府属衡山县之雷家埠，小河抵茶陵州，又九十里至江西界之高垅，起旱八十里，至江西永兴县之潞江，方可下船到江西"。[③]乾隆时期的商书《商贾备览》《示我周行》等所记江西、湖南往返路线三条：湖广长沙府由高垅至万安县往返路程、樟树镇由袁州府至长沙府路程、至衡山县路程，与刘、赵二人所述基本一致，只是调换了行程的方向，这也反映了湘赣之间商道的延续性。[④]

从史料可见，乾隆时期湖南米谷也输往江西消费。陈弘谋曾指出："湖南官仓，不但备本省之荒歉，兼备邻省之荒歉。所云邻省，上如粤东、粤西，下如湖北、江西、江南、江浙，倘有荒歉，皆取资于湖南所贮之

---

① （明）黄汴著，杨正泰校注：《天下水陆路程》卷 7，湖口县由袁州府至衡州府水，山西人民出版社 1992 年版，第 211–222 页。

② （清）刘献廷：《广阳杂记》卷 2，北京：中华书局 2016 年版，第 67 页。

③ （清）赵申乔：《赵忠毅公自治官书类集》卷 6《奏疏》，《续修四库全书·史部·政书》第 880 册，上海古籍出版社 1996 年版，第 730 页。

④ （清）阙名撰、（清）陈劻校：《商贾备览》，乾隆 3 年序刊本，东洋大学汉籍善本全文影像资料库文本。（清）闽中青牛道人：《仕商便览：示我周行》，鹤和堂定，乾隆 52 年湘潭刻本。《示我周行》曾经多次刊刻，其中乾隆 52 年刻本在原来 2 卷本基础上增加了第三卷"商贾客类"，介绍了汉口、沙市、湘潭地区市场各类商品行用货币、度量衡等信息。可知该书在江广地区传播度极广。两本商书中所记述湖南—江西间商路所经各站及里数基本相同，个别站程名称及其备注信息稍有不同，推测可能乾隆刻本中曾对其商路信息作过核正。

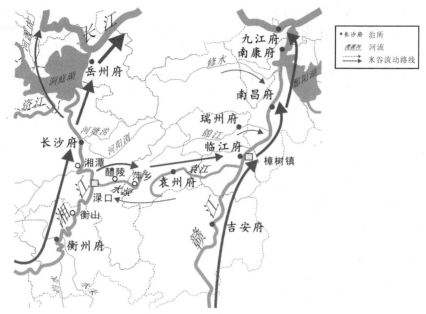

图 5-15 清代中期渌水—袁江水道与粮食流通

额。"① 江西巡抚裕城亦指出，"江西虽素称产米，究不及川楚之多。丰稔年岁，互相流通，已不免有挹彼注兹之势"。② 湖南粮食运往江西，其一由洞庭湖输出，经汉口由九江进入江西转运省城南昌。乾隆时，"每当四五月间粮贵之时，（南昌省城）逐日所到米船不下百十余号，兼有赣州所属及湖广上江两省米船往来售卖"。③ 其二，便自湘江中游通过渌水进入江西，由袁江接入赣江水系，直下南昌。

乾隆十六年，江西巡抚舒辂奏："今岁邻省粮价俱属昂贵，客商贩运者多……袁、临等府亦多贩运出境。""（嘉庆）十三年闰五月饥，（萍乡）谷价昂……新谷登乃已。先年本岁稔，本年米贵，以东西两河搬运大其故也。"④ 西河即指袁州府与湖南醴陵沟通之水道。这两条资料所述为江西米

① （清）陈弘谋：《培远堂偶存稿》卷38，《饬议买补仓谷檄》，上海古籍出版社1990年版，第71页。
② 《宫中档乾隆朝奏折》第61辑，乾隆五十一年九月十六日江西巡抚何裕城奏折，台北"故宫博物院"1982年版，第518页。
③ 宫中朱批奏折，乾隆十六年五月二十六日江西巡抚舒辂奏折，中国第一历史档案馆藏，档号04-01-40-0032-059。
④ 同治《萍乡县志》卷1，《地理志·祥异附》。

谷经此运道进入湖南省。然而，乾嘉时期湖南长衡地区米价一般都低于袁、临地区。如乾隆十六年，袁、临、南昌等府米价较长、衡二府月度中米均价分别高出 0~0.4 两/石、0.2~0.5 两/石（各府间高、低价差亦如之）。整个乾隆时期，袁州府米价常高出长、衡二府 0.1~0.2 两/石，有时达0.3两/石以上；南、临二府米价常高出长、衡二府 0.2~0.5 两/石。因此，该运道当以湖南粮食进入江西为主，而江西贩粮至湖南可能只是临时调剂。在舒辂另一份奏折中对此也有较为清晰的表述。"江省袁、临、吉、瑞等府虽称产米之乡，向来江南等省多有商贩搬运，而本省之粮又藉湖广等省商贩为之接济，所贵以盈济虚，辗转流通，庶为不竭。"①

从水运条件来看，渌水船运并不及湘江洞庭湖一线便利。然而，为以往学者所忽略的重要情况是，该条水道两端分别连接着最重要的粮食市镇（湘潭、渌口镇）与药材巨镇樟树镇。湘潭是湖南省最重要的粮食贸易市镇，渌口镇在乾隆时期也是重要的粮食市场。渌口位于渌水与湘江交汇处，属醴陵县所辖，为《商贾便览》所载湘赣往来三条路线所必经之地。渌口在乾隆时期已称粮食市镇。"凡巨舰盐艘泊止于此，为一邑水道之口。"② 本地粮商，每于"秋冬间，贩谷赴渌市及湘潭粜买。即征漕时，粮户亦皆运谷就渌，碾米上仓，以免搬运之难。"③ 沿渌水向东进入袁州府，顺袁江船运可直抵樟树镇。樟树镇为清代药材巨镇，也为重要粮食消费区，其米谷"西仰袁（州），东仰虔（赣州）、吉（安）"。④

据方志远考察，湘中是清代江西商人着重经营的地区。江西商人其实力较大者，本籍主要来自临江、吉安、抚州、建昌四府。清代湘潭市场上江西籍商人构成的"西帮"，包含了药帮、米帮、木帮三个行业的江西商人。⑤ 故而药材、粮食、木材贸易是江西商人贩运的主要商品。他们搬运本省药材、纸张、夏布等至湘潭、浏阳等处销售，再搬运长沙、衡州一带米谷回程出售，渌水—袁江这一条商道，是实现粮食与药材商品对流的捷径。

清后期，因太平天国阻断长江，渌水一线即取长江而代之，一跃成为云贵川楚闽广之间的重要商路。"自咸丰三四年后，粤逆东下，大江梗塞，

① 宫中朱批奏折，乾隆十六年闰五月十六日江西巡抚舒辂奏折，中国第一历史档案馆藏，档号04–01–40–0028–005。
② 乾隆《增修醴陵县志》卷 4，《建置志·街市》。
③ 嘉庆《醴陵县志》卷 24，《风俗》。
④ 顺治《清江县志》卷 8，《艺文》。
⑤ 方志远：《明清湘鄂赣地区的人口流动与城乡商品经济》，第 376–379、第 629 页。

凡江浙闽广川黔诸商贾率道乎是，舟车往来，络绎不绝。"① 太平天国之后，长江交通恢复，但渌水—袁江一线的米谷贸易仍持续发展。民国《醴陵乡土志》载："县境谷米，丰岁颇有余裕。然地近萍潭，输出每致逾量。""渌口市……其商货以谷米、竹木为大宗。县境输出则以瓷、煤、米为多。"②

表 5-14 袁江、渌水与湘江—洞庭湖区整合分析（1739~1794 年）

	长沙	衡州	澧州	常德	岳州
袁州	+	+	+	-	-
临江	+	+	+	-	-
南昌	+	-	-	-	-

注：+表示强整合，-表示弱整合。

米价的量化分析显示，长沙、衡州二府与袁州、临江、南昌三府间建立了显著价格协整，说明长、衡—渌水—袁江—赣江—南昌一线至迟在乾隆时期已是米谷流通的重要商路。进一步考察洞庭湖区与赣江米价，袁、临二府与澧州府构成强整合，与常德、岳州也具有长期价格同步性。再将湘、赣上游永州、吉安，及支流瑞州府纳入考察，彼此间亦构成了长期的价格协整关系。通过上述考察，可以确信，乾隆时期，湘、赣二水之间已经形成了整合的区域市场。

综合上述考察，基本确定，乾隆时期长江中游米谷输出三条运道并行的流通格局已经形成（见图 5-16），两条辅道与长江干流一起，共同构建了长江中游区域米谷市场的空间格局。

咸丰以来，两条辅道的地位进一步提高。咸丰初行厘金制度，三条运道上皆设置厘卡，对湖南米、茶两项大宗商品收取厘税。光绪《湖南省财政说明书》记载："（湖南米谷）出口略分三路：入赣者则由醴陵局抽收；入鄂分东、北两路，东则由岳州局抽收，北则由（安乡县）雷湾局抽收。地位虽不同，而抽收之数则一也。"③

① 同治《醴陵县志》卷 3。
② 民国《醴陵乡土志》卷 7，《积谷》卷 3，《乡镇》。
③ 《清光绪年二十二省财政说明书·湖南湖北卷·湖南省》，《岁入部·厘金类出口米厘加抽》，全国图书馆文献缩微复制中心 2008 年版，第 185 页。

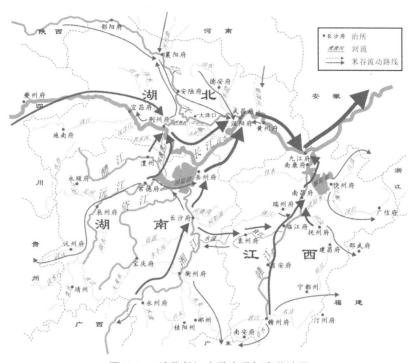

图 5-16　清代长江中游水道与米谷流通

　　此外，长江中游地区与周边诸省间也通过米谷与其他商品的对流建立了市场联系。其中颇值得注意的是，赣东北与浙西之间的市场联系比较密切。广信、饶州、建昌、抚州四府与衢州府米价差相关系数，10 对中有 7 对在 0.8 以上；衢州与抚州府相关性最低，亦在 0.6 以上。协整分析显示，赣东北四府与衢州皆建立了长期的价格协整关系，说明赣东北与钱塘江水系的接通对这一区域的市场布局造成了切实影响。

　　湖北北部，河南南阳、汝宁及光州与之接壤，是河南重要稻作区，因其靠近淮河水系，所产米粮主要经淮河向东南汇聚。将光州米价与襄阳、德安、黄州等府米价进行协整分析，表明光州与湖北北部的米市场之间的联系可能十分密切。[①] 关于汉水上游与襄樊地区的经济联系，清中期以后

---

① 这一结果可对王业键《18 世纪中国的粮食市场》一文对淮河流域、华北南部与长江中、下游区域市场的考察稍作补充。因河南南部三府州中仅光州有米价数据，遂只能量化分析光州与湖北北部米市场的联系，更为信实的考察有待于发掘更多的文献资料与价格数据。

的地方志中有陕西汉中、兴安、商州米谷大量运往襄阳的记载。[①] 因清代粮价资料库中收录的陕南地区米价仅有"大米"这一品种，且价格高于湖北省中米价，可能粮食品种并不相同，故而暂无法进行量化分析。

湘南、赣南与广东接壤地区间的市场关系，未能在米价的量化分析结果显示出来。湘西与黔东南之间，也是如此。这可能是由于这些区域所处的自然地理环境及其农业水平导致的商品交易成本较高，也可能是米谷贸易对其区域市场的促进确实有限。

三、乾隆时期长江中游米谷市场空间格局

乾隆时期的长江中游区域以商品粮输出为主，并在一定时段内保持着相对稳定的粮食输出量，其政治稳定、行政干扰相对较少、市场作用相对突出，因此该区域的粮食贸易必然与能够在长时段内发挥稳定商品运输功能的运道相配套。[②] 这类流通运道的存在一定是商人基于交易规模、价格信息传递、地理距离、交通便利程度等影响交易成本的多种因素的综合考量之后能够实现最优套利的运输方式，一定程度上可以纠正协整分析不考虑交易成本导致的偏误。另外，除了交易成本以外，对流通运道的考察也隐含了贸易的起点、终点、方向等信息，既有助于对粮价分析结果进行有效辨识，也便于对整合市场的空间形态进行分析。

本书以流通运道切入，结合粮价的量化分析与文献分析，对长江中游地区流通要道上的 23 府州米谷市场进行了重点考察，发现长江中游主要产米区通过粮食流通运道的延伸，已打破省级行政区划之束缚，构成了整合的区域市场，这也验证了王业键关于 18 世纪中国整合市场的判断。

长江中游的粮食输出除长江主干道以外，还有两条次要运道：一条运道，湘米由澧州运往荆州，再转运他处，或运往宜昌，或进入汉水中上游；另一条运道，湘米由衡州、长沙经渌水—袁江汇入赣江水系；前者从南北向沟通了洞庭湖西岸与荆襄、荆宜地区的市场，后者自东西向沟通了湘、赣二省的市场——这两条运道与长江主干道一起，构建了清代长江中游的米市场空间格局。

---

① 萧正洪：《清代汉江水运》，《陕西师范大学学报》（哲学社会科学版）1988 年第 4 期。
② 偶发的流通不计，比如逆汉水上游从湖北往陕西运粮，属于政府赈济，不计成本。

江、汉二水之间，通过西荆河等分水道，将荆襄地区联系起来，再借由虎渡河将洞庭湖区甚至湘江纳入其商业腹地，来自四川、湖南的米谷进入荆襄地区，完成与湖北本地所产棉布、两淮的食盐等产品的对流。此外，洞庭湖西岸的米谷也有一部分溯江而上，与荆宜地区建立市场联系。这一地区间的经济联系早已建立，明清以来商品经济的发展使其市场关联大大加深，近代以来持续发展。湘江、赣江二水中游通过渌水—袁江分水道相连接，成为长江主干的重要辅道。这一运道在清前期已经开始发挥重要作用，咸丰时期，还曾一度取长江而代之，成为云贵川楚闽广之间的重要商道。

结　语

　　清代的粮价与市场研究至今已取得了丰富的成果，大大深化了人们对
"十八世纪全国市场"的认识。而地处长江中游的湖南、湖北、江西三省，
作为清代全国最重要的粮食输出区，研究相对薄弱。

　　从研究方法来看，现有研究着重利用量化手段考察区域市场整合度及
其比较，与文献资料的结合有所不足，故而对区域市场的运作实态、市场
空间分布等具体问题研究亦更待深入。

　　本书从粮价切入，结合文献分析与量化分析方法，对乾隆时期长江中
游粮食流通与市场整合进行整体考察。因此，本书不仅仅满足于对市场整
合的量化评估，更力图从多角度、多层次展现出长江中游地区粮食市场的
运作实态。在对粮价进行量化研究的同时，结合运用大量文献资料，综合
考察了长江中游地区的农业生产、米价变动趋势、米谷流通运道、米谷流
通量变化等问题，揭示了乾隆时期江广三省米价变动、粮食贸易与农业经
济结构变化的动态关系。

　　作为清代全国最重要的粮食输出区，乾隆时期江广三省的米价变动呈
现阶段性的上涨趋势。气候、收成对乾隆时期长江中游地区米价造成短期
影响，而外部市场需求是影响米价长期变化的主要因素，长江中游地区作
为米谷输出区，其米价波动，只是长江流域乃至东南沿海各地区米价变动
中的一个环节。

　　粮价的上涨进一步引起区域内部农作结构的改变。通过兴修水利、开
垦垸田，改进耕作制度，扩展双季稻作、稻麦连作，引入新的农作品种，
推广杂粮种植等手段，为长江中游地区的农业经济格局带来深刻变革。这
一变革造成了两个重要影响：其一，乾隆中期以后，长江中游米价涨幅明
显放缓；其二，促使长江中游米谷输出量在乾隆中后期达到顶峰。

　　结合粮价与税关档案考察乾隆时期长江流域粮食流通量的变化，发现
长江流域长距离米谷贸易的盈缩主要是市场对区域米价差增损的自然反

应，而长江中游地区农业结构的变化，从某种角度来讲，可以视作粮食输出省份为适应市场变动所做出的选择。在乾隆时期最后几年，长江中游运往下游的米谷流通量出现锐减，这种现象背后反映的是清代中期江广地区经济结构的变化，特别是湖北省由米谷输出省向需求省转化，米价逐渐与下游消费区靠近。这一变化也意味着嘉道以后长江中游粮食市场可能出现重新布局。

关于江广三省的粮食生产、流通等问题，前人学者皆有过单独的研究。本书以粮价切入，首次将这些问题聚集在一起进行整体研究，从而全景式地展示出乾隆时期江广地区粮食贸易与整合市场形成的动态变化过程。在此基础上，本书又进一步探讨了江广地区的市场整合度及其空间格局。

不同于以往研究侧重于通过量化分析工具的优化来提高对市场整合的解释的有效性，本书尝试通过流通运道的考察对粮价的量化分析结果进行评估与解释。采取这样的研究路径，一方面能够提高市场整合解释的可信度，另一方面也能够将抽象的整合概念落足于具体的交易空间中。

本书研究发现，长江中游主要产米区通过粮食流通运道的延伸，已打破省级行政区划之束缚，构成了整合的区域市场。其市场空间格局大体如下：江广三省内部，分别沿着长江主干道与湘江、赣江、汉水等支流水系建立了整合的区域市场；跨越省区，洞庭湖与荆宜、荆襄地区，湘、赣二水之间，分别形成整合的区域市场；各区域市场通过水道之间的联系串联起来，构成一片完整的大区域米谷市场。周边与邻省区的米谷输出及商品对流，对区域市场的格局也造成切实影响。

很显然，长江中游的粮食市场并非简单地以汉口、九江为中心构成整合市场。本书研究发现，江广地区的粮食流通除长江干道外，还有两条次要运道：其一，澧州、常德米谷经长江支流河道进入荆州，再转运他处，或进入襄阳，或运往宜昌；其二，湘江中游米谷经醴陵由渌水进入江西袁州府，再经袁江汇入赣江水系。这两条运道与长江主干道一起，构建了清代长江中游的米市场总体格局。

本书的研究表明，长江中游地区的粮食流通与市场结构较以往人们所认识的更为丰富。在粮价的量化研究基础上结合历史文献的考察，对商道进行深入细致的个案研究，可以进一步促进对长江中游区域市场的更为具象化的了解。

参考文献

一、典籍

《清圣祖实录》，中华书局 1986 年版。
《清高宗实录》，中华书局 1985 年版。
《清仁宗实录》，中华书局 1986 年版。
《清史稿》，中华书局 1988 年版。
《清文献通考》，浙江古籍出版社 1988 年版。
《嘉庆重修一统志》，中华书局 1986 年版。

二、档案

中国第一历史档案馆：《宫中朱批奏折》。
中国第一历史档案馆：《军机处上谕档》。
《宫中档康熙朝奏折》，台北"故宫博物院"1976 年版。
《宫中档雍正朝奏折》，台北"故宫博物院"1979 年版。
《宫中档乾隆朝奏折》，台北"故宫博物院"1982 年版。
中国第一历史档案馆：《康熙朝汉文朱批奏折汇编》，档案出版社 1984 年版。
中国第一历史档案馆：《雍正朝汉文朱批汇编》，江苏古籍出版社 1989 年版。
中国第一历史档案馆：《雍正朝汉文谕旨汇编》，广西师范大学出版社 1999
　　年版。
中国第一历史档案馆：《乾隆朝上谕档》，档案出版社 1991 年版。
中国第一历史档案馆：《嘉庆道光两朝上谕档》，广西师范大学出版社 2000
　　年版。

三、地方志

1. 湖南省

（明）薛纲纂修，（明）吴廷举续修：《湖广图经志书》，明嘉靖元年刻本。

（明）孙存、潘镒修，杨林、张治纂：《长沙府志》，明嘉靖十二年刻本。

（清）吕肃高修，张熊图、王文清纂：《长沙府志》，清乾隆十二年刻本。

（清）李大本修，周宣武纂：《长沙县志续集》，清乾隆十二年刻本。

（清）赵文在等纂修：《长沙县志》，清嘉庆十五年刻本。

（清）赵文在原文，陈光诏续修：《长沙县志》，清嘉庆二十二年刻本。

（清）刘采邦等修：《长沙县志》，同治十年刻本。

（清）吕正音修，欧阳正焕纂：《湘潭县志》，清乾隆二十一年刻本。

（清）张云璈修，周系英纂：《湘潭县志》，清嘉庆二十三年刻本。

（清）陈嘉榆等修，王闿运等纂：《湘潭县志》，清光绪十五年刻本。

（清）段一骙等修：《增修醴陵县志》，清乾隆八年刻本。

（清）黄应培修：《醴陵县志》，清嘉庆二十四年刻本。

（清）徐滢等修：《醴陵县志》，清同治九年刻本。

傅熊湘编：《醴陵乡土志》，民国十五年铅印本。

（清）吕履恒纂修：《宁乡县志》，清康熙四十一年刻本。

（清）王余英等修，袁名曜纂：《宁乡县志》，清嘉庆二十四年刻本。

（清）郭庆扬修，童秀春纂：《宁乡县志》，清同治六年刻本。

（清）梁葆颐等修、谭钟麟等纂：《茶陵州志》，民国二十二年刻本。

（清）赵勷等修：《攸县志》，清同治十年刻本。

（清）张奇勋修，谭弘宪纂、周士仪续纂修：《衡州府志》，清康熙二十一年刻本。

（清）饶佺修，旷敏本纂：《衡州府志》，清光绪元年刻本。

（清）陶易修，李德等纂：《衡阳县志》，清乾隆二十六年刻本。

（清）阎肇焜等修，马倚元、王斯扬纂：《衡阳县志》，清嘉庆二十五年刻本。

（清）罗庆芗修，彭玉麟等纂：《衡阳县志》，清同治十三年刻本。

（清）江恂等纂修：《清泉县志》，清乾隆嘉庆间刻本。

（清）王开运修，张修府纂：《清泉县志》，清同治八年刻本。

（宋）范致明撰：《岳阳风土记》，明嘉靖四十二年刻本。

（清）陈玉垣、庄绳武修，唐伊盛等纂：《巴陵县志》，清嘉庆九年刻本。

（清）孙炳煜等修，熊绍庚、刘乙燃纂：《华容县志》，清光绪八年刻本。

（清）姚诗德、郑桂星修，杜贵墀等纂：《巴陵县志》，清光绪十七年刻本。

（清）黄教馞等修：《龙阳县志》，清光绪元年刻本。

（清）应先烈修，陈楷礼纂：《常德府志》，清嘉庆十八年刻本。

（清）余良栋修，刘凤苞纂：《桃源县志》，清光绪十八年刻本。

（清）眭文焕纂修：《重修桃源县志》，民国六年铅印本。

（清）张绰修：《安乡县志》，清光绪六年据乾隆十三年刻版增刻本。

（清）安佩莲修，孙祚泰、陈融观纂：《直隶澧州志》，清道光元年刻本。

（清）何璘修，黄宜中纂：《直隶澧州志林》，清乾隆十五年刻本。

（清）何玉棻修，魏式曾纂：《直隶澧州志》，清同治八年刻本。

张之觉修：《澧县县志》，民国二十八年刻本。

（清）周来贺修：《桑植县志》，清光绪十九年刻本。

（清）苏益馨、李汉谟修，梅峄纂：《石门县志》，清嘉庆二十三年刻本。

（清）林葆元、陈煊修，申正扬等纂：《石门县志》，清同治十三年刻本。

田星六：《慈利县志》，民国十二年铅印本。

（清）席绍葆等修，谢鸣谦、谢鸣盛纂：《辰州府志》，清乾隆三十年刻本。

（明）陆柬纂修：《宝庆府志》，明隆庆元年刻本。

（清）梁碧海、刘应祁纂修：《宝庆府志》，清康熙二十四年刻本。

（清）黄宅中等修，邓显鹤纂：《宝庆府志》，清道光二十九年刻本。

（清）俞克振修，梅峄纂：《晃州厅志》，清道光五年刻本。

（清）萧聚昆修，邝永锴纂：《邵阳县志》，清乾隆二十九年刻本。

（清）张德尊纂修：《重辑新宁县志》，清道光三年刻本。

（清）黄文琛等纂修：《邵阳县志》，清光绪二年刻本。

（清）陈吴萃等修，姚炳奎纂：《邵阳乡土志》，清光绪三十三年刻本。

（清）贾构修，易文炳、向宗干纂：《续增城步县志》，清乾隆五十年刻本。

（清）盛镒源修，戴联璧等纂：《城步县志》，清同治六年刻本。

（清）佚名修纂：《辰州府义田总记》，清道光间刻本。

（清）徐会云等修，刘家传等纂：《辰溪县志》，清道光二年刻本。

（清）守忠等修，许光曙等纂：《沅陵县志》，清光绪二十八年刻本。

（清）张扶翼修：《黔阳县志》，清雍正十一年刻本。

（清）姚文起修：《黔阳县志》，清乾隆五十四年刻本。

（清）盛庆绂、吴秉慈修，盛一棵纂：《芷江县志》，清同治九年刻本。

（清）孙炳煜等修，黄世昌等纂：《重修会同县志》，清光绪二年刻本。

（清）金蓉镜纂修：《靖州乡土志》，清光绪三十四年刻本。

（清）万在衡修：《祁阳县志》，清嘉庆十七年刻本。

（清）陈玉祥修，刘希关等纂：《祁阳县志》，清同治九年刻本。

（清）嵇有庆、徐保龄修，刘沛纂：《零陵县志》，清光绪二年刻本。

（清）李瑾：《永顺县志》，清乾隆十年刻本。

（清）陈宏谋修：《湖南通志》，清乾隆二十二年木刻本。

（清）李瀚章、裕禄编纂：《湖南通志》，清光绪十一年刻本。

湖南省志编纂委员会编：《湖南省志·地理志》第二卷（上册）（修订本），
湖南人民出版社 1982 年版。

　　2. 湖北省

（清）裴天锡修：《湖广武昌府志》，清康熙二十六年刻本，江苏古籍出版社
2001 年版。

（清）钟桐山修：《武昌县志》，清光绪十一年刻本。

（清）王庭桢修：《江夏县志》，清同治八年刻本。

（清）陈怡等修：《咸宁县志》，清同治五年刻本。

（明）赵鼒修：《大冶县志》，明嘉靖十九年刻本。

（清）胡复初修：《大冶县志》，清同治七年刻本。

（清）罗登瀛修：《通山县志》，清同治七年活字本。

（清）邓葵修：《通城县志》，清同治六年活字本。

（清）陈国儒修：《汉阳府志》，清康熙八年刻本。

（清）陶士契修：《汉阳府志》，清乾隆十二年刻本。

（清）黄式度修：《编辑汉阳县志》，清同治七年刻本。

（清）德廉、袁鸣珂修：《汉川县志》，清同治十二年刻本。

（清）黄玉铉修：《广济县志》，清康熙三年刻本。

（清）刘昌绪修：《黄陂县志》，清同治十一至十二年刻本。

（清）英启修：《黄州府志》，清光绪十年刻本。

（清）蔡韶清修：《黄冈县志》，清乾隆二十四年刻本。

郑重修：《麻城县志续编》，民国二十四年铅印本。

（清）管贻葵修：《罗田县志》，清光绪二年刻本。

（清）劳光泰纂修：《蒲圻县志》，清道光十六年刻本。

（清）朱希白修：《孝感县志》，清光绪八年刻本。

（清）覃瀚元、袁瓒修：《黄梅县志》，清光绪二年刻本。

（清）郭茂泰修：《荆州府志》，清康熙二十四年刻本。

（清）来谦鸣、叶仰高、施廷枢修：《荆州府志》，清乾隆二十二年刻本。

（清）倪文蔚、蒋铭勋修：《荆州府志》，清光绪六年刻本。

（清）崔龙见、魏耀修：《江陵县志》，清乾隆五十九年刻本。

（清）徐兆英、林瑞枝修：《监利县志》，清同治十一年刻本。

（清）张坦修：《石首县志》，清乾隆元年刻本。

（清）王维屏修：《石首县志》，清乾隆六十年刻本。

（清）朱荣宝修：《石首县志》，清同治五年刻本。

（清）周承弼、袁鸣珂修：《公安县志》，清同治十三年刊、民国二十六年
　　重印本。

（清）郑燨林修：《远安县志》，清同治五年刻本。

（清）刘焕修：《潜江县志》，清康熙三十三年刻本。

（清）刘焕修：《潜江县志》，清光绪五年刻本。

（清）胡翼修：《天门县志》，清乾隆年代不详刻本。

（清）王履谦纂修，李廷锡增纂：《安陆县志》，清道光二十三年刻本。

（清）吕锡麟修：《云梦县志略》，据清道光二十年刻本重印，光绪八年刻本。

（清）舒成龙修：《荆门州志》，清乾隆十九年刻本。

（清）陈锷纂修：《襄阳府志》，清乾隆二十五年刻本。

（清）恩联等修：《襄阳府志》，清光绪十一年刻本。

（清）杨宗时修：《襄阳县志》，清同治十三年刻本。

（清）钟桐山修：《光化县志》，清光绪十三年刻本。

包安保等修：《南漳县志》，民国十一年石印本。

（清）甘定遇修：《枣阳县志》，清乾隆年代不详抄本。

（清）吴葆仪修：《郧阳志》，清同治九年刻本。

（清）范继昌修：《竹山县志》，清嘉庆十年刻本。

（清）程光第修：《郧西县志》，清同治五年刻本。

（清）杨延烈修：《房县志》，清同治五年刻本。

（清）李勋修：《来凤县志》，清同治五年刻本。

（清）松林、周庆榕修：《施南府志》，清同治十年刻本。

（清）多寿修：《恩施县志》，清同治七年刻本。

（清）马云龙修：《绪辑均州志》，清光绪十年刻本。

　　3. 江西省

（清）顾锡鬯：《南昌县志》，清乾隆十六年刻本。

（清）徐午：《南昌县志》，清乾隆五十九年刻本。

（清）高植：《德化县志》，清乾隆四十五年刻本。

（清）满岱修：《丰城县志》，清乾隆十七年刻本。

（清）徐清选修，毛辉凤纂：《丰城县志》，清道光五年刊本。

（清）江殷道修，張秉铉等纂：《九江府志》，清康熙十二年刻本。

（清）达春布：《九江府志》，清同治十三年刻本。

（清）刘昌岳、金时宜修：《新城县志》，清同治十年刻本。

（清）锡德修：《饶州府志》，清同治十一年刻本。

（清）黄登毂：《鄱阳县志》，清乾隆十四年刻本。

（清）乔溎：《浮梁县志》，清道光十二年刻本。

（清）连柱：《广信府志》，清乾隆四十八年刻本。

（清）秦镛：《清江县志》，清顺治二年刻本。

（清）潘懿修，朱孙诒纂：《清江县志》，清同治九年刊本。

（清）锡荣、王明璠：《清江县志》，清同治十一年刻本。

（清）陈廷枚、杨应珪修：《袁州府志》，清乾隆二十五年刊本。

（清）胥绳武修，欧阳鹤鸣纂：《萍乡县志》，清乾隆四十九年刻本。

（清）锡荣、王明璠修：《萍乡县志》，清同治十一年刻本。

（清）卢崧：《吉安府志》，清乾隆四十一年刻本。

（清）高崇基：《安福县志》，清乾隆四十七年刻本。

（清）佟国才：《峡江县志》，清康熙八年刻本。

（清）陆尧春：《新喻县志》，清道光五年刻本。

（清）平观澜：《庐陵县志》，清乾隆四十六年刻本。

（清）杜一鸿修：《龙泉县志》，清乾隆三十六年刻本。

（明）谢诏撰：《赣州府志》，明天启元年刻本。

（清）朱宸：《赣州府志》，清乾隆四十七年刻本。

（清）魏瀛：《赣州府志》，清同治十二年刻本。

（清）黄德溥、崔国榜：《同治续修赣县志》，民国二十年重印本。

（清）戴体仁修，吴湘皋等纂：《会昌县志》，清乾隆十六年刻本。

（清）朱维高修：《瑞金县志》，清康熙二十二年刻本。

（清）郭灿修、黄天策等纂：《瑞金县志》，清乾隆十八年刻本。

（清）孙瑞征、胡鸿泽修：《龙南县志》，清光绪二年刻本。

（清）蒋有道、朱文佩：《南安府志》，清乾隆三十三年刻本。

（清）董正：《安远县志》，清乾隆十六年刻本。

（清）余光璧纂修：《大庾县志》，清乾隆十三年刻本。

（清）罗复晋修：《抚州府志》，清雍正七年刻本。

（清）许应镰、朱澄澜修：《抚州府志》，清光绪二年刻本。

（清）杨文灏：《金溪县志》，清乾隆十六年刻本。

（清）李云：《金溪县志》，清道光三年刻本。

（清）刘绳武：《临川县志》，清道光三年刻本。

（清）高天爵、李丕先：《建昌县志》，清康熙十二年刻本。

（清）谭鸿基：《建昌乡土志》，清光绪三十三年刻本。

（清）范安治修，梅廷对等纂：《南城县志》，清乾隆十七年刻本。

（清）刘坤一等修，赵之谦纂：《江西通志》，清光绪七年刻本。

4. 其他省

（清）丁廷楗：《徽州府志》，清康熙三十八年刻本。

（清）赵成：《上杭县志》，清乾隆十八年刻本。

张汉：《上杭县志》，民国二十八年刻本。

（清）王彬修：《江山县志》，清同治十二年刻本。

（清）郑谦：《安康县志》，清嘉庆二十年刻本。

四、调查资料

曾继梧：《湖南各县调查笔记》，1931年铅印本。

（清）湖南调查局编：《湖南商事习惯报告书》，湖湘文库编辑出版委员会：
　　《湖湘文库》甲编281，长沙教育出版社2010年版。

《湘报》，《中国近代期刊汇刊》第二辑，中华书局2006年版。

省政府经济委员会：《江西之米麦问题》，1933年。

社会经济调查所编：《江西粮食调查》，东京：生活社1940年。

张人价：《湖南之谷米》，湖南经济调查所，1936年。

交通部邮政总局：《中国通邮地方物产志》，商务印书馆，1937年。

平汉铁路管理局经济调查组：《长沙经济调查》丙编，1937年，载张研、孙燕京主编:《民国史料丛刊》第 381 册,大象出版社 2009 年版。

五、资料汇编

清代粮价资料库〔DB〕:http:,mhdb.mh.sinica.edu.tw/foodprice/。

严中平:《中国近代经济史统计资料选辑》,科学出版社 1955 年版。

李文治:《中国近代农业史资料》,三联书店 1957 年版。

陈振汉等:《清实录经济史资料:顺治—嘉庆朝(农业编)》,北京大学出版
     社 1989 年版。

陈振汉等:《清实录经济史资料:顺治—嘉庆朝·商业(手工业编)》,北京
     大学出版社 2012 年版。

水利电力部水管司科技司、水利水电科学研究院:《清代长江流域西南国际
     河流洪涝档案史料》,中华书局 1991 年版。

戴鞍钢、黄苇主编:《中国地方志经济资料汇编》,汉语大辞典出版社 1999
     年版。

葛全胜:《清代奏折汇编——农业·环境》,商务印书馆 2005 年版。

刘子扬、张莉:《康熙朝雨雪粮价史料》,线装书局 2007 年版。

梁方仲:《中国历代户口、田地、田赋统计》,中华书局 2008 年版。

《清光绪年二十二省财政说明书》,全国图书馆文献缩微复制中心 2008 年版。

中国社会科学院经济研究所:《清代道光至宣统年间粮价表》,广西师范大
     学出版社 2009 年版。

李文海等:《中国荒政书集成》,天津古籍出版社 2010 年版。

陈树平:《明清农业史资料(1368~1911)》,社会科学文献出版社 2013 年版。

六、其他资料

(宋)李曾伯:《可斋杂藳》,《影印文渊阁四库全书》第 1179 册,集部 118,
     台湾商务印书馆 1986 年版。

(宋)王炎:《双溪类稿》,王云五主编《四库全书珍本三集》第 271 册,台
     湾商务印书馆 1900 年版。

(明)黄汴著,杨正泰校注:《天下水陆路程》,山西人民出版社 1992 年版。

(明)王士性:《广志绎》,中华书局 2006 年版。

（清）包世臣：《安吴四种》，沈云龙主编 《近代中国史料丛刊》第 30 辑，文海出版社 1976 年版。

（清）陈弘谋：《培远堂偶存稿》，上海古籍出版社 1990 年版。

（清）范锴：《汉口丛谈》，《中国方志丛书·华中地方·湖北省 347》，成文出版社 1975 年版。

（清）冯桂芬：《显志堂稿》，沈云龙主编《近代中国史料丛刊》第79辑，文海出版社 1976 年版。

（清）傅春官：《江西商务说略》，《江西官报》1906 年第 27 卷。

（清）刘献廷：《广阳杂记》，中华书局 1985 年版。

（清）闽中青牛道人：《仕商便览：示我周行》，鹤和堂辑定，乾隆五十二年湘潭刻本。

（清）求是斋校辑：《皇朝经世文编》，文海出版社 1987 年版。

（清）阙名撰，陈劢校：《周行备览》，乾隆三年序刊本，东京大学东洋文化研究所藏汉籍善本全文影像资料库。

（清）唐英著，张发颖、刁云展整理：《唐英集·陶人心语续选》，辽沈书社 1991 年版。

（清）魏源：《魏源集》，中华书局 2009 年版。

（清）吴中孚：《商贾便览》，乾隆五十七年坊刻本，安徽省图书馆藏。

（清）严如熤：《三省山内风土杂识》，《西北文献丛书》第 4 辑，第 11 卷，兰州古籍书店 1990 年版。

（清）杨锡绂：《四知堂文集》，《清代诗文集汇编》，上海古籍出版社 2010 年版。

（清）叶梦珠：《阅世编》，上海古籍出版社 1981 年版。

王葆心：《续汉口丛谈》，益善书局 1933 年版。

（清）赵申乔：《赵忠毅公自治官书类集》，载《续修四库全书》第880 册，上海古籍出版社 1996 年版。

（清）章学诚：《湖广通志检存稿》，湖北教育出版社 2002 年版。

《湖南省例成案》，中国社科院经济研究所藏东京大学东洋文化研究所藏缩微胶卷，本衙藏版，私家复制本，续增至嘉庆二十五年。

［德］费迪南德·冯·李希霍芬著：《李希霍芬中国旅行日记》，李岩、王彦会译，商务印书馆 2016 年版。

七、近人论著

［日］岸本美绪：《清代中国的物价与经济波动》，刘迪瑞译，社会科学文献出版社 2010 年版。

卞鸿翔、龚循礼：《洞庭湖围垦问题的初步研究》，《地理学报》1985 年第 40 卷第 2 期。

蔡志祥：《二十世纪初期米粮贸易对农村经济的影响：湖南省个案研究》，《食货月刊》1987 年，第 16 卷第 9、10 期合刊，第 11、12 期合刊。

曹国庆、萧放：《景德镇考察记》，《中国社会经济史研究》1988 年第 1 期。

曹国庆：《明清时期江西的徽商》，《江西师范大学学报》1998 年第 1 期。

曹树基：《明清时期的流民和赣南山区的开发》，《中国农史》1985 年第 4 期。

曹树基：《明清时期的流民和赣北山区的开发》，《中国农史》1986 年第 2 期。

曹树基：《湖南人由来新考》，《历史地理》第九辑，上海人民出版社 1990 年版。

曹树基：《明清时期移民氏族的人口增长——长江中下游地区族谱资料分析之一》，《中国经济史研究》1991 年第 4 期。

曹树基：《中国移民史》第五卷，福建人民出版社 1997 年版。

曹树基：《中国人口史》，复旦大学出版社 2000 年版。

曹树基：《清代中期的江西人口》，《南昌大学学报》2001 年第 3 期。

曹树基：《洪武大移民：来自湖南浏阳的新例证》，《江西师范大学学报》（哲学社会科学版）2010 年第 5 期。

曹树基：《明代初年长江流域的人口迁移》，《中华文史论丛》第 47 辑。

常建华：《乾隆早期廷议粮价腾贵问题探略》，《南开大学学报》1991 年第 6 期。

陈春声：《市场机制与社会变迁——18 世纪广东米价分析》（修订版），中国人民大学出版社 2010 年版。

陈春声、刘志伟：《贡赋、市场与物质生活——试论十八世纪美洲白银输入与中国社会变迁之关系》，《清华大学学报》（哲学社会科学版）2010 年第 5 期。

陈东有：《康熙朝米价中的商人行为》，《中国社会经济史研究》1995 年第 3 期。

陈锋：《15 至 20 世纪长江流域经济、社会与文化变迁》，武汉大学出版社 2003 年版。

陈锋：《明清以来长江流域社会发展史论》，武汉大学出版社 2006 年版。

陈锋：《明清时期汉口的发展历程》，《江汉论坛》2002 年第 11 期。

陈关龙：《明清时期沙市商品市场探索》，《华中师范大学学报》（哲学社会科学版）1989 年第 1 期。

陈桦：《论清康雍乾时期的粮食流通政策》，《中国社会科学院研究生院学报》1988 年第 6 期。

陈金陵：《清朝的粮价奏报与其盛衰》，《中国社会经济史研究》1985 年第 3 期。

陈金陵：《清代京师粮价及其他》，载《清史研究》第六辑，光明日报出版社 1988 年版。

陈秋坤：《清初台湾地区的开发（1700~1756）——由米价的变动趋势作若干观察》，《食货月刊》1978 年第 8 卷第 5 期。

陈仁义、王业键：《统计学在历史研究上的应用：以清代粮价为例》，《兴大历史学报》2004 年第 15 期。

陈荣华等：《江西经济史》，江西人民出版社 2004 年版。

陈世琦：《清代南昌、九江价格变化情况》，《价格月刊》1994 年第 3~7 期。

陈曦、阳信生：《从湖南的地方志看清代前期湖南商业》，《中国地方志》2002 年第 5 期。

陈曦：《论清代前中期外省商人对湖南经济的影响》，《船山学刊》2002 年第 1 期。

陈先枢：《长沙交通史纲》，《求索》2000 年第 6 期。

陈先枢：《长沙米市与长沙粮食业》，《经贸导刊》1999 年第 3 期。

陈瑶：《清前期湘江下游地区的米谷活动与社会竞争》，《厦门大学学报》2012 年第 4 期。

陈瑶：《粜籴之局：清代湘潭的米谷贸易与地方社会》，厦门大学出版社 2017 年版。

陈支平：《康熙初年东南诸省的"熟荒"问题》，《中国社会经济史研究》1982 年第 2 期。

陈支平：《清代江西的粮食运销》，《江西社会科学》1983 年第 3 期。

崔宪涛：《清代中期粮食价格发展趋势之分析》，《史学月刊》1987 年第 6 期。

[美] 德希·珀金斯：《中国农业的发展》，上海译文出版社 1984 年版。

[澳] 邓海伦：《乾隆十三年再检讨——常平仓政策和国家利益权衡》，《清史研究》2007 年第 2 期。

邓亦兵：《清代前期内陆粮食运输量及变化趋势——关于清代粮食运输研究之二》，《中国经济史研究》1994 年第 3 期。

邓亦兵：《清代前期沿海粮食运销及运量变化趋势——关于清代粮食运输研究之三》，《中国经济史研究》1994 年第 2 期。

邓亦兵：《清代前期周边地区的粮食运销——关于清代粮食运输研究之四》，《史学月刊》1995 年第 1 期。

邓亦兵：《清代前期的粮食运销和市场》，《历史研究》1995 年第 4 期。

邓亦兵：《清代前期商品流通研究》，天津古籍出版社 2009 年版。

邓亦兵：《乾隆时期北京粮价分析》，载《2014 年中国学会年会暨"经济转型与社会经济持续发展"国际学术研讨会论文集》，2014 年 10 月。

邓永飞：《清代湖南米谷外运量考察》，《古今农业》2006 年第 2 期。

邓永飞：《米谷贸易、水稻生产与清代湖南社会经济》，《中国社会经济史研究》2006 年第 2 期。

邓玉娜：《"禁曲六疏"的启示——论清代河南粮食贸易发展的影响因素》，中国人民大学出版社 2006 年版。

邓玉娜：《清代中后期河南省粮价变化的历史地理学解释》，《陕西师范大学学报》（哲学社会科学版）2012 年第 6 期。

樊树志：《明代荆襄流民和棚民》，《中国史研究》1980 年第 3 期。

范植清：《明清时期武汉港的商业和水运》，《湖北大学学报》（哲学社会科学版）1985 年第 2 期。

方行：《清代前期农村市场的发展》，《历史研究》1987 年第 6 期。

方行：《清代前期湖南农民卖粮所得释例》，《中国经济史研究》1989 年第 4 期。

方行、经君健、魏金玉：《中国经济通史》（清代经济卷），经济日报出版社 2000 年版。

方行：《中国古代经济论稿》，厦门大学出版社 2015 年版。

方志远、黄瑞卿：《江右商的社会构成及经营方式——明清江西商人研究之一》，《中国经济史研究》1992 年第 1 期。

方志远、黄瑞卿：《明清时期西南地区的江右商——明清江西商人研究之三》，《中国经济发展史研究》1993 年第 4 期。

方志远：《江右商帮》，中华书局 1995 年版。

方志远：《明清湘鄂赣地区的人口流动与城乡商品经济》，人民出版社 2001
  年版。

冯汉镛：《清代的米价与地主操控》，《成都工商导报》（学林副刊），1951 年
  10 月 7 日。

傅衣凌：《清代中叶川陕湖三省交边区手工业形态及其历史意义》，《厦门星
  光日报》（历史双周刊）1946 年。

傅衣凌：《明末清初闽赣毗邻山区的社会经济与佃农抗阻风潮》，《社会科
  学》1947 年第 3—4 期。

傅衣凌：《明清社会经济史论文集》，商务印书馆 2010 年版。

傅衣凌：《明代江西的工商业人口及其移动》，载《明清社会经济史论文集》，
  商务印书馆 2010 年版。

傅乐园：《明清时期湖北的市镇发展与社会变迁》，武汉大学出版社 2001
  年版。

高铁梅：《计量经济分析方法与建模》，清华大学出版社 2006 年版。

高王凌：《活着的传统：十八世纪中国的经济发展和政府政策》，北京大学
  出版社 2005 年版。

高王凌：《乾隆十三年》，经济科学出版社 2012 年版。

葛贤慧：《宫中朱批奏折中所见乾隆时的粮食调剂措施》，《历史档案》1988
  年第 4 期。

葛剑雄：《中国人口发展史》，福建人民出版社 1991 年版。

关文发：《试论清前期汉口商业的发展》，《中国首届清代区域社会经济史讨
  论会文集》，1987 年 12 月。

龚胜生：《清代两湖地区的玉米、甘薯》，《中国农史》1993 年第 3 期。

龚胜生：《清代两湖地区茶、烟的种植与分布》，《古今农业》1993 年第 3 期。

龚胜生：《清代两湖人口发展的时空差异研究》，《中国历史地理论丛》1993
  年第 4 期。

龚胜生：《明清之际湘鄂赣地区的耕地结构及其梯度分布研究》，《中国农
  史》1994 年第 2 期。

龚胜生：《清晚期两湖地区纤维作物的种植与分布》，《古今农业》1995 年第
  2 期。

龚胜生：《18世纪两湖粮价时空特征研究》，《中国农史》1995年第2期。

龚胜生：《论"湖广熟、天下足"》，《农业考古》1995年第1期。

龚胜生：《清代两湖农业地理》，华中师范大学出版社1996年版。

龚胜生：《从米价长期变化看清代两湖农业经济的发展》，《中国经济史研究》1996年第2期。

龚胜生、于颖：《湘阴县氏族移民地理研究（121~1735）》，《地理研究》2006年第6期。

郭松义：《清前期南方稻作区的粮食生产》，《中国经济史研究》1994年第1期。

郭松义：《清代粮食市场和商品粮数量的估测》，《中国史研究》1994年第4期。

［美］何炳棣：《1368~1953年中国人口研究》，葛剑雄译，上海古籍出版社1989年版。

［美］何炳棣：《明初以降人口及其相关问题（1368~1953）》，生活·读书·新知三联书店2000年版。

胡翠华：《清代粮价之时间序列模型》，硕士学位论文，台湾中正大学，1997年。

胡昭曦：《张献忠屠蜀考——兼析"湖广填四川"》，四川人民出版社1980年版。

胡鹏、李军：《两套清代粮价数据资料综合使用之可行性论证与方法探讨》，《中国社会经济史研究》2016年第2期。

胡鹏、李军：《农历抑或公历？数据形式对数理分析结果的影响》，《中国经济史研究》2016年第4期。

黄冕堂：《清代粮食价格问题探轨》，《清史论丛》，辽宁古籍出版社1994年版。

黄彩霞：《明清徽商与江南粮食市场》，《甘肃社会科学》2008年第4期。

黄永豪：《米谷贸易与货币体制：20世纪湖南的经济衰颓》，广西师范大学出版社2012年版。

黄志繁：《大庾岭商路·山区市场·边缘市场——清代赣南市场研究》，《南昌职业技术师范学院学报》2000年第1期。

黄志繁：《贼民之间：12~18世纪赣南地域社会》，生活·读书·新知三联书店2006年版。

侯杨方：《长江中下游地区米谷长途贸易（1912~1937）》，《中国经济史研究》
　　1996 年第 2 期。

江西农业地理编写组：《江西农业地理》，江西人民出版社 1982 年版。

江太新：《清代粮价变动及清政府的平抑粮价》，《平准学刊》第 5 辑下册，
　　1989 年。

姜海燕：《清代江西的粮食运销》，硕士学位论文，南昌大学，2006 年。

蒋建平：《清代前期米谷贸易研究》，北京大学出版社 1992 年版。

蒋建平：《乾隆末至道光朝米谷贸易议论沉寂问题浅探》，《经济科学》1994
　　年第 3 期。

蒋建平、柳思维：《清代湖南形成米谷贸易货源地问题的浅探》，《求索》
　　1983 年第 4 期。

寄萍：《古今米价史略》，《江苏省立第二农业学校月刊》1921 年第 1 期。

赖家度：《明代郧阳农民起义》，湖北人民出版社 1956 年版。

兰雪花：《清代福建粮食市场论述（1648~1820）》，硕士学位论文，福建师
　　范大学，2006 年。

李冕世、黄典权：《清代台湾地方物价之研究》，《历史学报》1977 年第 4 期。

李洵：《试论明代的流民问题》，《社会科学辑刊》1980 年第 3 期。

李刚、司艳林：《明清山陕商人在江南的活动及其会馆建设》，《民办教育研
　　究》2009 年第 8 期。

李桂生：《移民、商帮与社会变迁"江西填湖广暨江右商帮"首届全国学术
　　研讨会论文集》，江西人民出版社 2013 年版。

李华：《清代湖北农村经济作物的种植和地方商人的活跃——清代地方商人
　　研究之五》，《中国社会经济史研究》1987 年第 2 期。

李华：《清代湖南农村的稻谷生产及其商品化》，《中国历史博物馆馆刊》
　　1989 年第 3-4 期。

李华：《清代湖南农村经济作物的发展》，《清史研究通讯》1989 参第 2 期。

李华：《清代湖南农村的采矿业》，《中国社会经济史研究》1990 年第 3 期。

李华：《清代湖南城乡商业的发达及其原因》，《中国社会经济史研究》1991
　　年第 3 期。

李华：《清代湖南的外籍商人——清代地方商人研究之六》，《清史研究》
　　1991 年第 1 期。

李华：《清代湖南商人的经商活动——清代地方商人研究之九》，《中国经济

史研究》1992 年第 1 期。

李军、李志芳、石涛：《自然灾害与区域粮食价格——以清代山西为例》，《中国农村观察》2008 年第 2 期。

李懋军：《明代湖北人口迁移》，硕士学位论文，复旦大学，1992 年。

李三谋、张卫：《晚清晋商与茶文化》，《清史研究》2001 年第 1 期。

李世平：《四川人口史》，四川人民出版社 1987 年版。

李文治：《明清时代封建土地关系的松懈》，中国社会科学院出版社 1993 年版。

李玉：《长沙的近代化启动》，湖南教育出版社 2000 年版。

［美］李中清：《中国西南边疆的社会经济（1250~1850）》，人民出版社 2012 年版。

梁淼泰：《明清时期景德镇城市经济的特点》，《南开学报》1984 年第 5 期。

梁淼泰：《明清景德镇城市经济研究》，江西人民出版社 1991 年版。

梁洪生：《吴城商镇及其早期商会》，《中国经济史研究》1995 年第 1 期。

梁四宝：《"陆陈帮"及其相关问题》，《山西大学学报》（哲学社会科学版）1998 年第 4 期。

梁四宝、燕红忠：《江右商帮与晋商的差异及主要特征》，《生产力研究》2002 年第 4 期。

梁四宝、吴丽敏：《清代晋帮茶商与湖南安化茶产业发展》，《中国经济史研究》2005 年第 2 期。

廖声丰：《清代赣关税收的变化与大庾岭商路的商品流通》，《历史档案》2001 年第 4 期。

廖声丰：《清代常关与区域经济研究》，人民出版社 2010 年版。

刘翠溶：《清代仓储制度稳定功能的检讨》，载陈国栋、罗彤华主编：《经济脉动》，中国大百科全书出版社 2005 年版，第 317-346 页。

柳诒徵：《江苏各地千六百年间之米价》，《史学杂志》1930 年第 3-4 期。

刘石吉：《明清时代江西墟市与市镇的发展》，载明代史研究会、明代史论丛编集委员会编：《明代史论丛：山根幸夫教授退休纪念》（下），汲古书院，1990 年。

林满红：《世界经济与近代中国农业——清人汪辉祖一段乾隆粮价记述之解释》，载台北中央研究院近代史研究所：《近代中国农村经济史研讨会论文集》，1989 年。

林满红：《与岸本教授论清乾隆年间的经济》，《中央研究院近代史研究所集刊》1997 年第 28 期。

刘纯志、宋平安：《清代江汉地区垸田经济简论》，《中南财经大学学报》1990 年第 2 期。

刘俊杰：《清代粮价水平及粮食供需之统计检定》，硕士学位论文，台湾中正大学，2001 年。

刘岿：《清代粮价奏折制度浅议》，《清史研究通讯》1984 年第 3 期。

卢峰、彭凯翔：《我国长期米价研究（1644~2000）》，《经济学》（季刊）2005 年第 1 期。

鲁西奇：《明清时期汉水流域农业经济的区域差异》，《中国社会经济史研究》2000 年第 1 期。

鲁西奇、潘晟：《汉水中下游河道变迁与堤防》，武汉大学出版社2004 年版。

鲁西奇：《中国历史的空间结构》，广西师范大学出版社 2014 年版。

罗一星：《略论清代前期的西米东流》，《学术论坛》1987 年第 3 期。

[美] 罗威廉：《汉口：一个中国城市的商业和社会（1796~1889）》，江溶、鲁西奇译，中国人民大学出版社 2005 年版。

罗畅：《乾隆朝长江流域粮价研究》，博士学位论文，南开大学经济学院，2012 年。

[美] 李中清：《中国西南边疆的社会经济（1250~1850）》，人民出版社2012 年版。

马国英：《1736~1911 年间山西粮价变动趋势研究——以货币为中心的考察》，《中国经济史研究》2015 年第 3 期。

马国英：《1736~1911 年间山西粮价变动情况及影响因素研究》，《首都师范大学学报》（社会科学版）2016 年第 3 期。

马国英：《清代山西粮价变化特征及市场发展情况研究》，《中国经济史研究》2016 年第 2 期。

马国英、陈永福、李军：《晚清山西粮食价格波动、市场成因与政府行为（1875~1908）》，《中国经济史研究》2012 年第 3 期。

梅莉：《洞庭湖垸田经济的历史地理分析》，《湖北大学学报》1990 年第 2 期。

梅莉：《洞庭湖区垸田的兴盛与湖南粮食的输出》，《中国农史》1991 年第 2 期。

穆崟臣：《制度、粮价与决策：清代山东"雨雪粮价"研究》，吉林大学出版社 2012 年版。

倪玉平：《清朝嘉道关税研究》，北京师范大学出版社 2010 年版。

倪玉平：《清朝嘉道财政与社会》，商务印书馆 2013 年版。

欧阳晓东、陈先枢：《湖南老商号》，湖南文艺出版社 2010 年版。

彭信威：《中国货币史》（下册），群联出版社 1954 年版。

彭雨新：《抗日战争前汉口洋行和买办》，《理论战线》1959 年第 2 期。

彭先国：《清代湖南人口流向研究》，《求索》1999 年第 3 期。

彭凯翔：《清代以来的粮价：历史学的解释与再解释》，上海人民出版社 2006 年版。

彭凯翔：《评 Sui-wai Cheung, The Price of Rice: Market Integration in Eighteenth-Century China》，《新史学》2010 年第 21 卷第 1 期。

彭凯翔：《从交易到市场：传统中国民间经济脉络试探》，浙江大学出版社 2015 年版。

皮明麻、吴勇主编：《汉口五百年》，湖北教育出版社 1999 年版。

全汉昇：《中国庙市之史的考察》，《食货》1934 年第 1 卷第 2 期。

全汉昇、王业键：《清中叶以前江浙米价的变动趋势》，《史语所集刊外编》1960 年第 4 卷上，第 351-357 页。

全汉昇：《乾隆十三年的米贵问题》，《中央研究院历史语言研究所集刊》1965 年第 28 辑。

全汉昇：《清朝中叶苏州的米粮贸易》，《史语所集刊》第 39 卷下，1969 年。

全汉昇：《明清间美洲白银的输入中国》，《中国文化研究所学报》1969 年第 2 卷第 1 期。

全汉昇：《美洲白银与十八世纪中国物价革命的关系》，载《中国经济史论丛》，香港新亚研究所 1972 年版。

全汉昇：《再论明清间美洲白银的输入中国》，载《陶希圣先生八秩荣庆论文集》，台北《食货月刊》1979 年，第 164-173 页。

全汉昇：《清康熙年间（1662~1722）江南及附近地区的米价》，《中国文化研究所学报》1979 年第 10 卷上。

全汉昇、王业键：《清雍正年间（1723~1735）的米价》，《史语所集刊》1959 年第 30 本上，第 157-185 页。

全汉昇：《清朝中叶苏州的米粮贸易》，载《中国经济史论丛》（二），中华书局 2012 年版。

任春明：《清代江汉流域的经济开发述评》，《中国社会科学院研究生院学报》1990 年第 1 期。

阮明道：《吴氏经商账簿研究》，《四川师范学院学报》（哲学社会科学版）1996 年第 6 期。

任放、杜七红：《传统市镇近代化刍论——以汉口镇为个案的研究》，载武汉大学中国文化研究院：《人文论丛》2000 年。

任放：《二十世纪明清市镇经济研究》，《历史研究》2001 年第 5 期。

任放：《明清时期湖南商品经济的发展状况》，《求索》2002 年第 5 期。

任放：《明清长江中游的市镇类型》，《中国社会经济史研究》2002 年第 4 期。

任放：《明清市镇的功能分析——以长江中游为例》，《浙江社会科学》2002 年第 1 期。

任放：《明清湖北商品经济的发展状况》，《湖北大学学报》（哲学社会科学版）2003 年第 1 期。

任放：《明清长江中游市镇与仓储》，《江汉论坛》2003 年第 2 期。

任放：《明清长江中游市镇经济研究》，武汉大学出版社 2003 年版。

饶伟新：《明代赣南的移民运动及其分布特征》，《中国社会经济史研究》2000 年第 3 期。

桑润生：《长江流域栽培双季稻的历史经验》，《农业考古》1982 年第 2 期。

［美］施坚雅：《中国农村的市场和社会结构》，史建云、徐秀丽译，中国社会科学出版社 1998 年版。

石泉、张国雄：《江汉平原的垸田兴起于何时》，《中国历史地理论丛》1988 年第 1 期。

史志宏：《清代前期的耕地面积及粮食产量估计》，《中国经济史研究》1989 年第 2 期。

史志宏：《清代农业生产指标的估计》，《中国经济史研究》2015 年第 5 期。

石莹：《清代前期汉口的商品市场》，《武汉大学学报》1989 年第 2 期。

盛俊：《清乾隆朝江苏省物价统计》，《学林》第 2 辑。

上海市社会局：《上海最近五十六年米价统计》，《社会月刊》1929 年第 1-2 期。

上海市社会局：《中国六十年来米价比较表》，《实业来复报》1921 年第 23 期。

宋平安：《明清时期汉口城市经济体系的形成与发展》，《华中师范大学学报》1989年第1期。

宋平安、曾桃香：《清代江汉地区灾荒经济简论》，《武汉教育学院学报》（哲学社会科学版）1989年第3期。

宋伦、李刚：《明清山陕商人在湖北的活动及其会馆建设》，《江汉论坛》2004年第10期。

苏云峰：《中国现代化的区域研究：湖北省（1860~1916）》，台北：中央研究院近代史研究所1981年版。

孙浩：《明清时期武汉商人研究》，硕士学位论文，武汉大学，2004年。

孙百亮、孙静琴：《清代山东地区的人口、耕地与粮价变迁》，《南京农业大学学报》（社会科学版）2006年第4期。

谭其骧：《中国内地移民史——湖南篇》，《史学年报》1932年第4期。

谭其骧主编：《中国历史地图集》（清时期），地图出版社1987年版。

谭天星：《乾隆时期湖南关于推广双季稻的一场大论战》，《中国农史》1986年第4期。

谭天星：《简论清前期两湖地区的粮食商品化》，《中国农史》1988年第4期。

谭天星：《清前期两湖地区粮食产量问题探讨》，《中国农史》1987年第3期。

谭作刚：《清代湖广垸田的滥行围垦及清政府的对策》，《中国农史》1985年第4期。

唐文基：《乾隆时期的粮食问题及其对策》，《中国社会经济史研究》1994年第3期。

唐立宗：《在"盗区"与"政区"之间——明代闽粤赣湘交界的秩序变动与地方行政演化》，台湾大学历史系，2001年。

陶建平：《明清时期汉口商业网络的形成及其影响》，《华中师范大学学报》1989年第1期。

〔韩〕田炯权：《清末至民国时期湖南汝城县的商品流通和物价流动》，《清史研究》2004年第1期。

〔韩〕田炯权：《清末民国时期湖南的米谷市场和商品流通》，《清史研究》2006年第1期。

〔韩〕田炯权：《清末民国时期湖北的米谷市场和商品流通》，《中国经济史研究》2006 年第 4 期。

王世庆：《清代台湾的米价》，《台湾文献》1958 年第 9 卷第 4 期。

王根泉：《明清时期一个典型农业地区的墟镇——江西抚州府墟镇试探》，《江西大学学报》（哲学社会科学版）1990 年第 2 期。

王国斌、濮德培：《18 世纪湖南的粮食市场与粮食供给》，《求索》1990 年第 3 期。

王业键：《The Secular Trend of Price during the Ch'ing Period（1644~1911）》，《香港中文大学中国文化研究所学报》1972 年第 2 期。

王业键：《十八世纪福建的粮食供需与粮价分析》，《中国社会经济史研究》1987 年第 2 期。

王业键、黄国枢：《十八世纪中国粮食供需的考察》，载《近代中国农村经济史论文集》，台北 1989 年。

王业键、黄英珏：《清代中国气候变迁、自然灾害与粮价的初步考察》，《中国经济史研究》1999 年第 1 期。

王业键、黄莹珏：《清中叶东南沿海粮食作物分布、粮食供需及粮价分析》，《中央研究院历史语言研究所集刊》第 70 本第 2 分，1999 年 2 月。

王业键：《十八世纪苏州米价的时间数列分析》，《经济论文》1999 年第 3 期。

王业键、陈仁义、周昭宏：《十八世纪东南沿海米价市场的整合性分析》，《经济论文丛刊》2002 年第 30 辑第 2 期。

王业键：《清代的粮价陈报制度》，《故宫季刊》1978 年第 13 期。

王业键：《清代价格的长期趋势（1644~1911）》，《香港中文大学中国文化研究所学报》1972 年第 2 期。

王业键：《清代经济史论文集》（全三册），稻香出版社 2003 年版。

王道瑞：《清代粮价奏报制度的确立及其作用》，《历史档案》1987 年第 4 期。

王玉茹、罗畅：《清代粮价数据质量研究——以长江流域为中心》，《清史研究》2013 年第 1 期。

魏建猷：《明清两代的田价与米价》，《东南日报》1946 年 7 月 11 日。

魏嵩山、肖华忠：《鄱阳湖流域开发探源》，江西教育出版社 1995 年版。

［法］魏丕信：《十八世纪中国的官僚制度与荒政》，徐建青译，江苏人民出版社 2006 年版。

巫仁恕:《清代湖南市镇的发展与变迁》,《汉学研究》1997 年第 15 卷第 2 期。

吴承明:《论清代前期我国国内市场》,《历史研究》1983 年第 1 期。

吴承明:《中国资本主义与国内市场》,中国社会科学出版社 1985 年版。

吴承明:《利用粮价变动研究清代的市场整合》,《中国经济史研究》1996 年第 2 期。

吴麟:《清代米价》,《中央日报》1948 年 1 月 21 日。

吴琦:《清代湖广粮食流向及其社会功用》,《华中师范大学学报》(哲学社会科学版) 1992 年第 2 期。

吴量恺:《清代湖北沿江口岸城市的转运贸易》,《华中师范大学学报》(哲学社会科学版) 1989 年第 1 期。

吴慧:《中国历代粮食亩产研究》,农业出版社 1985 年版。

吴慧:《清代粮食产量的计量问题》,《农业考古》1988 年第 1 期。

吴慧、葛贤惠:《清前期的粮食调剂》,《历史研究》1988 年第 4 期。

吴建雍:《清前期榷关及其管理制度》,《中国史研究》1984 年第 1 期。

吴玲青:《台湾米价变动与"台运"变迁之关联 (1738~1850)》,《台湾史研究》2010 年第 3 期。

吴盈美:《十八世纪清代粮价之统计分析——长江以南地区》,硕士学位论文,台湾中正大学,2002 年。

吴松弟:《中国人口史》,复旦大学出版社 2001 年版。

[韩] 吴金城:《明末洞庭湖周边垸堤的发达》,《历史教育》1977 年第 21 期。

萧放:《论明清时期河口镇的发展及其特点》,《江西师范大学学报》(哲学社会科学版) 1989 年第 3 期。

萧放:《明清时代樟树药业发展初探》,《中国社会经济史研究》1990 年第 1 期。

萧正洪:《清代汉江水运》,《陕西师范大学学报》(哲学社会科学版) 1988 年第 4 期。

谢力军、张鲁萍:《浅析江右商帮的没落》,《江西社会科学》2002 年第 2 期。

谢庐明:《明清赣南农村墟市的发展与社会经济的变迁》,《赣南师范学院学报》1998 年第 5 期。

谢美娥:《清代台湾米价研究》,稻香出版社 2008 年版。

谢美娥：《十九世纪后半期台湾米价的可靠性评估——以清代粮价资料库所辑米价数据为主》，载《纪念梁方仲教授诞辰 100 周年中国社会经济史研究国际学术讨论会》2008 年 11 月 20 日。

谢美娥：《清代前期湖北的人口、商业化与农业经济变迁》，花木兰文化出版社 2009 年版。

谢美娥：《自然灾害、生产收成与清代粮价的变动（1738~1850）》，《中国经济史研究》2010 年第 4 期。

谢美娥：《贩运者多：十八世纪湖北的粮价与粮食市场（1738~1797）》，明文书局 2012 年版。

谢世芬：《九江贸易研究（1861~1911）》，硕士学位论文，台湾大学历史研究所，1977 年。

谢天佑：《气候、收成、粮价、民情——读〈李煦奏折〉》，《中国社会经济史研究》1984 年第 4 期。

熊伟民：《清朝洞庭湖区围垦问题》，《益阳师专学报》1992 年第 3 期。

熊月之、沈祖炜：《长江沿江城市与中国近代化》，《史林》2000 年第 4 期。

熊智辉主编：《江右商帮》，宁波出版社 2013 年版。

徐凯希：《关于建国前湖北农业发展水平的探讨——从"湖广熟、天下足"说起》，《湖北社会科学》1987 年第 3 期。

徐凯希：《近代宜昌转运贸易的兴衰》，《江汉论坛》1986 年第 1 期。

徐凯希：《清末民初的沙市棉花贸易与城市经济》，《江汉论坛》1988 年第 4 期。

徐凯希：《近代荆沙地区植棉业的发展和演变》，《荆州师专学报》1990 年第 3 期。

徐凯希：《近代汉口棉花贸易的盛衰》，《江汉论坛》1990 年第 9 期。

徐晓望：《清代江西农村商品经济的发展》，《中国社会经济史研究》1990 年第 4 期。

许涤新、吴承明：《中国资本主义的萌芽》，人民出版社 1985 年版。

许怀林：《江西史稿》，江西高校出版社 1998 年版。

许怀林：《宋元以前鄱阳湖地区经济发展优势的探讨》，《江西师范大学学报》（哲学社会科学版）1986 年第 3 期。

许怀林：《明清鄱阳湖区的圩堤围垦事业》，《农业考古》1990 年第 1 期。

许怀林：《江西城镇发展的历史特点和近百年来的演变态势》，《江西师范大学学报》（哲学社会科学版）2000 年第 4 期。

许怀林：《中国人口迁移与江西的客家》，《江西师范大学学报》（哲学社会科学版）1991 年第 4 期。

许世融：《清雍正乾隆时期台湾米价分析》，《史耘》1998 年第 3-4 期。

许檀：《岸本美绪评清代物价史研究现状》，《中国经济史研究》1991 年第 3 期。

许檀：《明清时期农村集市的发展及其意义》，《中国经济史研究》1996 年第 2 期。

许檀：《明清时期江西的商业城镇》，《中国经济史研究》1998 年第 3 期。

许檀：《清代前期的九江关及其商品流通》，《历史档案》1999 年第 1 期。

许檀：《清代前期流通格局的变化》，《清史研究》1999 年第 3 期。

许檀：《明清时期城乡市场网络体系的形成及其意义》，《中国社会科学》2000 年第 3 期。

许檀：《清代河南赊旗镇的商业——基于山陕会馆碑刻资料的考察》，《历史研究》2004 年第 2 期。

颜晓红、方志远：《80 年代以来国内学者明清城镇及城乡商品经济研究的回顾》，《中国经济史研究动态》1999 年第 4 期。

颜色、刘丛：《18 世纪中国南北方市场整合程度的比较——利用清代粮价数据的研究》，《经济研究》2011 年第 12 期。

杨国安：《明清鄂西山区的移民与土地垦殖》，《中国农史》1999 年第 1 期。

杨国安：《主客之间：明代两湖地区土著与流寓的矛盾与冲突》，《中国农史》2004 年第 1 期。

杨嘉莉：《两湖地区清代粮价之统计分析》，硕士学位论文，台湾中正大学，2002 年。

杨鹏程等：《湖南灾荒史》，湖南人民出版社 2008 年版。

应奎：《近六十年之中国米价》，《钱业月报》1922 年第 3 期。

叶群英：《清代中期信江流域市镇的发展》，《江西社会科学》2008 年第 6 期。

尹红群：《湖南传统商路》，湖南师范大学出版社 2010 年版。

余开亮：《清代晚期地方粮价报告研究——以循化厅档案为中心》，《中国经济史研究》2014 年第 4 期。

余开亮：《粮价细册制度与清代粮价研究》，《清史研究》2014 年第 4 期。

余开亮：《清代的粮价与市场空间结构》，博士学位论文，复旦大学，2015 年。

余朝阳、庞振宇：《商路、市镇与社会变迁：以赣东北为考察中心（1842~ 1937）》，《江西师范大学学报》（哲学社会科学版）2009 年第 6 期。

袁熹：《近代北京的粮食供应》，《中国经济史研究》2005 年第 4 期。

曾学优：《从康熙朱批奏折看南方米价》，《南昌大学学报》（社会科学版） 1994 年第 3 期。

曾学优：《清代赣江中游地区农村市场初探—— 一个典型农业地区的农村 市场结构》，《中国社会经济史研究》1996 年第 1 期。

曾馨仪：《十八世纪清代粮价之统计分析——长江流域》，硕士学位论文， 台湾中正大学，2002 年。

[美] 赵冈：《清代的垦殖政策与棚民活动》，《中国历史地理论丛》1995 年 第 3 期。

詹小洪：《明清江西农村市场初探》，硕士学位论文，中国社会科学院研究 生院，1986 年。

张国雄：《明清时期两湖外运粮食之过程、结构、地位考察——"湖广熟、 天下足"研究之二》，《中国农史》1993 年第 3 期。

张国雄：《"湖广熟、天下足"的内外条件分析》，《中国农史》1994 年第 3 期。

张国雄：《明清时期两湖开发与环境变迁初议》，《中国历史地理论丛》1994 年第 2 期。

张国雄：《明清时期的两湖移民》，人民教育出版社 1995 年版。

张国雄：《"湖广熟、天下足"的经济地理特征》，《湖北大学学报》1993 年 第 2 期。

张海鹏、张海瀛：《中国十大商帮》，黄山书社 1993 年版。

张海英、叶军：《清代江南与两湖地区的经济联系》，《江汉论坛》2002 年第 1 期。

张家炎：《明清江汉平原的农业开发对商人活动和市镇发展的影响》，《中国 农史》1995 年第 4 期。

张家炎：《明清长江三角洲地区与两湖平原农村经济结构演变探异——从 "苏湖熟、天下足"到"湖广熟、天下足"》，《中国农史》1996 年 第 3 期。

张家炎：《明清江汉平原的移民迁入与阶段性的人口增长》，《中国社会经济 史研究》1992 年第 1 期。

张家炎：《清代江汉平原水稻生产详析》，《中国农史》1991 年第 2 期。

张家炎：《克服灾难：华中地区的环境变迁与农民反应：1736~1949》，法律出版社 2016 年版。

张建民：《清代江汉——洞庭湖区堤垸农田的发展及其综合考察》，《中国农史》1987 年第 2 期。

张建民：《对围湖造田的历史考察》，《农业考古》1987 年第 1 期。

张建民：《"湖广熟、天下足"述论：兼及明清时期长江沿岸的米粮流通》，《中国农史》1987 年第 4 期。

张建民：《清代湘赣边区的棚民与经济社会》，《争鸣》1988 年第 3 期。

张建民：《明代秦巴山区流民的附集与分布》，《中南民族学院学报》（哲学社会科学版）1999 年第 2 期。

张建民：《明代秦巴山区的封禁与流民集聚》，《中南民族学院学报》（哲学社会科学版）1998 年第 2 期。

张建民：《清代江汉—洞庭湖平原堤垸农业的发展及其综合考察》，《中国农史》1987 年第 2 期。

张建民：《对围湖造田的历史考察》，《农业考古》1987 年第 1 期。

张建民：《清代湘鄂西山区的经济开发及其影响》，《中国社会经济史研究》1987 年第 4 期。

张建民：《湖北通史》（明清卷），华中师范大学出版社 1999 年版。

张建民：《明清长江流域山区资源开发与环境演变——以秦岭—大巴山区为中心》，武汉大学出版社 2007 年版。

张建民主编：《10 世纪以来长江中游区域环境、经济与社会变迁》，武汉大学出版社 2008 年版。

张建民：《明清时期山区开发与发展研究综述——南方内地山区为中心》，载《中国经济与社会史评论》2009 年版。

张丽芬：《湖南省米粮市场产销研究（1644~1937）》，硕士学位论文，台湾大学历史学研究所，1992 年。

张祥稳：《清代乾隆时期自然灾害与荒政研究》，三峡出版社 2010 年版。

张岩：《清代汉口的粮食贸易》，《江汉论坛》1993 年第 4 期。

张正明：《清代汉口的山陕会馆》，载李希曾主编《晋商史料与研究》，山西人民出版社 1996 年版。

郑生芬：《十八世纪赣南地区的粮食市场整合研究》，硕士学位论文，台湾成功大学，2011 年。

钟声、张建平：《论民国长沙米市的盛衰》，《求索》2005 年第 5 期。

钟兴永：《近代湖南集市贸易的发展》，《求索》1998 年第 1 期。

钟兴永：《清代湘米贸易论略》，《中国农史》2001 年第 1 期。

钟兴永：《洞庭湖区堤垸的兴废及其历史作用》，《云梦学刊》2006 年第 6 期。

钟永宁：《十八世纪湖南粮食输出与省内供求效应》，《求索》1991 年第 2 期。

钟永宁：《十八世纪湘米输出的可行性问题》，《中国社会经济史研究》1990 年第 3 期。

周省人：《清代台湾米价志》，《台湾银行季刊》1964 年第 15 卷第 4 期。

周军、赵德馨：《长江流域的商业与金融》，湖北教育出版社 2004 年版。

周荣：《明清两湖地区的社会保障与基层社会控制》，武汉大学出版社 2002 年版。

周荣：《明清社会保障制度与两湖基层社会》，武汉大学出版社 2006 年版。

朱汉钦：《醴陵双季稻的发展及其土壤培肥》，《中国农史》1985 年第 3 期。

朱琳：《数理统计方法在清代粮价研究中的应用与发展》，《中国经济史研究》2015 年第 1 期。

朱琳：《回顾与思考：清代粮价问题研究综述》，《农业考古》2013 年第 4 期。

朱琳：《清代淮河流域的粮价、市场与地方社会》，经济科学出版社 2016 年版。

邹大凡、吴志伟、徐雯惠：《近百年来旧中国粮食价格的变动趋势》，《学术月刊》1965 年第 9 期。

赵伟洪：《清乾隆朝湖南省米谷流通与市场整合》，《中国经济史研究》2015 年第 1 期。

赵伟洪：《乾隆时期江西省米谷流通与市场整合》，《中国社会经济史研究》2016 年第 4 期。

赵伟洪：《乾隆时期长江中游米谷市场的空间格局》，《中国经济史研究》2017 年第 4 期。

［日］東亞同文会调查编纂：《支那开港港场志：第二卷·杨子江流域》，1914 年。

［日］東亞同文會編：《中国省別全志：第 9 卷·湖北省》，東亞同文會，1917~1920 年。

［日］東亞同文會編：《中国省別全志：第 10 卷·湖南省》，東亞同文會，1917~1920 年。

［日］東亞同文會編：《中国省別全志：第 11 卷·江西省》，東亞同文會，1917~1920 年。

［日］水野幸古：《汉口》，台湾昌明公司 1908 年版。

［日］松浦章著，董科译：《清代内河水运史研究》，江苏人民出版社2010年版。

［日］安部健夫「米穀需給の研究——『雍正史』の一章としてみた」『東洋史研究』第 15 卷 4 號，1957 年。

［日］安野省三「『湖広熟すれば天下足る』考」『木村正雄先生退官纪念東洋史論集』汲古書院，1976 年。

［日］岸本美绪「清代前期江南の米價動向」『學雜誌』第 87 卷 9 號，1978 年。

［日］岸本美绪「清代前期江南の物價動向」『東洋史研究』第 37 卷 4 號，1979 年。

［日］岸本美绪「康熙年間の穀賤について——清初經濟思想一側面」『東洋文化研究所紀要』第 89 册，1982 年 9 月。

［日］岸本美绪「清朝中期經濟政策の基调—— 一七四〇年代食糧問題を中心に」『近きに在りて』第 11 號，1987 年 5 月。

［日］岸本美绪『清代中国の物価と經濟変动』研文出版，1997 年。

［日］北村敬直「清代の商品市場について」『經濟學雜誌』28 卷，3、4 號合併號，1953 年。

［日］重田德「清初における湖南米市場の一考察」『東洋文化研究所紀要』第 10 册，1956 年。

［日］堤和幸「清代における米穀流通に関する研究の現況」『東洋史訪』第 1 卷，50–54 頁 1995 年 3 月。

［日］加藤繁「支那に於ける稲作：特にその品種の発達に就いて」『東洋學報』第 31 卷 1 號，第 53–68 頁，1947 年 4 月，收入氏著：《中国经济史考证》，吴杰译，商务印书馆 1973 年版，第 167–182 頁。

［日］森田明「清代湖広地方における定期市について」『九州産業大学商

經論叢』九州産業大学商経学部，第 5 卷 1 號，1964 年。

［日］寺田隆信「湖廣熟，天下足」『文化』第 43 卷 1、2 號，1979 年。中译本载《徽商研究论文集》，合肥市：安徽人民出版社 1985 年版，第 270-271 页。

［日］山本進「清代湖広の水稲作と棉業」『史林』第 70 卷 6 號，第 635-664 頁，1987 年 11 月。

［日］山本進「清代前期の平糴政策——採貿・倉儲政策の推移」『史林』第 71 卷 5 號，1988 年。

［日］山本進「清代長江中上流域の商業網」『歴史学研究』689 号，第 1-15 頁，1996 年。

［日］松田吉郎「広東広州府の米価動向と米穀需給調整——明末より清中期を中心に」『中國史研究』第 8 號，大阪市立大學，1984 年。

［日］藤井宏「新安商人の研究」『東洋學報：東洋文庫和文紀要』第 36 卷 1、2、3、4 號，1953-1954 年，中译本载江淮论坛编辑部：《徽商研究论文集》，傅衣凌、黃焕宗译，安徽人民出版社 1985 年版，第 131-271 页。

［日］田仲一成「清代浙東宗族の組織形成における宗祠演劇の機能について」『東洋史研究』第 44 卷 4 號，1986 年。

［日］岩見宏「湖廣熟天下足」『東洋史研究』第 20 卷 4 號，1962 年。

［日］則松彰文「雍正朝における米穀流通と米価変動—蘇州と福建の連關を中心として」『九州大学東洋史論集』第 14 號，1985 年，第 157-188 頁。

［日］則松彰文「清代中期の經濟政策に関する一試論——乾隆十三年（一七四八）の米貴問題を中心に」『九州大学東洋史論集』第 17 號，1989 年。

［日］中村治兵衛「清代湖広米流通の一面：南京の湖南会館よりみた」『社會經濟史學』第 8 卷第 3 期，1952 年。

Brand Loren，"Chinese Agriculture and the International Economy 1870-1930, A Reassessment"，*Explorations in Economic History*，1985（22），pp. 168-193.

Barrett Christopher B. and Li Jau Rong，"Distinguishing between Equilibrium and Integration in Spatial Price Analysis"，*American Journal of Agricultural*

Economics, 2002, 84 (2), pp.292-307.

Chuan Han-shêng and Kraus Richard A. *Mid-Ch'ing Rice Markets and Trade*: *An Essay in Price history*, Cambridge, Mass. East Asian Research Center, Harvard University, distributed by Harvard University Press, 1975.

Cheung Sui-wai, *The Price of Rice. Market Integration in Eighteenth-Century China*, Center for Asian Studies, Western Washington University, 2008.

Dunstan Helen, *State or Merchant? Political Economy and Political Process in 1740s China*, Published by the Harvard University Asia Center, distributed by the Harvard University Press, 2006.

Engle Robert F., Granger C.W. J., "Co-Integration and Error Correction: Representation, Estimation, and Testing", *Econometric*, 1987 (2), pp. 251-276.

Lee James, Cameron Campbell, Tan Guofu, "Infanticide and Family Planning in Late Imperial China: The Price and Population History of Rural Liaoning, 1774-1873", in Thomas G Rawski, Lillian M. Li eds, *Chinese History in Economic Perspective*, Berkeley: University of California Press, 1992.

Li Lillian M., "Integration and Disintegration in North China's Grain Markets, 1738-1911", *The Journal of Economic History*, Vol.60, No.3. Sep. 2000, pp.665-699.

Li Lillian M., "Grain Price in Zhili Province, 1736-1911, a Preliminary Study", in Thomas G Rawski, Lillian M Li eds, *Chinese History in Economic Perspective*. Berkeley: University of California Press, 1992, pp. 69-99.

Li Ling-Fan, Bullion, Bills and Arbitrage. Exchange Markets in Fourteenth to Seventeenth Century Europe, Phd thiesis, the London School of Economics and Political Science, 2012.

Li Jianan, Bernhofen Daniel M., "Markus Eberhardt, et al. Market integration and disintegration in Qing Dynasty China: Evidence from Time-series and Panel Time-series Methods", Working Paper Draft, ETSG No.060, 2013.

Li Jianan, *Grain Irade and Market Integration in China's Qing Dynasty*, PhD Thesis, University of Nottingham, 2014.

Marks Robert, "Rice Price and Market Integration in Liangguang, 1738 – 1769", 载叶显恩:《清代区域社会经济研究》, 中华书局 1992 年版。

Marks Robert, *Tigers, Rice, Silk, and Silt: Environment and Economy in Late Imperial South China*, Cambridge University Press, 1998. pp.226 – 276.

Perdue Peter C., *Exhausting the Earth: State and Peasant in Hunan 1500 – 1850*, Harvard University: distributed by Harvard University Press, Cambridge, 1987.

Perdue Peter C., "The Qing State and the Gansu Grain Market, 1739–1864", in Thomas G Rawski, Lillian M Li eds, *Chinese History in Economic Perspective*, Berkeley: University of California Press, 1992, pp.100–125.

Rawski Evelyn Sakakida, *Agricultural Change and the Peasant Economy of South China*, Harvard University Press, Cambridge, Massachusetts, 1972.

Rowe William T., *Hankow: Commerce and Society in a Chinese City*, 1796 – 1889, Stanford University Press, 1984.

Rawski Thomas G., Li Lilian M. *Chinese History in Economic Perspective*. Berkeley: University of California Press, 1992.

Shuie Carol H., Keller Wolfgang, "Markets in China and Europe on the Eve of The Industrial Revolution", Working Paper, 2004.

Shuie Carol H., "Transport Costs and the Gerography of Arbitrage in Eighteenth –Century China", *The American Economic Review*, Vol. 92, No. 5, Dec. 2002.

Shuie Carol H., "Local Granaries and Central Government Disaster Relief: Moral Hazard and Intergovernmental Finance in Eighteenth and Nineteenth– Century China", *The Journal of Economic History*, Vol.64, No.1, March 2004.

Wong R. Bin, Perdue Peter C., "Grain Markets and Food Supplies in Eighteenth –Century Hunan", in Rawski Thomas G., LiLilian M. eds, *Chinese History in Economic Perspective*, Berkeley: University of California Press, 1992, pp.126–144.

Wang Yeh–chien, "Food Supply and Grain Prices in the Yangzi Delta in the Eighteenth Century", Second Conference on Modern Chinese Economic

History, Taipei: Institute of Economics, Academia Sinica, 1989, pp. 423-465.

Wang Yeh-chien, "Secular Trends of Rice Prices in the Yangtze Delta, 1638-1935", in Rawski Thomas G., Lillian M Li. eds, *Chinese History in Economic Perspective*. Berkeley: University of California Press, 1992, pp. 35-68.

Willkinson, "The Nature of Chinese Grain Price Quotations, 1600-1900", Transaction of the International Conference of Orientialists in Japan 14, 1969.

Wilkinson Endymion P., *Studies in Chinese Price History*. New York: Garland Publishing, Inc., 1980.

Will Pierre-Étienne, Wong R. bin, *Nourish the People: the State Civilian Granary System in China, 1650-1850*, Michigan Monographs in Chinese Studies, University of Michigan, 1991.

索　引

后 记

提笔及此，不禁感慨万千。从 2009 年步入经济史研究之路，已近八年芳华。幸好，在这些时光里，我一直都不是孤独一个人。

首先，感谢我的恩师许檀先生。自 2009 年夏投入许先生门下，我在无数次与恩师的对谈中获益匪浅，许先生亦将治学、人生之学问倾囊相授。每当我带着纠结与迷惘，将半个下午或者晚上的时光抛在老师家的沙发里，便重拾起一个容光焕发、自信满满的我。老师总是懂得并且呵护一个青年人敏感而骄傲的自尊心。

2015 年夏，有幸进入中国社会科学院经济研究所从事博士后研究工作。导师魏明孔研究员曾在我最迷茫的时候，给我了积极的帮助，使我拨云见日，从此踏实步上经济史研究的学术道路。魏师严谨的治学态度、风趣幽默的性格及豁达的胸襟，令我深深敬佩。师母的谆谆教诲与亲切关怀，亦时时令我动容。所内浓郁的学术氛围、自由的研究环境同样是可遇而不可求的。在日常的学术交流活动中，前辈学者的指导与鼓励，使我受益良多。

张利民、王薇、邓亦兵等先生曾对我的研究给予积极的支持与指点。河南大学彭凯翔教授，为本书的计量方法提出了中肯的建议与指导。山西大学讲师罗畅曾慷慨地向我提供了他的研究成果及各类前沿学术动态。美国密歇根大学中国历史信息研究博士后伍伶飞为本书的地图制作提供了诸多帮助。其间，同门的各位兄弟姐妹，也从不同方面为我的学习与工作生活提供了帮助。

最后，深深感谢我的父母、亲人。我的父母一直支持我自主地做选择，总是默默充当我心灵的后盾。在每一个疲惫的年终岁尾，让我感受到浓浓的关爱，忘掉一切的紧张与压力。在过去我最繁忙、最艰难的几个月里，我的先生承受了我许多的任性和小脾气，包容我，为我创造了一个朴实、温暖的家的感觉。

转眼，两年博士后生活即将结束，然而我知道，真正的学术生活才刚刚开始。我定将我曾体验过的温暖的人情味、严谨的学术态度、开放的学术风格，继承并发扬下去，不负大家对我的关怀与殷切期待。

赵伟洪

2017 年 2 月于北京

专家推荐表

第六批《中国社会科学博士后文库》专家推荐表 1

推荐专家姓名	魏明孔	行政职务	研究员、中国经济史学会会长
研究专长	经济史、区域经济	电　话	
工作单位	中国社会科学院经济研究所	邮　编	
推荐成果名称	粮食流通与市场整合——以乾隆时期长江中游为中心的考察		
成果作者姓名	赵伟洪		

　　（对书稿的学术创新、理论价值、现实意义、政治理论倾向及是否达到出版水平等方面做出全面评价，并指出其缺点或不足）

　　清代粮食流通与市场整合是学术界方兴未艾的研究课题，已取得丰硕的成果，但对长江中游地区的研究相对薄弱。《粮食流通与市场整合——以乾隆时期长江中游为中心的考察》一书稿，通过对学界现有成果的全面、系统梳理，选取江广三省进行整体考察，选题具有重要学术价值和一定的现实镜鉴意义。

　　该书稿全面系统地探讨了湖南、湖北、江西三省粮食流通情况，运用大量史料，集中讨论了清代乾隆时期长江中游地区的粮价变动、粮食流通的运道、粮食流通量的变化以及当时粮食市场的整合。研究逻辑性强，思路清晰，层次分明。

　　该研究一方面将长江中游作为一个整体研究对象，另一方面也注重对江广三省进行比较。同时作者有意识地将长江中游的粮食流通置于全国的大背景下进行研究，关注到了粮食贸易与经济结构、社会经济环境的关系，是重要的区域史研究成果。

　　研究方法也具有创新性。运用了丰富的文献资料，并适度引入计量模型，探讨江广三省的市场整合，较之当前偏重数字的粮价研究，结论也更接近史实。研究视角新颖，从商路切入考察市场整合，深入细致地展现出长江中游粮食市场的整合实态，建构起清代长江中游粮食市场空间布局，使人们对长江中游粮食市场的认识更为具体明确。

　　总之，《粮食流通与市场整合——以乾隆时期长江中游为中心的考察》研究方法新颖，视角独特，资料翔实，结论公允，研究遵循学术规范，具有一定的学术前沿性和创新性，是一部具有较高学术水准的区域经济史的专著。我郑重推荐该研究成果，恳请入选博士后文库。

　　　　　　　　　　　　　　　　　　　　　签字：

　　　　　　　　　　　　　　　　　　　　　2017 年 1 月 16 日

说明： 该推荐表由具有正高职称的同行专家填写。一旦推荐书稿入选《中国社会科学博士后文库》，推荐专家姓名及推荐意见将印入著作。

第六批《中国社会科学博士后文库》专家推荐表 2

推荐专家姓名	许檀	行政职务	教授
研究专长	明清经济史、市场史	电 话	
工作单位	南开大学历史学院	邮 编	
推荐成果名称	粮食流通与市场整合——以乾隆时期长江中游为中心的考察		
成果作者姓名	赵伟洪		

（对书稿的学术创新、理论价值、现实意义、政治理论倾向及是否达到出版水平等方面做出全面评价，并指出其缺点或不足）

长江中游三省是清代最重要的粮食输出区，但相关研究尚属薄弱。赵伟洪博士后在系统、深入梳理前人研究的基础上，对该地区的粮食流通与市场整合进行综合考察，弥补了前人研究之不足。

该书稿是作者在博士论文基础上进一步补充、修改而成。作者将长江中游的湖南、湖北、江西三省作为一个整体，打破以往以行政区划为界考察粮食市场的局限，对该地区的米价变动、粮食生产与流通状况、水陆运道等进行了详细考察，并在此基础上进行市场整合分析，多角度、多层次地展现了长江中游地区粮食市场的实态。

与以往粮价研究的视角不尽相同，除对粮价数据进行计量分析外，作者还注重了对粮食流通的运道进行考察。研究发现，江广地区的粮食流通运道除长江主干道以外，还有另外两条次要运道：①湘江中游米谷经醴陵由渌水进入江西袁州府，通过袁江转入赣江水系，向九江输出；②湖南澧州、常德米谷经支流河道进入荆州，然后转运襄阳等地。这是前人没有注意到的。

在研究方法上，该书注重计量分析与文献分析相结合。在进行计量分析的同时，作者使用大量税关档案、地方志等文献资料，与粮价数据相互对照。相较于近年来粮价研究中只重数据的倾向，该书对市场整合的分析具有更高的可信性。

总之，该书对长江中游地区粮食流通和市场格局的考察多所创新。该书条理清晰、资料翔实、论证严谨、文字流畅，具有较高的学术水平。故此郑重推荐该书入选博士后文库。

签字：许檀

2017 年 1 月 18 日

说明：该推荐表由具有正高职称的同行专家填写。一旦推荐书稿入选《中国社会科学博士后文库》，推荐专家姓名及推荐意见将印入著作。

经济管理出版社
《中国社会科学博士后文库》
成果目录

第二批《中国社会科学博士后文库》（2013 年出版）

序号	书　名	作　者
3	《基于场景理论的我国城市择居行为及房价空间差异问题研究》	吴　迪
4	《基于能力方法的福利经济学》	汪毅霖
5	《金融发展与企业家创业》	张龙耀
6	《金融危机、影子银行与中国银行业发展研究》	郭春松
7	《经济周期、经济转型与商业银行系统性风险管理》	李关政
8	《境内企业境外上市监管若干问题研究》	刘　轶
9	《生态维度下土地规划管理及其法制考量》	胡耘通
10	《市场预期、利率期限结构与间接货币政策转型》	李宏瑾
11	《直线幕僚体系、异常管理决策与企业动态能力》	杜长征
12	《中国产业转移的区域福利效应研究》	孙浩进
13	《中国低碳经济发展与低碳金融机制研究》	乔海曙
14	《中国地方政府绩效评估系统研究》	朱衍强
15	《中国工业经济运行效益分析与评价》	张航燕
16	《中国经济增长：一个"被破坏性创造"的内生增长模型》	韩忠亮
17	《中国老年收入保障体系研究》	梅　哲
18	《中国农民工的住房问题研究》	董　昕
19	《中美高管薪酬制度比较研究》	胡　玲
20	《转型与整合：跨国物流集团业务升级战略研究》	杜培枫

第三批《中国社会科学博士后文库》（2014 年出版）

序号	书　名	作　者
1	《程序正义与人的存在》	朱　丹
2	《高技术服务业外商直接投资对东道国制造业效率影响的研究》	华广敏
3	《国际货币体系多元化与人民币汇率动态研究》	林　楠
4	《基于经常项目失衡的金融危机研究》	匡可可
5	《金融创新及其宏观效应研究》	薛昊旸
6	《金融服务县域经济发展研究》	郭兴平
7	《军事供应链集成》	曾　勇
8	《科技型中小企业金融服务研究》	刘　飞

第三批《中国社会科学博士后文库》(2014 年出版)

序号	书　名	作　者
9	《农村基层医疗卫生机构运行机制研究》	张奎力
10	《农村信贷风险研究》	高雄伟
11	《评级与监管》	武　钰
12	《企业吸收能力与技术创新关系实证研究》	孙　婧
13	《统筹城乡发展背景下的农民工返乡创业研究》	唐　杰
14	《我国购买美国国债策略研究》	王　立
15	《我国行业反垄断和公共行政改革研究》	谢国旺
16	《我国农村剩余劳动力向城镇转移的制度约束研究》	王海全
17	《我国吸引和有效发挥高端人才作用的对策研究》	张　瑾
18	《系统重要性金融机构的识别与监管研究》	钟　震
19	《中国地区经济发展差距与地区生产率差距研究》	李晓萍
20	《中国国有企业对外直接投资的微观效应研究》	常玉春
21	《中国可再生资源决策支持系统中的数据、方法与模型研究》	代春艳
22	《中国劳动力素质提升对产业升级的促进作用分析》	梁泳梅
23	《中国少数民族犯罪及其对策研究》	吴大华
24	《中国西部地区优势产业发展与促进政策》	赵果庆
25	《主权财富基金监管研究》	李　虹
26	《专家对第三人责任论》	周友军

第四批《中国社会科学博士后文库》(2015 年出版)

序号	书　名	作　者
1	《地方政府行为与中国经济波动研究》	李　猛
2	《东亚区域生产网络与全球经济失衡》	刘德伟
3	《互联网金融竞争力研究》	李继尊
4	《开放经济视角下中国环境污染的影响因素分析研究》	谢　锐
5	《矿业权政策性整合法律问题研究》	郗伟明
6	《老年长期照护：制度选择与国际比较》	张盈华
7	《农地征用冲突：形成机理与调适化解机制研究》	孟宏斌
8	《品牌原产地虚假对消费者购买意愿的影响研究》	南剑飞

第四批《中国社会科学博士后文库》（2015 年出版）

序号	书　　名	作　者
9	《清朝旗民法律关系研究》	高中华
10	《人口结构与经济增长》	巩勋洲
11	《食用农产品战略供应关系治理研究》	陈　梅
12	《我国低碳发展的激励问题研究》	宋　蕾
13	《我国战略性海洋新兴产业发展政策研究》	仲雯雯
14	《银行集团并表管理与监管问题研究》	毛竹青
15	《中国村镇银行可持续发展研究》	常　戈
16	《中国地方政府规模与结构优化：理论、模型与实证研究》	罗　植
17	《中国服务外包发展战略及政策选择》	霍景东
18	《转变中的美联储》	黄胤英

第五批《中国社会科学博士后文库》（2016 年出版）

序号	书　　名	作　者
1	《财务灵活性对上市公司财务政策的影响机制研究》	张玮婷
2	《财政分权、地方政府行为与经济发展》	杨志宏
3	《城市化进程中的劳动力流动与犯罪：实证研究与公共政策》	陈春良
4	《公司债券融资需求、工具选择和机制设计》	李　湛
5	《互补营销研究》	周　沛
6	《基于拍卖与金融契约的地方政府自行发债机制设计研究》	王治国
7	《经济学能够成为硬科学吗？》	汪毅霖
8	《科学知识网络理论与实践》	吕鹏辉
9	《欧盟社会养老保险开放性协调机制研究》	王美桃
10	《司法体制改革进程中的控权机制研究》	武晓慧
11	《我国商业银行资产管理业务的发展趋势与生态环境研究》	姚　良
12	《异质性企业国际化路径选择研究》	李春顶
13	《中国大学技术转移与知识产权制度关系演进的案例研究》	张　寒
14	《中国垄断性行业的政府管制体系研究》	陈　林

第六批《中国社会科学博士后文库》（2017 年出版）

序号	书　名	作　者
1	《城市化进程中土地资源配置的效率与平等》	戴媛媛
2	《高技术服务业进口技术溢出效应对制造业效率影响研究》	华广敏
3	《环境监管中的"数字减排"困局及其成因机理研究》	董　阳
4	《基于竞争情报的战略联盟关系风险管理研究》	张　超
5	《基于劳动力迁移的城市规模增长研究》	王　宁
6	《金融支持战略性新兴产业发展研究》	余　剑
7	《清乾隆时期长江中游米谷流通与市场整合》	赵伟洪
8	《文物保护经费绩效管理研究》	满　莉
9	《我国开放式基金绩效研究》	苏　辛
10	《医疗市场、医疗组织与激励动机研究》	方　燕
11	《中国的影子银行与股票市场：内在关联与作用机理》	李锦成
12	《中国应急预算管理与改革》	陈建华
13	《资本账户开放的金融风险及管理研究》	陈创练
14	《组织超越——企业如何克服组织惰性与实现持续成长》	白景坤

《中国社会科学博士后文库》
征稿通知

为繁荣发展我国哲学社会科学领域博士后事业，打造集中展示哲学社会科学领域博士后优秀研究成果的学术平台，全国博士后管理委员会和中国社会科学院共同设立了《中国社会科学博士后文库》（以下简称《文库》），计划每年在全国范围内择优出版博士后成果。凡入选成果，将由《文库》设立单位予以资助出版，入选者同时将获得全国博士后管理委员会（省部级）颁发的"优秀博士后学术成果"证书。

《文库》现面向全国哲学社会科学领域的博士后科研流动站、工作站及广大博士后，征集代表博士后人员最高学术研究水平的相关学术著作。征稿长期有效，随时投稿，每年集中评选。征稿范围及具体要求参见《文库》征稿函。

联系人：宋　娜　主任

联系电话：01063320176；13911627532

电子邮箱：epostdoctoral@126.com

通讯地址：北京市海淀区北蜂窝 8 号中雅大厦 A 座 11 层经济管理出版社《中国社会科学博士后文库》编辑部

邮编：100038

经济管理出版社